学校文化建设及实践研究
——以弘美教育为例

XUEXIAO WENHUA JIANSHE JI SHIJIAN YANJIU
——YI HONGMEI JIAOYU WEILI

阮翠莲 等◎著

人民出版社

编委会

———— 编　委 ————

梅务岚　蔡彤鑫　刘丹旸　马雪芹　孙家栋　邓佑琴

马欣笛　李银平　李　涛　段慧贤　韩海涛

序　好一道弘美教育风景线

这是今年遇到的第一个写序的任务，愿意。因为这样的一群人写了这样的一本书。

这是一个有能力的团队，集结了一群勇敢的人，领头的就是阮翠莲校长。她是中学语文特级教师出身，2014—2020年在首都师范大学第二附属中学度过了第一段的校长生涯，是一个执着细致、温暖优美的人。与阮校长的相识是在2015年的北京市第三批中小学学校文化建设示范校的启动大会上。讲座结束后我回到座位上，她直接过来要联系方式。几天后就打电话，一直保持联系，直到暑假我来到她正在改造的校园工地上，领着我前后左右地穿过灰尘瓦砾，讲着学校文化建设的想法，看得出在她强大的责任心和能力中流出的初为校长的焦虑。转眼就是7年，她带领学校做了三件事情，制定了系统思考学校整体发展的学校文化建设方案，立项研究并实施了该方案3年，对研究成果和实践经验进行结构化并完成著书立说的任务。总结起来就是：工作专业化、经验结构化、成果可见化，这三句话对教育研究者和实践工作者都适用。这三件事情都不简单，考验校长的文化领导力、计划执行力和经验结构化的研究能力，有一种就很好，三种都有就很了不起，应该就能够成名成家了。完成这样三件事，尤其是第三件事，不仅是能力革命，也是心理革命。写作团队以学校管理团队为基础，有年富力强的，有年过半百的，有正怀着宝宝的，有充满活力的，是一个战斗力爆表的团队。不仅几年时间打了个教学质量和管理水平的翻身仕，成为进步最快的中学，还能够尝试把经验抽象成书。大家感觉做工作很容易写本好书很难，而后者又确实是一个标准和标志。的确，工作和写书犹如两列平行的高铁，各有各轨，工作轨道轻车熟路，写作轨道形同陌路。他们在很好地驾驶第一列高铁的同时，勇敢地登上了第二列高铁，居然就开起来了，而且这第一个终点马上就要到了，就是眼前的这本书。从畏惧抗拒到写作和修改上瘾，苦辣酸甜，怎一句"勇敢"了得！

这是一本好看和值得看的书，完整、清晰、真实、审美。立足于学校文化就是学校生活全部的立场，布局谋篇有章法，框架完整细节周到，逻辑紧密清晰，用八章的篇幅展开论述，展现了学校文化的全景图：第一章弘美教育的提出与阐释，第二章党建文化品牌建设，第三章成就魅力教师，第四章培育俊美学子，第五章构建弘美课程体系，第六章打造智美课堂，第七章实施爱心管理，第八章装扮弘美花园。其写作逻辑和呈现顺序讲究的是从总到分，从理念到实践，从目标到措施，从研究逻辑到工作逻辑，成功描绘了弘美教育的立场、教育哲学及其认同和落实到细节的实践过程与研究过程。这是一本写实主义的著作，所言皆是真情实感和真抓实干，每个作者把自己工作领域的经验按照很高的标准扎扎实实地总结了一回，克服了说的没有做的好、写的没有说的好的写作通病，让写这本书的一群人共同经历了一个成长的仪式，值得纪念。一步一个脚印，每一步都算数。大家是利用有限的假期和周末时间完成的，额外的付出收获了意外的惊喜。从不知道怎么写到知道怎么组织材料，从僵硬地拼凑到自然地流露，从材料堆积到详略得当，从各说各话到完美合体，从基本通顺到审美简练，是个不容易的过程，蜕变真好。把做过的写出来其实不难，但需要学习和训练。真实本身就容易流畅和感人，也容易写进去和写起来，阮翠莲校长作为全书结构的设计者和文字的把关者，和伙伴们修改了数十遍。她本身是个审美水平很高、文字功夫擅长的人，对这本代表学校管理和发展水平的书要求格外高，从框架到内容，从材料到文字，从叙述到表达风格，打磨琢磨不放松，终于有了眼前这道"弘美教育"风景线，它是真的和美的。其间写满了故事，写透了工作，记录了以"弘美教育"为主题的学校文化建设过程和喜人的成果。好一道"弘美教育"风景线，又怎一个"好"字了得！

弘美教育的风景线就在首都师范大学第二附属中学，还会更上台阶放光彩，继续勇敢创未来。阮翠莲校长也将带着这份总结踏上新的工作旅程，管理和研究双管齐下，就容易做到事半功倍，很期待她的下一本书。

张东娇

2021 年 3 月 21 日于北京师范大学

目　录

前　言

学校文化是学校的灵魂。一所优秀的学校，必定有优秀的文化引领。

第一次走进首都师范大学第二附属中学是 2009 年高考期间，那年我作为首都师范大学附属中学派出监考教师的领队，参与了高考监考的组织工作。当时的印象是，学校基础设施比较陈旧，办学条件一般，政府投入明显不足，与相隔不远的首都师范大学附属中学相比差距较大。

首都师范大学附属中学是北京市重点中学、北京市首批高中示范校，也是著名的百年老校。首都师范大学第二附属中学是北京市海淀区一所普通中学，不是市级示范校，也不是区级示范校，属于海淀区的"三类"校。当时学校的方方面面，包括教师的工资待遇、中高级职称比例等与示范校相比都有一定差距。两所学校虽分别坐落于首都师范大学东西两侧，两校相距不足一公里，步行也就十几分钟，但教育的天地却存在较大差异。

伴随经济社会的进步与发展，百姓对"优质教育资源"的需求越来越急迫，要求教育"优质均衡发展"的呼声也越来越高。政府的教育决策也从改革开放初期"让一部分学校先强起来"，朝着基础教育"优质均衡发展"的目标推进。正是在这样的大背景之下，北京市基础教育迎来较大范围的布局调整，名校办分校，集团化办学，大学中学小学联动发展等调整策略逐步落实。北京市基础教育质量也随之发生着巨大变化。

2014 年 3 月 25 日，首都师范大学附属中学承办首都师范大学第二附属中学，两所学校同一法人，两校的管理与发展也随之最大程度地"靠拢"。也就是从这天起,我开始担任首都师范大学第二附属中学的党总支书记、执行校长,我的中学校长生涯由此开始。

承办前,首都师范大学第二附属中学发展遇到困难,周边百姓不愿意把孩子送到这所学校就读。作为校长,怎样尽快改变学校现状,办好百姓家门口的学校,让优质教育惠及学生和家庭,成为摆在自己面前的一项迫切任务。学校硬件设施改造、师资队伍建设、生源结构改善、干部团队引领、管理制度改革……千头万绪的工作,学校变革从哪里入手呢?

改变学校首先要了解学校。当学校工作开展基本就绪之后,需要认真梳理学校发展脉络,问题排序,重点突破。

2014—2015学年度,学校变革首先从制度变革入手,一系列管理制度的出台与实施,改变了教职员工的工作状态,学校优质发展初露端倪。2015—2016学年度,经过学校干部师生反复研讨,学校聘请专家到校指导,整体构建学校文化体系,"弘美教育"理念与实践体系由此诞生。从此,首都师范大学第二附属中学步入优质新品牌学校建设的全新阶段。

"弘美教育"核心价值观是"立仁弘美"。办学目标为"立仁书院,弘美花园",意为把学校办成传播爱的书院,弘扬美的花园。学校的育人目标是培养"依于仁、志于学、游于艺"的俊美学子。

为实现"弘美教育"办学理念,学校搭建六大实践体系:管理文化——实施爱心管理;课程文化——构建"三三三弘美课程体系";教师文化——成就魅力教师;学生文化——培育俊美学子;课堂文化——打造智美课堂;环境文化——创建立仁书院,弘美花园。

一场整体性、系统性、全方位的学校文化建设拉开帷幕,接下来的几年时间,在全校师生的共同努力中匆匆而过,学校在快速成长。先进的办学理念,优异的办学质量,良好的社会声望,让这所新品牌学校很快成为百姓追捧的热点名校,学校发展也在海淀区乃至首都教育界卓有影响。北京电视台科教频道、首都各大教育媒体都做了专题报道。首都师范大学第二附属中学的成长路径,就是一所普通中学的优质发展路径,也是首都基础教育优质均衡发展的典型案例。

发生在首都师范大学第二附属中学的这场学校变革，是一场"艰难的蜕变"。其中的艰辛与巨变也许只有身历其境的干部教师才能真正体会。承办五年后的 2019 年教师节，学校迎来 55 周年校庆。一场题为《爱在这片热土》的校庆演出感动了到场的所有嘉宾。庆祝活动结束后，学校收到了老校长、老教师们真诚的感慨与赞美，他们为学校的高层次发展感到由衷的喜悦和自豪，有的甚至流下了激动的热泪。

五年时间，首都师范大学第二附属中学涅槃重生。现在，学校已经步入新时代教育现代化发展之路，成为百姓向往的热点名校。学校发展的密码在哪里？怎样改变一所学校？本书将从学校文化建设角度，全面而系统地阐述学校蜕变的整个实践研究过程。

本书得到北京师范大学教育管理学院教授、博士生导师张东娇老师的全程悉心指导，并亲自执笔为本书作序，在此深表感谢！阮翠莲撰写本书第一、二、三、七、八章，并认真通读全书，反复斟酌修改；梅务岚撰写第五、六章；蔡彤鑫撰写第四章。其他编委成员或提供翔实资料，或参与书稿讨论，或参与会议内容整理。在此感谢大家的努力！本书的理论和实践也是首都师范大学第二附属中学全体教师共同思考、探索、践行的成果，诚挚地感谢每一位同伴，感念在一起工作的每一天。

阮翠莲

2021 年 3 月 9 日

第一章　弘美教育的提出与阐释

2010年7月,《国家中长期教育改革和发展规划纲要(2010—2020年)》(以下简称《纲要》)颁布。《纲要》明确提出:"把促进公平作为国家基本教育政策。教育公平是社会公平的重要基础。"谈到义务教育发展,《纲要》强调:"均衡发展是义务教育的战略性任务。切实缩小校际差距,着力解决择校问题。加快薄弱学校改造,着力提高师资水平。"

正是在这一背景之下,北京市教委以名校办分校、集团化办学等形式推进基础教育优质均衡发展。2014年3月,首都师范大学第二附属中学(以下简称"首都师大二附中")由北京市首批高中示范校首都师范附属中学(以下简称"首都师大附中")承办,开启了学校发展的新阶段。

首都师大二附中是北京市海淀区一所区属普通完全中学。校舍、教学设施、师资等办学条件相对薄弱。承办后怎样改变学校,怎样在最短的时间内让学校由弱变强,这些问题时时困扰着我的思绪。最终以学校文化建设成为新领导集体变革学校的抓手,"弘美教育"即在这种背景下诞生。

第一节　弘美教育的缘起

学校变革是一项复杂工程。一所有着五十多年办学历史,历经沉浮的普通中学，变革的过程更是步履维艰。理念的冲突、文化的博弈、信心的重建，每一步都需要踏出深深的脚印，其中最关键的一步是"弘美教育"办学理念体系和实践体系的构建，是学校核心价值理念的重塑。"弘美教育"怎样走进校园，"立仁弘美"怎样成为学校核心价值理念，这要说说它的缘起。

一、教育向美而生

什么是美？千百年来古今中外给了它不同的定义。人类关于美的本质、定义、感觉、形态，以及审美等问题的认识和判断及应用的过程成为一门专门的学科——美学。在此，不专门讨论美的定义。

美的内涵，是指能引起人们美感的客观事物的一种共同的本质属性，但它本身是一种主观感受。美包括生活美和艺术美两个最主要的形态。生活美又分为自然美和社会美。①

求真、求善、求美是教育的目的和意义所在。所谓真，就是正确的认识世界，包括自然界和人类社会。所谓善，《说文解字》解释为"善，吉也。从誩，从羊。此与义美同意。"引申为对人友好、真诚、宽容等义。按照马克思主义的实践观点，美与真、善有机地结合在一起。没有真与善，美就没有依存物，也不可能存在。美是真和善的辩证统一。②

（一）美育和艺术教育

美育，又称美感教育。即通过培养人们认识美、体验美、感受美、欣赏美和创造美的能力，从而使我们具有美的理想、美的情操、美的品格和

---

① 西丁主编：《美术辞林（漫画艺术卷）》，陕西人民美术出版社 2000 年版，第 2 页。
② 马骥彤、伍元吉：《马克思幸福观之"真、善、美"的统一》，《智库时代》2020 年第 2 期。

美的素养。通过美育可以促进学生德、智、体的发展；它可以提高学生思想，发展学生道德情操；它可以丰富学生知识，发展学生智力；它可以增进人们的身心健康，提高体育运动的质量；它可以鼓舞学生热爱劳动、热爱劳动人民，并进行创造性的劳动。①

在西方，德国哲学家席勒最早提出美育问题，提出了"审美至善论"。席勒把审美教育看成是人性复归、道德完善乃至社会变革的唯一途径。席勒美育思想，对中国近代美育思想的发展产生过巨大的影响。

在中国近代，最早把美育介绍到中国的是王国维，而真正倡导美育并建立中国近代美育体系的人是蔡元培。蔡元培先生认为美育能陶冶人的情感、引导人的行为，甚至具有移风易俗、改造社会的功能。② 他认为，一个没有审美的民族是不知善恶的，希望"以美育代宗教"。因为美育是自由的、进步的、普及的，而宗教是强制的、保守的、有界的，美育可以满足人性发展的内在需求，同时使感情不受刺激不致偏狭。③ 道德教育，如果没有宗教皈依，当以美为神。④ 他的观点将美育置于非常重要的位置，与德性和情感密切相连。

艺术教育，是以文学、音乐、美术等为艺术手段和内容的审美教育活动，是美育的重要组成部分。任务是培养审美观念、鉴赏能力和创作能力，以培养鉴赏能力为主，创作能力为辅，使受教育者在欣赏优秀艺术品的实践中学习审美知识，形成审美能力。⑤

美育和艺术教育是两个不同的概念，艺术教育是美育的重要组成部分，但不是全部。美育的范畴比艺术教育大得多。

---

① 周德昌主编：《简明教育辞典》，广东高等教育出版社1992年版，第42页。

② 徐美君：《蔡元培"以美育代宗教"思想研究》，硕士学位论文，浙江师范大学，2009年，第24—26页。

③ 潘知常：《"以美育代宗教"：中国美学的百年迷途》，《学术月刊》2006年第1期。

④ 毕世响：《道德·意境·惊奇·着迷——我们的生命是属灵的》，《上海教育科研》2013年第4期。

⑤ 顾明远主编：《教育大辞典》第一卷，上海教育出版社1998年版，第163页。

（二）教育向美而生

党的十九大报告提出，"中国特色社会主义进入新时代，我国社会主要矛盾已经转化为人民日益增长的美好生活需要和不平衡不充分的发展之间的矛盾"。新时期人民需要"美好生活"，国家倡导"美丽中国建设"。"美好生活""美丽中国"成为新时代共同追求的目标。

自然环境优美，人文环境和谐美好，物质生活富足应该是人们对"美好生活"的普遍追求。人类社会发展的历史也是人类追求美、创造美的历史，可以说人类生活的终极目标就是对美好的不断追求。欣赏美、创造美是人类活动最崇高的境界。

教育是面向未来的事业，随着中国经济不断发展，人们追求美好生活的愿望也会越来越强烈。国人欣赏美、创造美的能力素养必然需要不断提升。由此，教育率先承担起"美育"的任务，教育必须向美而生。

中华民族是一个崇尚美的民族。中华文化中的琴棋书画、诗词歌赋、园林建筑都是古人创造美与欣赏美的典范。然而，近代以来中华民族遭遇外族侵略、连年战火、民不聊生，国人在基本生活都无法保障的情况下，对"美"的认识和需求也随之淡化。当代中国，人民生活水平普遍提高，人们的审美追求日益凸显。但长期以来我们的教育对"美育"的重视不够，致使人们欣赏美和创造美的能力存在很大的差距。

现实生活中，毫无美感设计的器物、场景还时有存在，改变这些，需要当代人有意识的改变，更需要教育我们的下一代学会欣赏美和创造美。社会经济的发展与大众审美的追求紧密相连，随着我国经济不断发展，社会对"美育"的需求必将越来越迫切。

人与人的交往何尝不是如此，陌生人相遇点头微笑、一句热情的问候、一次真诚的帮助，都会在彼此的心中留下温暖与美好，而现实中常常看到陌生人为丁点小事儿横眉冷对，甚至大打出手。"美好"的生活应该是全方位的"美"。人的衣着、行为、言语、灵魂都应该是"美"的。未来 20 年，我们的孩子应该面对怎样的世界？对"美好生活"的追求，对"美丽中国"的建设，教育事业义不容辞担负着"美育"的重要责任。

（三）美育的弱化与缺失

1. 缺失"美"的理想

做教育多年，多想把一个美好的世界传送到每个学生的内心深处。多么希望每个孩子的内心都有一座美好的心灵城堡，有了它，孩子一生都会为美好而努力；有了它，孩子不会轻易被现实的不如意压垮；有了它，孩子才会跨过通向幸福的门槛。

这座美好的"心灵城堡"何其遥远。构筑它，需要学生周围有一群爱心人士用"爱"的琼浆去浇灌地基。有了这片地基，学生们可以在这里尽情地玩耍，在旷野里奔跑、摔倒，在白云下悠闲地思考，在夜幕下仰望星空；这里有智者解答他们的疑惑，启迪他们的灵魂。需要读万卷书，需要行万里路……需要奇幻和梦想，需要奋斗和汗水。一个丰盈的学生的精神世界才会成长起来，这座美好的"心灵城堡"就依稀在眼前了。学生心中的美好的世界，是那样美轮美奂。有了它，学生的内心不再脆弱，不再恐惧；有了它，学生不再厌倦，不再抑郁。一个健康的学生，善良的学生，"美"的学生就成长起来了。

这是理想的教育，更是教育的理想。而现实的教育与之还有不小的差距。

社会发展到今天，百姓对公平的要求越来越强烈。在优质教育还不能触手可及的情况下，考试选拔在短期内还无法完全被取代，应试教育的弊端需要学校和家长特别警惕。

应试教育裹挟着家长、学生、教师、学校一路狂奔。学生成为最直接的受冲击者。被变形的"爱"包围着，失去了白云下的悠闲，失去了星空下的畅想。学生过早地承受了竞争和压力，心灵变得脆弱和狭窄。更有甚者，家长打着"教育"的幌子，毁掉了孩子的健康。

教育改革的步伐不断前行，教育的问题也在逐步解决。给学生"美的理想"，帮助学生构筑"美好的心灵城堡"，永远是教育者不懈的追求。享誉世界的印度心灵导师吉度·克里希那穆提（Jiddu Krishnamurti）说，学校的功能就是帮助学生唤醒他们的智慧，教育就是解放心灵。

2. 弱化了"美"的情操和品格

基础教育阶段，学生学业压力大，家长和学校对考试分数的过度重视，明显忽视了对"人"的培养，其中最为重要的人性美和人情美的培养被弱化。人性美，就是要懂得做人的道理和具备做人的优秀品格，而现实中大人们常常以学习为由，把孩子们"屏蔽"在各种学习班和作业屋里，认为只要学习成绩优异，其他似乎都不重要。为了学习，学生们吃了不少苦头，同时又养成任性、自私、过度依赖等习性。古人云，"人之初，性本善"，而人性中的"善"怎样才能在后天的教育中得以发扬光大？我们应把对"人"的培养放在首位，让每个学生闪耀着人性美的光辉，追求真、善、美，摒弃假、恶、丑，培养具有独立人格，成为敢于在质疑和批判中创新创造的人才，这才是教育的真谛。

人情美，是人类在社会交往中流露出的友爱和友善的感情。美好世界需要人与人之间美好的情感。待人宽容、谦让，懂得付出、奉献，以及具有悲天悯人的情怀，这些都是人情美的体现。人情美还表现在对亲情、友情、爱情的理解和表达方面。心中有美好，景仰崇高和尊重他人，善待他人，这些都是当下学生们最需要具备的修养。人情美的培育远比分数重要得多。

3. 忽视了"美"的素养提升

审美教育，目标就是培养学生具备认识美、体验美、感受美、欣赏美和创造美的能力以及素养。在审美教育中还包含生活美育和艺术美育。

仅以艺术教育为例。当前各地教育发展不平衡，不少地方还存在艺术教育课程开不足、开不齐的问题；艺术教育师资缺乏也是制约学校美育发展的重要因素；在学校课程设计中与文化课相比，音乐、美术等课程被弱化；学生的艺术素养也因为不需要统一考试而被视为可有可无。

审美教育直接关乎学生素质的培养，和人性中"善"的培养。审美教育的弱化，从根本上弱化了学生的想象力、创造力，从而导致学生的创造力被压抑，动手设计能力不足。体现在科技与艺术结合的创新创造力远不如接受美育的学生，这必将成为严重阻碍经济社会发展的致命因素。

现代社会发展急需能感受美、创造美的高端设计人才，而没有经过扎实地基础教育培养，人才的"空中楼阁"将无法破解。

"美"的素养提升，更普遍的意义在于它关乎人类的美好生活、高雅生活和幸福生活，也是教育过程中不得不特别加强的重要方面。

（四）学校美育着力点

学校美育应该让每个学生心里那个最好的自己走出来。学校美育可在以下三个方面着力。

1. 以美育德　立德树人

教育学生品德美是学校育人的首要任务。在学校教育中，无论是课程、课堂，还是活动，品德培育应该始终存在，并起到潜移默化、润物无声的作用。针对现阶段学生的特点，尤其要加强的是，学生在人际交往过程中彼此关爱、善良、宽容等美德的培养。社会责任意识的培育更是需要学校"有意为之"。

营造"美德"充盈的教育场景，拓展学生展示"美德"的社会实践活动等，都是美德教育的必要方法。

2. 以美启智　求知创新

现代国内教育对学生智力的开发与培养已经足够重视，而对科技与"美"的融合教育重视不足。现代学生的智慧美应该是"智"与"美"的结合，是科技与艺术的结合。苹果、小米等公司的产品，无疑是很好的范例。

STEAM 教育的兴起同样揭示"以美启智，求知创新"的重要意义。激发兴趣，培养特长，保持好奇心，热情拥抱不断变化的世界，这些必然是现代教育最值得关注的内容。

3. 以美怡情　高雅生活

创造美的世界需要拥有美的情趣，而拥有美的情趣才会拥有幸福的生活。未来社会不可能让每个人都能拥有成功，但是可以让每个人都能拥有幸福。幸福就是有意义的快乐，而情感美和情趣美是拥有幸福生活的前提。

科学、人文，体育、艺术，劳动、实践在教育过程中，发现培养学生的兴趣爱好，让学生拥有高品质的生活，以美怡情，以及提升学生拥有幸福生活的能力，都是学校"美育"的重要任务之一。教育向美而生，"美"是学校教育的切入口，这里的"美"已经包含了德、智、体、美、劳诸方面，是国家教育方针的全面体现。

由此，以美立校，教育向美而生，教育肯定是一份很美的事业。

二、学校教育实践

从全国范围看，北京市的基础教育无论是办学条件、师资水平，还是学生的人文素养等方面应该是教育高地。从北京市基础教育范围看，海淀区又因其区内高校林立、高科技产业聚集、区内人员文化素质高等因素，成为北京市基础教育高地。有句话说，"全国教育看北京，北京教育看海淀"，首都师大二附中就是北京市海淀区的一所区属普通中学，从这所学校的历史沉浮和节点分析，也能折射出我国基础教育发展的历史脉络。

（一）学校情况简介

首都师大二附中是海淀区教委所属的一所普通完全中学，在校学生近2000人，教职工近200人。学校创办于1964年，其前身是北京市花园村中学。五十多年来，经历了"文化大革命"前后的艰苦创业期、恢复高考后的蓬勃发展期和名校承办后的新征程三个重要阶段。在"文化大革命"

中合力坚守、开展自建、扎实奠基，在"文化大革命"后，连年取得优异成绩，在市、区名声大振。2004 年，学校增加曙光校区，扩为一校两址，学校更名为首都师范大学第二附属中学。随着办学规模扩大，艺术科技等传统项目成绩骄人。但因种种原因，在市区级示范校评选过程中失利，学校发展受到冲击，因此办学成绩受到影响，学校声望下滑，成为区内相对薄弱的学校。2014 年，在北京市基础教育优质均衡发展的背景下，学校由市级示范高中校首都师大附中承办，开启发展的新征程。

首都师大二附中老校区位于北京市海淀区增光路 50 号，占地面积只有 12865.83 平方米。但学校位于西三环以里，地理位置优越。学校周边高校林立，部委机关、医院环绕：首都师范大学、北京工商大学、北京劳动关系学院；航天科工总部、中国核工业第二研究院、国家建设部、国务院机关事务局宿舍；海军总医院、空军总医院、解放军 304 医院……区域人员素质高，百姓对优质教育的需求意愿强烈，办学资源丰富。首都师大二附中曙光校区位于西三环和西四环之间，地址在海淀区彰化路 8 号，该地区属于新中产阶层聚集区。两个校区都具有良好的区位优势。

但在 2014 年被承办之前，学校办学步入低谷，办学条件相对薄弱，学校人气不足，周边百姓不愿意把学生送进学校就读，教职员工在灰心之余也多有怨言。

（二）2014 年学校现状分析

1.普通学校政府投入不足

改革开放初期，政府为促进教育事业发展，重点投入和发展部分优质高中。1978 年，北京市教委认定了 25 所市级重点中学，政府经费和人力资源投入也相应倾斜。为落实《北京市人民政府贯彻国务院关于基础教育改革与发展决定的意见》（京政发〔2001〕27 号）中"建设 60 所以上规模大、条件好、质量高的示范高中"的要求，北京市教委自 2002 年至 2005 年，先后认定四批共 68 所高中为市级示范高中学校，人力、物力、财力相继投入。之后各区县又相继认定一批区级示范高中学校，区级人力、物力、财力也相应倾斜。普通中学与示范高中相比，教师的工资待遇与教师职称评聘比例都不同。政府这些举措一方面促进部分高中校快速发展，另一方面拉大示范高中校与普通高中校在办学条件上的差距，造成了基础教育发展差异化、不均衡的现象。因多数高中校属完全中学，因此连带初中校同样存在差异大、不均衡的情况。

首都师大二附中是北京市海淀区一所区属普通完全中学，由于种种原因，在市区示范高中校评选过程中落榜，失去了优先发展机会，加之政府投入明显不足，学校成了百姓眼中的"薄弱"校。

随着中国经济快速发展，人民生活水平不断提高，百姓对优质教育资源的需求越来越高。原有的优质学校远不能满足百姓渴望优质教育的需求。

2010年7月，《国家中长期教育改革和发展规划纲要（2010—2020年）》颁布。《纲要》明确提出：把促进公平作为国家基本教育政策。教育公平是社会公平的重要基础。教育公平的关键是机会公平，基本要求是保障公民依法享有受教育的权利，重点是促进义务教育均衡发展和扶持困难群体，根本措施是合理配置教育资源，向农村地区、边远贫困地区和民族地区倾斜，加快缩小教育差距。教育公平的主要责任在政府，全社会要共同促进教育公平。

正是在这一背景之下，北京市教委以名校办分校、集团化办学等形式推进基础教育优质均衡发展。2014年3月，首都师大二附中由北京市首批高中示范校、百年名校首都师大附中承办。

2. 办学条件分析

（1）物质条件

两个校区都存在办学面积小、课程空间不足的问题。增光路校区初中在校学生有1100人左右，操场跑道仅有200米，学生活动空间不足；学生阅览室、学生舞蹈教室面积小，不能满足使用需求；实验室和其他专业教室教学设备急需更新。最大的问题是，学校没有学生集会场所，2014年增光路校区学生集会只能在简陋的学生餐厅举行。彰化路校区在校高中学生有600人左右，随着高中新课程改革的实施，学校课程空间和教学仪器设备急需扩大和更新。总之，两个校区物质条件基础薄弱，承办后需要政府加大资金投入，尽快改善办学条件。

（2）师资情况

2014年，学校在职在编的教职工186人，其中专任教师132人。专任教师平均年龄40岁，硕士以上学历教师只有8人，特级教师0人，市级学科带头人、骨干教师0人，区级学科带头人、骨干教师24人。应该说这是一支以中年及中年以上的教师为主的富有经验的教师队伍，但是缺少学科领军人物，学术氛围不足，活力不够，还可能存在教育教学观念陈旧，视野狭窄，研究能力不足的问题。

学校已有五十多年的办学历史，曾在恢复高考后的80年代（花园村中学时代）一度辉煌，在海淀区70多所中学中位于前15名，是区里"7所重点8所强校"之一，后来逐步下滑，步入低谷。2014年，被首都师大附中承办。对于被首都师大附中承办一事，学校的干部、教师感受复杂，具有过渡中的纠结心态。在学校辉煌时心高气傲，以及经历了掉到谷底的灰心丧气。教师与学校历经荣辱，表现出极强的荣誉感。集体不好时，个体失去组织的保护，教师想变好也很无力，只能低调和收敛，惰性其实是自我保护，但他们仍旧奉献和热爱工作。在面对新的教育改革，面对首都师大附中的承办，教师们不甘不愿但又无奈。我的到来，又让大家看到被承办的好处，看到进步的空间与价值，教师在慢慢地接受现实，尤其对经历过辉煌的教师而言，气氛、信心、态度都在由被动的冷漠逐渐恢复。

（3）学校管理

2000年至2014年初，十三年的时间首都师大二附中经历了三任校长，每一位校长在任期间都励精图治，为学校发展殚精竭虑。在这十三年期间，学校由一个校区扩展为两个校区，增光路校区建设了 3000 多平方米的食宿楼，办学条件不断得以改善。但因为每一任校长的任期都不长，校长们的办学思想没有得到很好的总结和传承；学校也没有形成全面完整的制度体系；学校在走下坡路的时候，教职工的情绪难免消极，干群关系不够和谐；学校传承下来的文化因素不多，还没有形成具有校本特色的课程体系。但学校的办学特色鲜明，艺术教育是学校的突出亮点，科技教育也成绩不俗。

3. 丰富的艺术教育历史

首都师大二附中具有重视美育工作的历史传统。学校艺术教育开展历史悠久，实践丰富，成绩突出，是北京市艺术教育示范学校、北京市金帆书画院书法分院。

学校合唱团成立于 1990 年。学校曾有一位享誉北京市的音乐教师贾花彩，她所带的学校合唱团曾于 2000 年至 2008 年连续八年获得北京市中学生合唱比赛一等奖，被誉为天籁之声合唱团。1994 年，时任国务院副总理李岚清接见合唱团成员并观看合唱团演出。合唱团多次应邀参加国家级重要演出，如 1999 年参加中国电影华表奖颁奖典礼演出；1999 年在首都体育馆参加欢庆澳门回归演出；2008 年北京奥运会期间，学校合唱团特邀进奥运村为世界各国运动员演出。

学校民乐团成立于 1999 年。民乐团曾多次在北京市中小学生器乐比赛中获得一等奖；2015 年至 2016 年连续两年获得北京市第十八届、十九届中小学生艺术节器乐合奏比赛金奖；2018 年学校民乐团新年专场音乐会在国家图书馆大剧院演出大获成功。

学校舞蹈团成立于 2004 年，先后 4 次获得北京市中小学生艺术节集体舞比赛一等奖。首都师大二附中在初中部开设舞蹈形体课程，提升学生的审美意识和艺术气质。

书法教育是学校艺术教育的一大亮点，初中一年级学生每周一节书法课。学校多次举办市、区两级书法教育现场会，百名学生书写展示会、学生书画展等教学活动。书法教育在北京市中小学中处于领先地位，是北京市金帆书画院书法分院。

学校书法社、创意美术社、剪纸社、绘画社、音乐剧社、韵律操社等艺术类社团同样高水平，参与学生多并且影响力不俗。

2014年以来，学校艺术教育更是全面开花。在保持原有艺术社团水平不断提高的同时，更加重视在学生中普及艺术教育，音乐、美术、舞蹈、戏剧等课程开发越发系列化、精品化。

学校戏剧课程开发成绩卓著，每年一部大剧，几台小剧。从课本剧编演到经典剧目展演，再到校园原创剧目编创，参与学生越来越多，演出质量越来越高，学生成长越来越明显。中央戏剧学院导演进校园，直接参与学校戏剧课程的开发与编导工作，语文教研组、英语教研组、艺术教研组等积极参与到戏剧课程编创的过程中，信息技术、总务后勤组、家长组全程支持，首都师大二附中的戏剧课程也成为深受师生喜爱的经典课程。每台大剧演出成功后，学生们的艺术表现力、合作精神、心理素质等均有明显提升。近年来，学校尽最大努力创造条件坚持戏剧课程校本化实施。

总之，海淀区普通中学首都师大二附中，有其特别不普通的领域——艺术教育。学校丰富多彩的美育活动成为办学历程中靓丽的名片。

2015年至2016年，在学校文化体系构建过程中，学校认真梳理办学历史，总结办学特色。学校文化寻找的主题词和核心价值观，一定是学校中的人所珍爱的、所践行的，是生动新鲜的，是与学校相关联的，具有属我性。基于学校特别丰富的艺术教育实践，大家一致认为以"美"来形容文化契合学校身份与实践特征。

三、弘美教育的提出

谈到"弘美教育"的提出，就必须先讲清楚几个问题：什么是学校文化？为什么要做学校文化？学校文化建设是怎样启动的？"弘美教育"的提出，应该说有其必然性，也有其偶然性。如果我们特别想做成一件事，就一定会找到真诚相助的人，而"弘美教育"的诞生就印证了这一点。

（一）什么是学校文化

对于学校文化的定义，中外学者有着不同的认识和表述。最早提出"学校文化"概念的，是美国学者威拉德·W. 华勒（Willard Walter Waller），他于 1932 年在其《教育社会学》中使用了"学校文化"一词：学校中形成的特别的文化。这种文化一方面表现为不同年龄儿童将成人文化变为简单形态，或借儿童游戏团体保留成人文化；另一方面则由教师设计、引导学生活动文化的形成。[①] 鲍尔·E.赫克曼（Paul E.Heckman）认为，学校文化是校长、教师和学生所共同具有的信念，这些信念支配着他们的行为方式；学校文化和学校的传统与历史密切相关。顾明远主编的《教育大词典》中对学校文化的定义是："学校内有关教学及其他一切活动的价值观念及行为形态。"林清江认为，"学校文化是学校中各组成分子所构成的价值及其行为体系"[②]。赵中建指出，"学校文化是学校规范性和传承性的价值观、思维和行为方式的总和，其内核是管理哲学和学校精神，外显是学校风范"[③]。郑金洲认为，"学校文化是学校全体成员或部分成员习得且共同拥有的思想观念和行为方式等"[④]。

北京师范大学教育管理学院张东娇教授认为："学校文化是学校全体成员共同创造和经营的文明、和谐、美好的生活方式，是学校核心价值观及其主导下的行为方式和物质形态的总和，包括学校精神文化（又称学校办学理念体系）、制度文化、行为文化和物质文化（三者合称学校办学实践体系）。在这个定义中，第一句话表达学校文化的内涵和价值属性，第

---

① 钟启泉主编：《新课程师资培训精要》，北京大学出版社 2002 年版，第 100 页。
② 李国霖编著：《社会蜕变中的台湾学校文化》，福建教育出版社 1995 年版，第 5 页。
③ 赵中建主编：《学校文化》，华东师范大学出版社 2004 年版，第 99 页。
④ 郑金洲：《教育文化学》，人民教育出版社 2000 年版，第 240 页。

二句话点明学校文化的操作变量，两句话合起来构成学校文化定义的完整图景。"①

我选择张东娇教授的定义，这一定义更为全面、科学和严谨，更有利于学校文化建设的实践操作。张东娇教授认为，学校文化是驱动学校持续、稳定发展的动力，是学校获得凝聚力、竞争力和打造学习共同体的必由之路。学校文化管理让学校从经验管理和科学管理延伸到更高的文化管理阶段，以保证学校教育实现"人"在中央的教育理想。②

（二）为什么要做学校文化

2014年3月25日，时任首都师范大学附属中学德育副校长的我，被派往首都师大二附中担任校长。我从事中学教育近三十年，是中学语文特级教师。三十年教学生涯，我做过中学语文教师、班主任、年级组长、德育主任、德育校长，也做过中学语文教研员、中学教学校长。我热爱教育，热爱学生，有坚定的教育信念和浓厚的教育情怀。办高品质教育，"让每个学生成为最优秀的自己"是我的办学追求。可是刚接手一所相对薄弱的学校，学校变革应该从哪些方面入手呢？

2014年9月，首都师大二附中出台了《首师大二附中工资改革方案》《班主任工作考核方案》《教研组长工作考核方案》《首师大二附中教师考核评价方案》《首师大二附中岗位聘任制度》，并强化了选聘、考核和激励制度，教职工工作态度发生较大变化。2015年7月，首都师大二附中迎来承办后的第一次中高考，在生源没有任何变化的情况下，学校中高考成绩大幅提升。2015年学生中考平均成绩与2013年相比提高51.02分，成为当年北京市所有承办校成绩提升幅度最大的学校；高考取得首都师大二附中近十年来最好成绩，优异的中高考成绩成为当年承办校提升最快的典型，北京市20多家媒体集中报道，北京教育电视台做了专访节目，学校

① 张东娇：《论学校文化的双重属性》，《中国教育学刊》2016年第2期。
② 张东娇：《学校文化管理》，教育科学出版社2013年版，第2页。

被称为教育加工能力强校。

2015 年，增光路校区新建游艺楼，增加建筑面积 3000 多平方米，建成地下报告厅、学生舞蹈教室、学生阅览室、学术报告厅等，极大地改善了办学条件。2015 年暑假，花园村校区所有建筑物外立面装修改造，原来的土灰色外立面改成"哈佛红"，增加了京派门楼；操场改造完成，教学楼前建成京味儿亭廊；校园变得古色古香，小而精致，整个校园变得"美"起来了。

接下来，学校怎样发展，办一所怎样的学校？培养什么人？用什么方式培养人？构建怎样的学校文化体系？这些都是必须想明白的问题。

我来自首都师大附中，那是一所有文化传承的学校，一百多年前北平市市长何其巩为学校题写的"成德达才"四个字，是那所学校百年传承的办学理念。多年的学校德育工作经验让我深知，要办好一所学校，学校文化建设尤其重要。学校文化建设可以作为学校发展的一个抓手，全面推进学校发展。承办后学校呈现出突飞猛进的态势，生源在变好，教师也在观念纠结中重新恢复元气和信心。在这样的背景下，构建学校文化体系迫在眉睫。

凝练首都师大二附中的精神文化，一定先梳理这所学校的办学历史和文化传承。学校的文化符号有校训、校徽、校歌，别无其他。16 字校训"以学为本，树德立仁，养心育智，创新发展"立意很好，只是"属我性"不够。

自 2014 年 9 月至 2015 年 6 月，我多次组织干部教师讨论办学核心理念问题。"仁""信""雅"等主题词都曾经考虑过，但始终没有定论。正在为此一筹莫展之时，2015 年 7 月 7 日北京市教委组织第三批中小学学校文化建设示范校申报动员会，我参加了这次会议。会议邀请北京师范大学教育管理学院张东娇教授到会指导学校文化建设。听了张东娇教授的报告，一年来我迫切想做的事终于找到了行家里手，真是"众里寻他千百度，蓦然回首，那人却在灯火阑珊处"。会上我就恳切邀请张东娇教授到学校考察指导。从此，首都师大二附中与张东娇教授结缘，这所学校的文化建设也因此注入了高贵的血统。

（三）学校文化建设怎样启动

1. 工作日活动，方案初稿形成

2015年暑假，张东娇教授第一次走进还是装修工地的增光路校区，察看校园，了解学校情况，帮助学校梳理文化亮点。2015年10月19日，张教授带领她的项目组开展首都师大二附中学校文化创建工作日活动。听我做的汇报，与干部、教师、学生座谈，进班听课，组织干部头脑风暴。之后，用大约3个月时间形成首都师大二附中学校文化建设方案初稿。期间多次与学校沟通交流。从此首都师大二附中学校文化建设步入崭新轨道。

2. 干部教师参与方案讨论

专家团队、干部、教师、学生、家长、社区，学校把可供借助的力量全部发动起来，整合多方资源融入学校文化建设。2016年1月5日，项目组把学校文化建设方案第一稿交与学校讨论，经学校讨论提出修改意见。2016年1月22日，项目组提供了文化建设方案第二稿。学校再次组织讨论，进一步提出修改意见。2016年2月20日和2016年3月10日，项目组分别提供了第三稿和第四稿。这时，学校文化建设方案相对成熟，学校邀请张东娇教授到校面向全体教职工进行方案解读，之后再请教职工实名制提出意见和建议。

这个阶段，教职工参与讨论的积极性高涨，学校文化建设方案得到他们的认可和接受。教职工以主人翁的身份共同参与学校文化方案的讨论与制订，为学校文化方案的落实打下坚实的群众基础。

3. 教职工大会通过方案

之后的一个月内，项目组针对教职工实名制提出的意见和建议进行分析，完成学校文化建设方案的最后一次修改，形成学校文化建设方案定稿。2016 年 5 月 9 日，学校行政会通过该方案，并于 2016 年 5 月 12 日在学校教职工大会表决通过《首都师大二附中学校文化建设方案》。

历时近一年时间，经过专家团队、干部、教师、学生、家长多方讨论，学校文化建设方案最终在 2016 年 5 月定稿。2016 年 6 月，"首都师大二附中'弘美教育'理论与实践研究"课题在北京市立项成功，干部教师更广泛更深入地参与学校文化建设项目的研究过程。

（四）弘美教育的提出

寻找一个契合的概念来表述文化特征和身份认同，是首要解决的问题。有两种选择：第一种，全盘接受首都师大附中"成德达才"的办学理念，嫁接其文化体系，形成"成达教育"。但在教职工访谈中发现大家不愿接受。理由有三：首先，首都师大二附中与首都师大附中"体量"几乎相当，也有自己的辉煌时期，应该有自己的文化特点。其次，首都师大二附中本身有自己丰富的办学实践，学校文化应该从自己的学校中"产生"出来。最后，学校也是退休教师的精神家园，应该保留自己的文化印记。第二种，立足于学校文化实践，主张"弘美教育"。

很多学校的文化方案是从理念传承上切入的，但首都师大二附中的理念不成系统、不丰富，沉淀下来的文化不多，可供利用的甚少，无承可继。在教师访谈中，大家并不知道学校的理念。说理念太空，和教师没有什么关系，何谈真心认可。但是，除了曾经取得的成绩和辉煌，还能发现，学校文化实践丰富显著，可以从学校办学实践的线索中切入。这样，学校文化理念不是外部赋予的，而是根植于学校、从实践中生长出来的、真正符合学校特点的。

结合学校已有的理念事实与实践经验，以及当时的办学状况，将首都师大二附中的办学理念与实践体系命名为"弘美教育"。该提法理由如下。

1.学校实践基础

（1）学校文化寻找的主题词和核心价值观，一定是学校中的人所珍爱的、所践行的，是生动新鲜的，是与学校相关联的，将理念和实践之相勾连的，具有属我性。学校的艺术实践特别丰富，如舞蹈、合唱、民乐、书法、科技等，艺术成就和特点相当突出。以"美"来形容文化，契合学校身份与实践特征。

（2）美，是学校可圈可点之处。2015 年 9 月，学校办学环境改善，硬件设施一流，校园焕然一新。环境古色古香，小而精致，装修充分利用每个角落，整体而言，是美的、有品位的。以"美"来立文化身份，比成达、雅致更为契合，也更加大气。

2. 理论基础

《说文解字》曾言，"美与善同意"，善即是美，美即是善。美会蕴含着善，如果不善，一定不美。

从中国传统观点来看，儒家思想以道德规范为最高准则，善与美是融合的。孔子非常重视艺术的道德功能，倡导"兴于诗，立于礼，成于乐"，追求"尽美矣，又尽善也"的境界。王国维认为孔子的教育"始于美学，终于美学"。朱光潜的解释则是："诗、礼、乐三项可以说都属于美感教育。诗与乐相关，目的在怡情养性，养成内心的和谐；礼重仪表，目的在行为仪表规范，养成生活上的秩序。""内具和谐而外具秩序的生活，从伦理观点看，是最善的；从美感观点看，也是最美的"。[1]

西方也有很多思想家进行过论述，德国哲学家席勒最早提出美育问题，形成了"审美至善论"，希望通过美育实现人性的和谐。认为美和艺术即是通向道德、崇高的手段，更是道德人所应追求的最高目标。[2]

蔡元培先生更是美育的倡导者，他提出"以美育代宗教"的思想，他的观点将美育与德性和情感密切相连，突出了美育的重要地位。

综合各方面，"弘美教育"成为首都师大二附中的文化标签。

---

① 孙迎光：《析德育中的善美关系》，《南京社会科学》2005 年第 10 期。
② 殷瑛：《美善相谐的艺术教育》，硕士学位论文，湖南师范大学，2008 年，第 7 页。

第二节　弘美教育体系构建

　　学校文化是学校全体成员共同创造和经营的文明、和谐、美好的生活方式，是学校核心价值观及其主导下的行为方式及其物质形态的总和，包括学校精神文化（又称学校办学理念体系）、制度文化、行为文化和物质文化（三者合称学校办学实践体系）。学校的精神文化包括核心价值观、育人目标、办学目标、校徽校训、校歌等要素；制度文化、行为文化和物质文化包括教师文化、学生文化、课程文化、课堂教学文化、管理文化、校园环境文化。[①]"弘美教育"文化体系全面构建，从头到尾始终逻辑一致、体系完整、框架明晰、便于操作。

一、弘美教育阐释

（一）"弘美"的基本内涵

　　诠释"弘美教育"前，需明确"弘美"的基本内涵，明晰"弘""美"两字和"弘美"一词的含义。

　　"弘"，根据《说文·弓部》载："弓聲也。从弓厶聲。"弘，本义为弓发射时发出的振动大声，以"弓"为偏旁，"厶"为声旁。兼表大义，引申泛指，1.大，广大，现多作"宏"；2.扩充，光大。[②][③]

　　"美"，根据《说文·羊部》载："甘也，从羊从大。"甘是五味之一，代表味美。从字形上来看，羊大则肥美。清代的注解指出，"引伸之凡好皆谓之美""羊者，祥也"。同时，《说文解字》有言，"美与善同意"。可见，

① 张东娇：《论学校文化的双重属性》，《中国教育学刊》2016 年第 2 期。
② 谷衍奎编：《汉字源流字典》，华夏出版社 2003 年版。
③ 莫衡等主编：《当代汉语词典》，上海辞书出版社 2001 年版。

"美"泛指美好，寓意吉祥，也等同于善。"美"主要有四种解释：1.好，善，好看，令人满意（的事）。可作形容词、名词或使动用法。如美丽、成人之美、美容。2.得意，高兴，如美滋滋的。3.称赞，以之为好，如美言。4.指美洲、美国。①

因此，"美"是甘甜的、幸福的、美好的、向善的、令人满意的，"弘美"意为弘扬美善，使之光大。

（二）弘美教育阐释

"正而有美德者谓之雅"，"弘美教育"已有美的含义，再把德和智的含义也纳入，特别契合教育的本质与目的。首都师大二附中倡导和追求的美，不是表面理解的仅仅限于美，而是包含了德、智、体、美、劳，包含了教育的本质特征。首都师大二附中"弘美教育"是以"立仁弘美"为核心价值观，培养"依于仁、志于学、游于艺"的俊美学子的教育。

（三）弘美教育与国家教育方针

公立学校的教育目标一定是国家意志的传达和强化。经过新中国成立70余年来的艰难探索、跨越发展，中国特色社会主义教育方针日益完善。广大教育工作者自觉贯彻落实党和国家的教育方针，不断深化教育改革，促进了教育事业的蓬勃发展。

早在1951年3月，新中国第一次全国中等教育会议就提出："普通中学的宗旨和培养目标是使青年一代在智育、德育、体育、美育各方面获得全面发展，使之成为新民主主义社会自觉的积极的成员。"这是智、德、体、美第一次被提出。

1957年，毛泽东在《正确处理人民内部矛盾的问题》一文中提出："我们的教育方针应该使受教育者在德育、智育、体育几方面都得到发展，成

---

① 莫衡等主编：《当代汉语词典》，上海辞书出版社2001年版。

为有社会主义觉悟的有文化的劳动者。""教育方针"一词首次被提出,"德育"放在了首位,"劳动者"被突出,"美育"被忽略。

1958年9月,中共中央、国务院根据毛泽东的讲话,发布了《关于教育工作的指示》。《指示》指出:党的教育工作方针,是教育为无产阶级的政治服务,教育与生产劳动相结合;为了实现这个方针,教育工作必须由党领导。《指示》还规定:"在一切学校中,必须把生产劳动列为正式课程。每个学生必须依照规定参加一定时间的劳动。"

1961年,中共中央正式提出我国社会主义的教育方针:"教育必须为无产阶级政治服务,必须同生产劳动相结合,使受教育者在德育、智育、体育几方面都得到发展,成为有社会主义觉悟的有文化的劳动者。"

1978年9月22日,邓小平在全国教育工作大会上的讲话中指出,要"把毛泽东同志提出的培养德智体全面发展、有社会主义觉悟的有文化的劳动者的方针贯彻到底,贯彻到整个社会的各个方面"。后来他又提出教育要"三个面向",要培养"四有"新人。这些都被写进了中央和国家有关文件,具有教育方针的性质,对新时期教育的改革和发展起着十分重要的指导作用。

1995年3月18日,第八届全国人民代表大会第三次会议通过了《中华人民共和国教育法》,规定:"教育必须为社会主义现代化建设服务,必须与生产劳动相结合,培养德、智、体等方面全面发展的社会主义事业的建设者和接班人。"这个方针被用法律形式确定下来,规定了我国未来教育的性质、方向、途径、目标及其规格,对我国教育发展产生重大而深远的影响。

世纪之交,随着素质教育的理论探讨和实践得到发展,我国的教育方针又被赋予了新的时代内容。1999年,在《中共中央国务院关于深化教育改革全面推进素质教育的决定》中,关于人才培养提出了"美"的要求。这样,改革开放新时期的教育方针就表述为:"教育必须为社会主义现代化建设服务,必须与生产劳动相结合,培养德、智、体、美等方面全面发展的社会主义事业建设者和接班人。"

中国特色社会主义进入新时代，以习近平同志为核心的党中央总结概括并遵循教育规律，对新时代党的教育方针作出了新表述。党的十九大报告提出，全面贯彻党的教育方针，要"落实立德树人根本任务，发展素质教育，推进教育公平，培养德智体美全面发展的社会主义建设者和接班人"。在 2018 年 9 月的全国教育大会上，习近平总书记强调指出："培养德智体美劳全面发展的社会主义建设者和接班人，加快推进教育现代化、建设教育强国、办好人民满意的教育。"

2020 年 3 月 26 日，中共中央、国务院印发《关于全面加强新时代大中小学劳动教育的意见》（以下简称《意见》）。《意见》强调劳动教育是中国特色社会主义教育制度的重要内容，要全面贯彻党的教育方针，坚持立德树人，把劳动教育纳入人才培养全过程，贯通大中小学各学段，贯穿家庭、学校、社会各方面，把握育人导向，遵循教育规律，创新体制机制，注重教育实效，实现知行合一，促进学生形成正确的世界观、人生观、价值观。

首都师大二附中"弘美教育"办学目标和育人目标是国家教育方针的校本化体现。"弘美教育"提出的育人目标是培养"依于仁、志于学、游于艺"的俊美学子。"依于仁"与德相关，"志于学"与德智体美劳均相关，而"游于艺"是德智体美劳的具体实践和落实。"弘美教育"之"美"，不只是"美育"之"美"，而是包含了德智体美劳的"大美"。

二、弘美教育办学理念体系

学校精神文化也被称为学校办学理念体系，是一条学校文化的价值链条。价值观会产生持久的精神支撑力，对学校所有成员的行为具有引导和规范的作用，为学校的生存和发展确立精神支柱。[1]

———————————

[1]　张东娇：《学校文化管理》，教育科学出版社 2013 年版，第 17 页。

"弘美教育"办学理念体系包括：学校核心价值观、学校育人目标、学校办学目标、校训、校徽和校歌等。

（一）学校核心价值观：立仁弘美

1.核心价值观的由来

价值观是学校文化的核心和灵魂。价值观的提炼和确定是"弘美教育"理念体系确立的关键。确定"立仁弘美"作为学校核心价值观，有以下两个原因：

（1）老校训的传承

首都师大二附中老校训：以学为本，树德立仁，养心育智，创新发展。"仁"是儒家文化的精髓，与"德"相通，是中华传统文化的核心要义。学校核心价值观传承"立仁"二字，既是对学校精神文化的提炼与传承，也是对中华传统文化核心价值的继承与传扬。

（2）学校文化的凝结

"美"是学校的文化符号，由学校教育实践提炼而来，"弘美"作为学校价值观的核心，得到干部教师的一致认同。

2."立仁弘美"的价值意义

"仁"在中国传统文化中是一种道德范畴，指人与人相互友爱、帮助、同情等。《说文·人部》载："仁，亲也。从人从二。"本义为以人道待人，即讲仁爱。用二人会亲近、以人道待人之意，即对人亲善、同情、友爱。[1]《论语·颜渊》载："樊迟问仁。子曰：'爱人。'"

"仁"是儒家文化的核心价值，思想精髓，历朝历代对"仁"的解说无数。首都师大二附中核心价值观之"仁"，取其相亲相爱之意。"立仁"就是传播爱。

陶行知说"教育是爱的艺术"。苏霍姆林斯基认为："爱的教育应该是

---

[1]　谷衍奎编：《汉字源流字典》，华夏出版社2003年版，第7页。

整个教育的主旋律。""立仁",对教师和学生有不同的内涵。

对学生而言,首都师大二附中倡导的"仁",包含家国情怀,责任担当;爱师长、爱同伴、爱社会;爱生命、爱自然、爱生活。学校搭建"立仁课程群"全面落实学校核心价值观。

对教师而言,怎样爱学生是方法更是艺术。学校倡导教师"立仁"之道:尊重、启发、激励。

(1)尊重

尊重是对人或物特定属性与价值的认可、重视与积极评价。尊重他人是人际关系中的一项重要伦理规范。尊重学生是教师应该遵循的职业伦理规范,也是教师职业道德的重要表现。基础教育阶段,学生是未成年人,教师对未成年人的尊重不仅仅是职业规范和职业道德,更应该是真心喜爱。教师对未成年人有真爱才会有充分的尊重。

"人人平等"是近代思想启蒙运动的重要理念。重要的理论基础是康德关于尊重的哲学论述。康德认为:"每一个人都有一种受到其同伴尊重的正当要求,同时,他反过来也必须尊重其他的每一个人。人性本身是一种尊严。"这告诉我们,未成年学生和教师一样拥有平等的人性和尊严,学生应该受到教师充分的尊重。

为促进学生全面发展,教师也必须充分尊重学生。教师的职业目标就是促进学生发展,教师只有尊重学生身心发展规律,尊重学生的兴趣爱好,尊重学生的发展需求,才能真正促进学生的发展。如果教师缺少对学生的了解、关注和尊重,必然会妨碍学生发展。所以,教师要达成职业发展目标,就应该真正关心学生,尊重学生。

青少年学生是一个特殊群体,他们正处在身心快速成长阶段,热情有活力,思维活跃,好奇心强,但是心智不够成熟,抵御困难和挫折的能力不够平稳,容易遭遇身心伤害。因此,教师对学生的尊重有其特殊性。

首先,关注未成年学生"弱势"的一面。在师生交往的过程中,无论是年龄、身心成熟度，还是知识水平、社会阅历，中小学生尤其是 14 岁以下的学生都有"弱势"的一面。教师如果不注意收敛自己在学生面前的"强势"，很容易丢失对学生的"尊重"，而对学生造成或大或小的伤害。我们希望教师对学生态度和蔼，轻言慢语，真诚帮助，耐心引导。在师生交往中杜绝态度轻慢和语言暴力。学生的心灵如纯净的凝脂，需要悉心呵护，稍有不慎就会留下印记。教师是人类灵魂的工程师，首先要尊重每一位学生，才有机会雕塑学生的心灵。

其次，教师要尊重学生享有的社会权利。学生作为社会人享有一切社会权利，如生命安全权、人身自由权、荣誉权、隐私权、受教育权等。在师生交往过程中，教师需要切实遵守"人人平等"的理念，保护学生公平享有各项权利。教师具有教育学生的权利和义务，在教育过程中特别需要做到公平公正，保护学生的隐私权和荣誉权。

最后，教师要尊重学生的差异。学生生而不同，世界上没有完全相同的两片树叶，也没有完全相同的两个学生。每个学生的性格品质、智力水平、身体条件等各不相同，在教育过程中那些聪明乖巧，勤奋努力的学生往往更容易赢得教师的喜爱和尊重。而那些有这样那样"问题"的学生，往往不容易赢得"尊重"。其实，教师工作的成效恰恰体现在对"问题"学生的引导和改变上。优秀的教师之所以优秀就是因为他们"尊重"每一类学生，并能够艺术地把"问题"学生培养成优秀学生。

受到充分尊重的学生才会保有最尊贵的自尊心和自信心。"自尊心"是教育得以取得成效的基本条件，如果学生丢失了"自尊心"，教育在这个学生身上将失去任何作用。因此，教师需要虔诚的保护每一个学生的自尊心，需要真诚的尊重每一位学生。

（2）启发

"启发"的意思是开导其心，使其领悟。"启发"在教育领域指在学生积极学习、力求通达的情况下，教师针对其理解知识、表达思想上的障碍，予以点拨使其豁然贯通的活动。[1] 源于《论语·述而》："子曰：'不愤不启，不悱不发。'"朱熹注为："启，谓开其意；发，谓达其辞。"这主要说的是启发教学的时机把控问题。

首都师大二附中把"启发"视为教师甚至学校的"立仁"之道。这里所指"启发"，不仅是一种教学方式，更是一种价值理念，与"启发"意思接近的是"唤醒""激活"。这种价值观念强调的是：教育应该是在教师引导启发之下让学生内醒、内悟，直至奋发努力。是学生触发内心后的主动生成，而非外力逼迫、灌输或强加于人。

启发教育的优点在于，师生之间的心灵相通，学生接受教育是主动的、自主的，教育所发挥的作用是持久的、鲜活的，不断生成的。特别强调教育过程对学生"心灵"的触动与激发。

启发教育不仅仅停留在课堂上，而是充分贯穿于学校教育的所有环节。尤其注重实践活动的启发教育作用。正是基于这样的理念，首都师大二附中为学生开发了丰富多彩的实践活动课程。"博识课"走进北京大大小小的博物馆、科学馆、重点实验室等，让学生广泛体验社会生活场景。校内"雲工坊"、戏剧舞台、高水平实验室、科学实践课程、国内外修学旅行、校园内各类学生社团，所有这些都为让学生在实践中充分体验、触发感悟，引发思考，唤醒内动力，激活思维，以激发充满活力和奋斗精神的精彩人生。

"活动—体验—感悟—思考—唤醒—激活"，这就是启发的目的和意义。

（3）激励

激励是指激发人的行为的心理过程。在管理学中，"激励"一词有其特定的意义，学校作为社会组织，"激励"广泛适用于教职员工和全体学生的管理过程中。"激励"也是首都师大二附中的"立仁"之道。

---

[1] 顾明远主编：《教育大辞典》第一卷，上海教育出版社 1990 年版，第 5 页。

在学校，激励的内涵是指：学校通过设计适当的奖励机制和工作学习环境，激发教职工和全体学生的工作和学习动机，用各种有效方法调动师生的积极性和创造性，引导师生努力完成工作学习任务，高效地实现学校和师生的个人目标。

在对学校、年级、班级管理过程中，激励发挥着极为重要的作用。有效的激励会点燃人的激情，促使他们工作学习的动机更强烈，使之产生超越自我和他人的强烈愿望，并将潜在的巨大内驱力释放出来，为目标实现奉献自己的热情。

首都师大二附中调动全体教职工参与学校管理的积极性，讨论出台一系列激励制度，激发教职工的工作积极性和创造性，学校进入快速发展期。

学校鼓励教师以促进学生全面发展为目的，全方位制订学生激励机制，健全学校、年级、班级、社团全覆盖的激励制度。在教育过程中，把关心关爱和激励机制紧密结合，鼓励学生自主管理，最大程度激发学生内驱力和成长进步的热情，用切实有效的方法鼓励每一位学生为实现人生梦想而努力。

"弘美"意为弘扬美善，前文已有阐释。首都师大二附中"弘美"的内涵即"依于仁、志于学、游于艺"。后文有详细阐述。

"立仁弘美"的价值意义，表现在以下三个方面：

首先，"立仁弘美"是中华传统文化价值的传承。中华文化源远流长，儒家文化是中华民族的主流文化，是国家和民族文化的根基和血脉。"立仁"与"立德"相通，注重师生德行修养，根植师生家国情怀和责任担当意识。"弘美"规范和弘扬美的德行和情操。传播爱心，弘扬美善是中华传统文化最为核心的价值理念。学校凝练和表达的核心价值体系符合国家民族的文化价值观。

其次，"立仁弘美"价值观呼应了国家当下的主流价值观。在中国共产党第十八次全国代表大会报告中明确提出社会主义核心价值观：富强、民主、文明、和谐；自由、平等、公正、法治；爱国、敬业、诚信、友善。社会层面的国家价值观深刻地影响着学校核心价值理念。"立仁弘美"价值理念与社会主义核心价值观充分呼应，是国家核心价值观的"校本化"体现。

最后，学校核心价值体系的构建是对国家民族普世价值与国家价值的整合与选择。并且充分考虑了青少年成长规律和教育规律，考虑了学校历史传统和文化事实，是这所学校的师生愿意接受和坚守的价值理念。"立仁弘美"是学校师生对学校办学实践和文化传承的凝练和表达，是根植于这所学校的精神文化。

（二）学校办学目标：立仁书院，弘美花园

学校办学目标即学校发展目标。办一所什么样的学校，关系到每一位师生的努力方向，是凝聚全校师生的吸力盘，是全校师生愿意接受并甘愿为之付出努力的目标，学校就注定具备美好的发展前景。

1.办学目标阐释

"立仁书院，弘美花园"以短语形式叙述学校办学目标，与学校环境文化合一。

立仁书院，传播爱的书院。学校原校训有"树德立仁"，"立仁"有传承的理念。"仁者，爱人""仁者为善"，仁与爱和善相联系，符合"美即善"的阐释，"书院"既有让师生在阅读中快速成长的期望，又有把学校办成文化"书院"的希冀。

弘美花园，弘扬美的花园。学校原名"北京市花园村中学"，"花园"二字把花园村中学的回忆与历史勾连进去，回应学校的历史，也让经历过那段辉煌的教师有所寄托。另外，校园也美得像个花园。"花园"一语双关，是学校文化表述中最具创意和温情的精妙之处。

学校办学目标简言之：传播爱的书院，弘扬美的花园。

2. 办学目标的确立

学校核心价值观"立仁弘美"确定后，办学目标的表述也广泛征求了师生的意见。"书院"指旧时地方上设立的供人读书、讲学的处所，有专人主持。从唐代开始，历代都有。清末废科举后，大都改为学校。[①]2015年暑期学校增光路校区装修改造，校园整体设计为中国传统建筑风格，京派门檐，红色柱廊，雕梁画栋。校园内设计建成京派亭廊，亭台轩榭，游鱼细石，是充满韵味的古风别院，整个校园充满"书院"气息。校园也建设得很美，专家提出"弘美花园"一说，干部教师都觉得精妙，非常满意。开始有教师提出学校办学目标用"立德书院，弘美花园"。讨论后大家认为"德"字语义宽泛，使用频率高，对学校特色突出不够。最终确定办学目标为：立仁书院，弘美花园。

3. 办学目标的落实

学校办学目标一经确立，就成为全校师生努力的方向。把学校办成传播爱的书院，弘扬美的花园。这一目标充满教育者的理想，既是这所学校里全体师生的美好愿望，也符合国家办学的教育愿景。为使学校办学目标有计划落地实施，学校讨论制定三年具体目标和五年规划。

2016年，学校讨论制定《首都师大二附中"十三五"发展规划（2016—2020年）》。在学校三年发展具体目标的基础上，制定学校发展五年规划，见表1-1。《规划》明确提出，以"立仁书院，弘美花园"为学校发展目标，全方位提升办学水平，始终以学生发展为首要任务，以参加海淀区高中"新品牌学校"建设为契机，2020年把学校办成海淀区优质热点"新品牌学校"。五年后的今天，首都师大二附中实现了当年制定的目标，2019年在海淀区高中"新品牌学校"建设综合评比中获得区内最好成绩。学校办学在区域内受到百姓的广泛认可和追捧，已经成为区域内优质热点品牌学校。新时期，首都师大二附中迎来新的发展机遇，相信在"立仁书院，弘

---

① 《现代汉语词典》第7版，商务印书馆2016年版，第1210页。

美花园"办学目标的引领下，学校会发展得越来越好。

表 1-1　首都师大二附中 2015—2020 年发展目标规划表

学校发展总目标	立仁书院　弘美花园	
学校发展具体目标	重点推进	目标达成
2015—2016 学校文化建设年	1.学校文化方案制定。 2.完善学校管理制度建设。	1.完成学校办学理念体系及实践体系框架搭建。 2.制订并讨论通过《首都师大二附中教师教学综合评价制度》《首都师大二附中班主任年级组长考核评价制度》《首都师大二附中干部职员考核评价制度》。 3.开发学生博识课程、戏剧课程、科技课程。 4.花园村校区校舍装修改造；曙光校区综合楼改扩建项目规划推进。推进"弘美花园"建设。
2016—1017 学校课程建设年	1."三三三弘美课程体系"搭建。 2.教师校本研修体系探索。	1.聘请专家与学校研讨完成"三三三弘美课程体系"搭建。 2.大力推进校本研修机制建设，用激励机制加强教研组、备课组建设。 3.申报海淀区高中"新品牌学校"建设，强力推进"弘美教育"文化方案实施，全面提升学校办学质量。 4.花园村校区全面改造基本完成，"弘美花园"环境建设完美呈现。
2017—2018 学术型组织建设年 学校章程建设年	1.学术型教研组建设。 2."三三三弘美课程体系"再完善。 3."俊美学子"激励评价机制建设。	1.以学年教研组建设展评、弘美学术论坛、市区级教学观摩现场会承办、课题研究汇报、优秀教研组、备课组评选等形式，扎实推进学术型教研组建设。 2.立仁课程群、志学课程群、游艺课程群立体开发并实施，让每一位学生享受高品质的校园生活。举办首届校园"课程节"。 3.以立仁课程群建设为契机，着力培养学生家国情怀、责任担当意识，制定完善的"俊美学子"激励评价机制，培养"依于仁、志于学、游于艺"的俊美学子。 4.彰化路校区建设工程推进，进入招投标阶段。

续表

学校发展总目标	立仁书院　弘美花园	
学校发展具体目标	重点推进	目标达成
2018—2019 智美课堂建设年	1. 智美课堂变革推进，制定10+全主体课堂推进方案。 2. 学校章程讨论修改并颁布实施。	1. 全校推进智美课堂建设，10+全主体课堂展评。 2.《学校章程》教代会通过并实施，学校依法依规办学的里程碑。学校民主管理、爱心管理进入新阶段。 3. 教师研修积极性被激发，积极承担市区级观摩课，市区级研究课题，市区基本功大赛获奖人数大幅增加。 4. 学校声望高涨，成为百姓向往的区域热点名校。
2019—2020 "十三五"规划总结验收年；学校发展下一个五年规划制定年	1. 学校全面优质发展，参加海淀区高中"新品牌学校"建设争创展评。 2. 梳理学校文化建设成果，撰写专著。	1. 在海淀区高中"新品牌学校"建设中取得最佳成绩，学校成为受人尊敬的优质名校。 2. 成立师生"立仁行动队"，引领师生成为"爱的传播者"。 3. 两校区"弘美花园"建设基本到位，彰化路校区建设工程完成，校区启用。 4. 制定学校文化建设发展下一个五年规划，继续大力强化教师队伍建设，学校发展更上层楼。

（三）学校育人目标：培养"依于仁、志于学、游于艺"的俊美学子

学校育人目标即学校培养目标，回答学校培养什么样的人的问题。学校是培养人的场所，学校培养什么样的人需要学校里的每一位工作者目标一致。首都师大二附中是以"立仁弘美"为价值观的学校，学校的育人目标是：培养"依于仁、志于学、游于艺"的俊美学子。学校育人目标中包含了学校的校训：依于仁，志于学，游于艺。

1. 校训：依于仁，志于学，游于艺

由来：《论语》中，孔子与学生论述，"志于道，据于德，依于仁，游于艺"。"艺"是指各种本领和技能，做多种解释，包括艺术的、体育的、

劳动的。"游于艺"以"志于道，据于德，依于仁"为前提条件，不然"艺"就缺乏根基，这恰好支持了美的前提是善。善，然后是学，之后是美，具有学理依据。第二个依据，孔子有言："吾十五有志于学，三十而立，四十而不惑，五十而知天命，六十而耳顺，七十而从心所欲，不逾矩。"

把两个依据相结合，重新组合，取己所需，变成学校的校训。保留"依于仁"，符合美即是善，也符合教育对德性的要求，与核心价值观之"立仁"呼应。从"十五有志于学"中提取"志于学"，形成"依于仁，志于学，游于艺"。德性、学问、技能全有了，符合教育目的要求。美以德性、学问和技能作为前提。

学校的原校训是"以学位本，养心育智，树德立仁，创新发展"。"依于仁，志于学，游于艺"其实涵盖了原校训的大部分内容，并且三个维度更加分明，共同支撑起"弘美教育"。

2.育人目标：培养"依于仁、志于学、游于艺"的俊美学子

学校的育人目标与校训一致，培养"依于仁、志于学、游于艺"的俊美学子。"俊美"是"依于仁"和"志于学"的体现。有德行修养，有仁爱之心，有学识见解的人才称得上"俊美"。同时，"俊美"与"游于艺"相关，有个性特长，有实践技术技能，表达着对美的追求。"俊美"包含有"俊朗"的意思，表达了期望促进刚强的一面。

首都师大二附中是完全中学，学生年龄从12岁到18岁。这个年龄段的学生正是人生观、价值观形成的关键期，也是学生身心发展速度最快的时期。

依于仁，重在价值观引领，家国情怀，责任担当，关爱他人，奉献社会，我们的青年应该以家国社稷为己任，勇于担当，合作友善，这是"依于仁"的立仁书院所追求的育人目标之一。学生以志学为本，时代发展，科技进步，没有积极探索的精神和广博的学识就不能适应时代进步的要求。

志于学，是青少年学生的立身之本。学什么，怎样学，首都师大二附

中"弘美课程体系"及其实施方案给予了充分保障。

游于艺,"艺"源自中国古代"六艺"的概念。"六艺"指的是六种技能：礼、乐、射、御、书、数。礼，指礼节；乐，指音乐；射，指射箭技术；御，指驾驶马车的技术；书，指书法（书写、识字、作文）；数，指计算，数学的技术。周王朝要求贵族学生掌握这六种基本才能，达到"通五经贯六艺"。首都师大二附中校训中"游于艺"的"艺"，引申为实践技艺，科技、艺术、体育、劳动、实践等都包含在内。

"依于仁、志于学、游于艺"从三个维度保证学生全面发展，育人目标与学校核心价值观相呼应，符合学校的价值追求。

三、弘美教育办学实践体系

作为学校办学理念体系的载体，学校办学实践体系主要包括学校制度文化、行为文化和物质文化。结合学校工作实际，将三个方面划分为管理文化、课程文化、课堂文化、教师文化、学生文化、环境文化六大领域。

(一) 管理文化

管理是启动学校发展的总引擎，管理需要因时、因地、因人施策。作为承办校，首都师大二附中有其特殊校情，承办之初人心纠结浮动，学校制度需要建立，师生行为需要引领，物质条件需要改善，百业待举。管理是最重要的启动按钮。

教师需要精神慰藉，需要激励和关怀。当时提出一句口号"管理，从心开始"。学校管理文化倡导"爱心管理"。

爱心管理，解释为呵护教师的心灵。教师们当时心态比较复杂，承受着学校被承办的焦虑和压力。一所跌下高台的学校重新爬起，谈何容易。教师心态的转变需要时间，更需要抚慰。

管理首先需要制度。制度在制订过程中，给每一位教职员工参与讨论的机会，认真倾听大家的意见。在组织内价值文化没有形成的时候，讨论与决策往往需要多次反复，价值理念不断碰撞，在管理者坚持、坚守与不断的宣讲与引领中才会最终形成制度。

管理要科学，执行要人文。爱心管理，要把科学的制度适当人文化，保护和支持大家更有尊严地参与和开展工作。精细、关怀、参与是爱心管理的内涵。

（二）课程文化

课程是学校为实现育人目标而选择的教育内容及其进程的总和，它包括学校教师所教授的各门学科和有目的、有计划的教育活动。为实现培养"依于仁、志于学、游于艺"的俊美学子的育人目标，首都师大二附中搭建"三三三弘美课程体系"。构建三大课程群：立仁课程群、志学课程群、游艺课程群。每个课程群分为三个课程层级：基础通修课程、拓展选修课程、进阶融合课程。三大课程群的实施分别实现三大课程目标：学会做人、学会学习、学会生活。

课程群的搭建需要不断丰富，不断延伸；需要集思广益，也需要全员参与；需要校内开发，更需要校外拓展。"弘美课程体系"的构建从某种程度上让学校由一所一般中学步入了优质热点中学的行列。

（三）课堂文化

课堂是学校教育教学的主阵地，课堂教学变革直接关系教育教学质量的提高，关系学校办学理念的落实。在"弘美教育"理念之下，学校致力于打造"智美课堂"。

智美课堂有"智"与"美"两个标准。"智"表现为教师教学目标的设定、教学方法与策略的采用，实际的教学效果能否让学生获得智慧成长；"美"包括课堂结构、语言、互动、衣着、举止等方面的美。教师的智美课堂就是学生的审美课堂。

智美课堂变革，要求教师在备课上下足功夫。学校制订教研组、备课组集体备课制度，规范备课、说课、上课教研流程。鼓励教师更新教学理念，以生为本，大胆创新，提升素养，激发智慧。

（四）教师文化

一所好学校一定是由一群优秀的教师支撑起来的。教师的培养、评价和激励是学校需要常抓不懈的工作。教师文化建设是激励教师成长的重要途径。

"弘美教育"教师文化以"魅力教师"来命名。魅力教师的标准，一是有学问，二是有品位，"弘美教育"由这两个词在教师身上投射出来。在学校里，学问不好，便谈不上真正有魅力；有品位是一种格调，必须强调言谈、举止、穿着都有品位。

教师的评价机制，以"魅力教师"为最高荣誉称号。学校制订"魅力教师"评价标准，每年对优秀教师进行表彰。学校每年在优秀年级组长、班主任中评选"魅力教育人"，定期举办"魅力教育人"教育思想研讨会，邀请专家、同事、家长、学生总结评价教师的育人思想。在后勤总务保安、保洁人员中评选"魅力校工"。学校"魅力教职工成长工程"分类制订培养计划和成长激励机制，让在学校内工作的每个人都能找到积极工作的驱动力。

为魅力教师成长，学校要求教师阅读。以读书月或研究月的形式，突出强调教师们需要的精神层面的提升，阅读和研究都可以提供，管理上关怀，文化上鼓励，愿景引领，抚慰心灵。

教师做研究，是课堂教学提升和教师素养提升的重要抓手。学校鼓励教师参与课题研究，指导教师市区级课题立项，提供专项资金支持，鼓励教师在研究中成长，在成长中研究。

（五）学生文化

"弘美教育"学生文化确定为"俊美学子"。"俊"有"俊朗"之意，强调"刚强"的一面，"美"，要求内外兼修，秀外慧中。俊美学子的标准是"依于仁，志于学，游于艺"。

"俊美学子"作为学校最高的荣誉称号使用。学校设置的各类单项奖有德行类、学习类、艺术类，分类设置称号有青春榜样、校园之星，校长奖学金等都是俊美学子的荣誉，"弘美教育"激励每一位学生"立仁弘美"。

立仁课程、志学课程、游艺课程是俊美学子成长的基本保障。40 多个学生社团由学生依据个性特长自主选择。校园学生节、科技节、合唱节、戏剧节、运动会、学科节、新年演出等全校大型学生活动为学生全面健康发展搭建了平台。学生在自主管理、志愿服务、活动参与过程中蜕变。

（六）环境文化

学校环境文化建设的定位，与办学目标合一，同为"立仁书院，弘美花园"。意为校园建设既要美得像花园，也要强化书院气息，书香气息。

校园建筑的装修改造，校园环境的绿化美化，园林花草，亭台小景，始终体现"立仁书院"中国传统文化风格。走廊书屋，开放式阅读空间，弘美画廊，目的是要把学校变成图书馆里的学校。400 多平方米的学生阅览室被充分利用，成为学生乐于前往的休闲阅读好去处。教师咖啡吧与教师阅览室茶水吧，营造了温馨优雅的教师公共休闲空间，使教师在忙碌之余身心能够得以放松，从而呵护教师的心灵。校园四季常绿，三季花开，美不胜收。校园是师生热爱的"弘美花园"。

结合学校核心价值观，学校把楼宇命名为立仁楼、志学楼、游艺楼、明理楼等。与学校文化联系在一起，与"弘美教育"联系在一起。

学校文化建设让首都师大二附中成为文化气息浓郁的教育品牌学校，成为特色鲜明、具有文化凝聚力的学习型组织。

第三节　弘美教育研究

2015 年 10 月学校启动文化建设项目，2016 年 5 月学校文化建设方案确定。方案确定后，学校文化建设即进入实施环节。学校文化方案的落实与执行是学校文化实践推进的重要环节，即以策划的学校文化方案为蓝本和依据，分解任务，责任到人，调动校内外力量，落实学校文化建设各项工作。方案制订得再好，如果没有执行和落实，就永远只能停留在设想阶段。[①] 学校文化实践怎样向前推进，工作任务怎样分解落实，体系内容怎样充实完善，这些问题都需要干部教师合作研究。课题立项无疑是研究推进的最佳策略和抓手。

一、弘美教育课题立项

"弘美教育"办学理念体系与实践体系囊括了学校工作的全部领域，实践方案的推进需要规划时间节点，由主到次，分步落实。为此，学校讨论制定学校工作三年目标、五年规划，翔实设计工作规程。学校成立教育科学研究室，配备专门人员负责学校课题立项与研究组织工作，借助市区教育科学研究部门每年征集课题立项的机会，把需要研究推进的问题一一梳理，统筹安排，分期分类立项研究。

（一）课题立项背景

2015 年秋季，北京市教委发出通知：按照《北京市"十二五"时期教育改革和发展规划》关于"加强校园文化建设，评选 500 所中小学校园文化建设示范校"的要求，市教委决定 2015 年在全市评选第三批北京市中

---

① 张东娇：《学校文化管理》，教育科学出版社 2013 年版，第 196 页。

小学学校文化建设示范校。

借助北京市中小学学校文化建设示范校评选的契机，结合学校发展的实际需要，首都师大二附中自 2015 年开始学校文化创建项目。项目推进需要学校干部教师思考学校办学理念和未来发展方向，深入研究学校办学实践体系。学校需要干部教师具有研究的意识和氛围，围绕"弘美教育"这一学校文化建设项目，学校在校内广泛发动、统筹规划并分项研究。

2015 年 6 月，首都师大二附中第一项市级课题"首都师大二附中校本研修的实施策略研究"立项成功，这是学校历史上第一个市级研究课题。紧接着，2016 年、2017 年"弘美教育"两项课题依次在市级立项成功，见表 1-2。三年 3 个市级立项课题，参与课题研究的干部教师人数 60 余人，聘请专家进校 20 余人次。

表 1-2　首都师大二附中市级课题立项情况

课题名称	立项时间	课题批准号	课题类别	学科分类	课题负责人	课题级别
首都师大二附中校本研修的实施策略研究	2015 年 6 月	BBA15027	校本研究专项课题	基础教育	阮翠莲	北京市级
首都师大二附中"弘美教育"理念及实践研究	2016 年 6 月	CDDB16170	一般课题	基础教育	梅务岚	北京市级
首都师大二附中"弘美课程体系"构建与实践研究	2017 年 6 月	CDDB17203	一般课题	基础教育	宋永健	北京市级

五年来，在"弘美教育"理念引领下，干部教师积极参与各级各类教育科研课题研究，主持和参与市区级规划课题、学会课题、群体课题共 43 项，干部教师独立申请完成（结题和在研）的市区级课题共 34 项。其中主要包括北京市教育规划校本研究专项课题 1 项，北京市教育规划一般课题 2 项，海淀区教育规划重点关注课题 2 项，海淀区教育规划重

点课题 5 项，海淀区教育规划一般课题 7 项，海淀区教育规划学会课题 2 项，海淀区教科院群体课题 10 项。五年来，学校教师参与市区级科研课题达 396 人次，基本形成了教研组个个有课题、人人参与科研课题的研究氛围。

课题立项背景主要有以下五个方面：

1. 学校发展顶层设计的需要

2014 年 3 月 25 日，首都师大附中与海淀区教委签署协议，首都师大二附中由首都师大附中正式承办。承办后，首都师大二附中将在坚持"资源共享、集中优势、保留特色、科学整合、协同创新、优质发展"六条基本原则的基础上，在办学理念、培养方式、管理模式、科研培训等方面与首都师大附中实现深度融合。学校文化建设、教师专业发展既是学校管理与建设的重要内容，也是提升学校办学品质、促进学校可持续发展的重要保障。学校文化建设既是如何确保首都师大二附中实现资源共享、形成优势与特色的学校发展战略，也是学校坚持科学整合、协同创新、优质发展的一条重要路径。

2."弘美教育"文化建设的抓手

首都师大二附中在"弘美教育"这一办学理念的指引下，不断梳理和完善学校办学实践体系，从管理到课程到公共关系等一系列文化建设，力求将育人目标落在具体的实践领域，促进学校的文化管理规范化、体系化。涵盖教师教育教学行为、思想观念、日常生活形态的教师文化是学校文化的重要组成部分，也将直接影响着课程文化、教学文化、学生文化、学习文化等一系列领域。因此，包括校本研修实施策略的"弘美教育"系列课题研究必将全面科学地推进学校文化体系建设，提升学校文化软实力。

3."弘美课程体系"构建的需要

首都师大二附中原有课程实施方案是执行国家、地方、学校三级课程管理模式，并依此要求开足开齐国家规定课程，选择性开设地方性课程，自行开发校本课程。为了矫正校本课程的设置相对孤立、系统化不强，校本课程短期行为多、课程持续建设欠缺，在校本课程开发上教师独立操作多、教研组集体性开展课程建设少，两校区的初、高中部分设两个校区使得课程的整体性建设不强、缺少连续性等一系列问题。学校需要通过"弘美教育"课题研究，着力构建"弘美课程体系"，以提升广大教师的课程领导力。课程开发和实施过程中的合作研究能力的提升也成为当务之急。

4.教育教学品质提升的保障

2015年6月，之所以先把教师校本研修策略研究作为第一个市级课题优先申报，是因为作为学校教育教学改革行动的主体，教师的专业水平直接影响着学校教育教学工作的质量与效率。校本研修实施策略研究直接指向教师的专业水平提升与教育教学品质改进，因此可以为学校教育教学改革行动提供人力资源开发与技术业务更新的基础保障工作。受长期以来"研""训"分家的影响，学校校本研修工作也存在内容零散、方式单一、与教育教学脱节、与课程教研分离等诸多问题。该课题研究力求以教育教学品质提升为核心，设计并开展校本研修活动，将课程教学、培训教研、课题研究等诸多方面有机整合，全方位提升教师研究能力。教师研究意识与研究能力的提升也为后面的"弘美教育"课题研究打下良好的基础。

5.教师专业自主发展的平台

2015年，学校专任教师132名，平均年龄39岁，具有研究生学历的教师只有8名。学校教师从教经验丰富，但研究能力不足，学校缺少学术研究的氛围，从而使学校文化建设推进，学校教育教学质量的提高，都需要教师具有积极主动研究问题的意识。怎样激发干部教师的研究意识？从申报研究课题，成立课题研究小组，到分解研究任务，聘请专家进校手把手指导，这些都是激励教师专业发展的有效途径。

随着办学声誉的不断提高，学校的发展进入了新的历史时期。生源情况明显好转，社会影响力提升，客观因素转好的变化趋势也成了教师专业自主发展的内在动力。课题研究不仅是为了学校文化建设全面推进，更是为广大教师搭建专业自主发展的激励性、支持性平台。

（二）研究问题的确定

"弘美教育"办学理念体系与实践体系研究，是学校文化创建和推进过程中的大课题，需要研究的问题很多，研究的时间也会持续很长。三到五年之内急需立项的课题有哪些，急需研究的问题有哪些？仅以三项市级课题为例。

"首都师大二附中校本研修的实施策略研究"于 2015 年 6 月立项，本研究聚焦于首都师大二附中校本研修体系建设与实施策略这一核心问题，并以学校"弘美教育"理念、"弘美课程体系"构建、智美课堂建设、教研活动与课题研究等具体的校本研修内容为抓手，深入探讨校本研修实施策略的开发、应用及效果，研究有效促进教师专业自主发展的校本研修内在机制的运作原理。

"首都师范大学第二附属中学'弘美教育'理念及实践研究"于 2016 年 6 月立项，该课题是"弘美教育"总领课题。研究的是"弘美教育"办学理念体系与办学实践体系怎样构建。具体包括："弘美教育"办学理念体系是什么？怎么来的？"弘美教育"如何落实与推进，实践策略是什么？该课题是学校文化建设的主课题，也是最核心的课题。

"首都师大二附中'弘美课程体系'构建与实践研究"于 2017 年 6 月立项，该课题是"弘美教育"文化建设项目的子课题，其研究的问题就是为实现培养"依于仁、志于学、游于艺"的俊美学子的育人目标，怎样构建"弘美课程体系"，怎样在实践中具体实施。

3 个课题所研究的问题都是学校文化在实践推进过程中急需解决的问题，没有捷径，无法逃避。只能由干部教师分组承担，分项研究，共同推进。主课题之后有次课题，母课题之后有子课题，学校发展事事需要研究，问题研究没有止境。

（三）研究任务的分解

学校课题研究的过程是分工合作的过程，也是学校研究共同体形成的过程。在研究过程中需要分解研究任务，责任到人，分头协作。依据干部教师职责分工、个人特长，课题负责人按课题研究需要，统筹安排。在课题研究过程中，可以依据研究的具体需要适当做出人员调整。

以课题"首都师大二附中校本研修的实施策略研究"为例，该课题研究范围覆盖学校校本研修的方方面面。需要积累和调研的基础资料特别丰实，研究小组的划分和职责确定对课题研究的开展作用凸显。最初分工重在数据的收集整理和组织协调，研究过程中又依据需要作出了适时调整，以确保课题研究的顺利开展。参与该课题的人员众多，几乎全体行政干部、教研组长、年级组长、青年教师都参与了课题研究。具体分工如表 1-3、表 1-4 所示。

表 1-3 《首都师大二附中校本研修实施策略研究》最初分工

编号	人员	研究职责	研究要求
1	阮翠莲	课题总负责人 研修策略研究项目组负责人	课题整体设计，课题的实施及保障。
2	马欣笛	课题执行人 研训体系建设项目组负责人	协助课题负责人做好课题方案设计与落实，课题内部的组织与协调，课题进度的监控，完成课题研究的总报告。
3	梅务岚	课程开发项目组负责人	课程实施方案的整体建构项目，形成首都师大二附中课程实施方案。
4	韩伟	研修策略研究项目组负责人	负责推进"教学问题化—问题课题（案例）化—课题课程化"研训模式运行研究。
5	许波	课程开发项目组负责人	教研组研训一体的实施策略的探索与梳理，形成课题研究项目报告。收集各教研组校本研修方案。
6	李颖	课程开发项目组成员	课程评价方案的整理。

续表

编号	人员	研究职责	研究要求
7	陈继贺	研修策略研究项目组成员	在校本研修过程中学科带头人、骨干教师实施策略项目的成果梳理，探索首都师大二附中骨干教师研训策略。
8	宋永健	研训体系建设项目组负责人	调研学校教师研训的需求；对研训内容的实施效果进行追踪。设计适合我校各层教师培训的课程内容。
9	刘丹旸	研训体系建设项目组成员	负责研究档案的收集整理及研究数据的统计，设计适合我校各层教师培训的课程内容。
10	蔡彤鑫	研修策略研究项目组成员	青年教师校本研修实施策略项目的成果梳理，形成首都师大二附中青年教师培养方案。
11	教研组长	本教研组教师校本研修方案的设计和实施	

表 1-4　课题组成员分工调整课题研究过程

序号	组名	研修人员组成	负责人
1	课程开发小组	区级学科带头人、骨干教师、教研组长、备课组长、首席教师	梅务岚、刘丹旸、李银平
2	问题发现与解决小组	青年教师	韩伟、牛淑芬、蔡彤鑫
3	质量监控与体系完善小组	36 岁以上教学经验丰富的教师	王淑艳、李颖、石文英

其他课题研究同样把目标和工作进行分解，把任务进行分工，责任到人。目标分解后形成许多任务单元，用图表清晰阐述每项研究任务是什么，负责人是谁，有哪些成员构成，什么时间完成什么任务，可交付的成果形式是什么，课题负责人什么时候检查等。

市级课题、区级课题、校级课题，以课题研究带动全校校本研修，分工合作，形成全校研究共同体。

课题研究的团队学习与校本研修的共同体构建是完全一体的，同伴互促、互助、互补，可以相互激发、碰撞出创新性的分析问题、解决问题的思维火花，也可以聚合更多的不同经验，更加全面、深入地认识、理解、判断、剖析问题，从而达成问题的解决和教师专业发展需求的满足，联合互动，形成一种以任务驱动、资源共享、相互借鉴、协同研究、共同发展的团队协作研修模式。因此，课题研究的任务分解与直接引领便显得格外重要。近年来，学校整个班子的团队研修就一直围绕着"弘美教育"办学理念的课题研究来展开，由校长带领中层干部、特级教师和骨干教师来一起开展，每个人都有分工，每个时间段都有汇报与交流。这种对任务的分解要求每一位负责的教师开展自主探究，不断反思整理，并接受来自同伴从不同角度讨论所形成的意见。这样的过程既有自主研修的成分，也有专业对话的成分，更有课题负责人的直接引领、指导与督促的成分。

这种课题的任务分解不仅体现在学校层面向中层延伸、向教研组延伸，更体现在教研组层面所申请的课题向教研组内部每位教师的延伸。比如，政治教研组组长常燕婕领衔开展的区级重点课题，重点课题下就分设了学习迁移策略研究、基于问题的学习与学生探究能力发展的研究等若干个子课题，一些没有参加子课题的年轻教师又在子课题之下或交叉地申请了校内课题。用常燕婕老师的话讲，就是采取了一个"母课题带子课题"的方式，也就是先界定了主要研究问题的一些基本方面，然后让教师们自主确认想研究的方向，就会促使每位教师都会去研究。有的教师想研究表达能力；有的想借助思维导图就思维能力做一些研究；有的教师想研究社会参与的能力；有的教师说想研究怎么提升学生的社会认知能力；有的则因认为高三最重要的能力叫学习迁移，因为高考最大的痛点就在于要让学生可以良好地迁移到新的情境中，就研究怎么形成迁移。这便是通过子课题的任务分解过程，促成教师自主地参与到问题的研究之中。

课题的任务分解涵盖了阶段性成果与过程性活动的责任分解，从而有利于形成督促与效率要求。由于强调课题式校本研修的过程性，承担课题的教研组会在一开始便有明确的分工和阶段成果计划汇总，即分担子课题的教师在他的开题报告中预计成果是什么样的。如他是做了哪些调查？通过什么方法获得的数据？他想以什么样的阶段性成果来展现？成果展现必须按阶段划分，有具体的活动与任务，有不同形式的阶段性成果要求，都把它列出来，由子课题教师去填去画钩。在每一个学期结束的时候，或者专门的节点，还有学期的总结活动时间就把这张表拿出来，对照检查进程情况、完成情况、差异情况。通过系统归总，在整个过程中做好整体的规划与实施，然后进行一些针对性的指导，帮助开展一些研讨。

这种每个人带着子课题一起研究问题，既有合作、对话的层面，也有自主、探究的层面，是一种效果很好的校本研修模式。随着母课题的开题报告出来，常燕婕老师说："教师们都模仿我写一个简短的子课题，所以他们也会开题了。于是我们会看到 2015 年到 2018 年这几年里面，初中的教师自主脱离教研组，开展综合实践主题活动、完成任务设计案例研究。到了 2016 年我们又申请了区级的重点课题。这仅仅是思想品德课的课题研究，其他具体的科目就不说了。总而言之，初中年轻教师自发地开始申报课题，有区级的有市级的，同时又跟着我一起做子课题。"

这不仅有利于对课题目标的反复聚焦、深入研究，而且有利于凝聚团队共识，尤其是对课题研究的对象达成一个相对集中的专业共识，从而有利于打造一支强有力的专业队伍。比如，语文教研组组长郝霖领衔开展的整本书阅读教学的研究，不仅有大教研组内部的任务分解，还包括了小教研组内部的任务分解，并进一步在备课组层面进行分工与协作。可见，课题研究的任务分解与直接引领是一个完全合一的过程，是在团队核心、骨干教师直接引领之下的任务分解，也是指向统一的问题解决目标的任务分解，是教育教学实际问题的持续研讨与探索，是在引领与协作、互助与对话基础之上的自主研修。

（四）研究方法的选择

依据研究主题的需要，我们的课题研究采取了行动研究的方式。研究过程中主要运用了访谈法、问卷调查法、文献法。

　　行动研究，是指在自然、真实的教育环境中，教育实际工作者按照一定的操作程序，综合运用多种研究方法与技术，以解决教育实际问题为首要目标的一种研究模式。在教育教学实践中基于实际问题解决的需要，与专家合作，将问题发展成研究主题进行系统的研究，以解决问题为目的的一种研究范式。行动研究比较适应小范围学校内教育改革的探索性，其目的不在于建立理论、归纳规律，而是针对在教育活动和教育实践中存在的问题，在行动研究中不断地探索、改进和解决教育实际问题。行动研究将改革行动与研究工作相结合，与教育实践的具体改革行动紧密相连。

　　例如，课题"首都师大二附中校本研修的实施策略研究"，就是要探讨解决学校教师校本研修体系建设与实施策略问题。具体问题有三点：

　　第一，首都师大二附中校本研修实施策略包括哪些具体的行动方法与调节手段？

　　第二，这些校本研修实施策略是如何开发出来？它与学校整体发展的宏观构架、学校系统各部分的良好运行之间有着哪些必要的联系？

　　第三，这些校本研修实施策略的应用效果如何？这些策略应用效果产生的内在原因是什么？即，这些校本研修实施策略的内在合理性包括了哪些方面？

　　每一个问题的探讨都是以解决问题为目的的行动研究方式。在教育教学行动改进过程中研究，在研究过程中不断改进和解决实际问题。

　　为解决校本研修的实际问题，在课题研究过程中访谈调研了教研组长、学科带头人骨干教师代表、35 岁以下青年教师、教学干部等。课题组设计访谈提纲，做好访谈记录；设计调查问卷，做好数据统计分析。聘请专家指导数据的比较与研究，得出研究结论。该课题记录材料总计 5 万字以上。

　　访谈法是在一定的研究目的的指导下，依据调查提纲或问卷，由访谈人员与被访人员面对面地询问研究课题有关的内容，通过这种途径，获得所需的资料。访谈一词既包含动作性，又包含有目的性，其最终目的都是为研究做服务，为研究提供直接丰富的第一手材料。

问卷法是通过由一系列问题构成的调查表收集资料以测量人的行为和态度的心理学基本研究方法之一。问卷是研究者按照一定目的编制的，对于被调查的回答，研究者可以不提供任何答案，也可以提供备选的答案，还可以对答案的选择规定某种要求。研究者根据被调查者对问题的回答进行统计分析，就可以作出某种心理学的结论。

问卷的作用是获得定量数据，呈现剖面情况，作为行动研究的有力支撑，获得鲜活的材料，从而保证研究结果的科学性和真实性。

课题研究中，通过文献研究了解目前国内外有关校本研修的发展现状，结合本校的校本研修情况，归纳出校本研修有效的核心要素，构建有效的校本研修的新型模式。

二、弘美教育课题研究

课题立项成功后，即进入课题研究实施阶段。课题研究实施阶段包含了开题阶段、研究实施阶段、研究成果呈现与结题阶段。

（一）开题论证

开题论证主要包含两项内容：撰写开题报告，组织课题开题论证会。

首先是写好开题报告，开题报告是指导课题顺利实施的前提，重点是做好研究设计。包括研究的目的和意义，研究的问题，研究的路径，研究进度与实施步骤，预期研究成果等。前期的研究设计越是具体翔实，后期的实施就越顺利。

其次是邀请专家开好课题的开题论证会。开题会的目的在于请专家听取开题报告，针对课题研究设计等提出意见和建议，以保证课题研究的正确方向，指导实施课题研究的具体方法和路径等。

（二）课题研究的实施

"弘美教育"学校文化建设项目启动后，学校立项研究的不同层级的课题共有 40 余项。有北京市级课题，有首都师范大学附属学校共同体立项的研究课题，有海淀区教科院立项的课题。从学校层面讲，有校级干部牵头的全校研究课题，有教科室牵头的学校研究课题，有德育处牵头的学校教育类研究课题，也有各教研组牵头的学科教学和学科课程建设的研究课题，还有各行政部门牵头的行政管理类研究课题。一时间，学校出现了"弘美教育"课题研究群现象。

出现这一现象的原因大致有三个方面：一是"弘美教育"办学理念体系与实践体系框架搭建后，学校文化推进过程中的确有许多问题需要研究；二是学校教育教学科研室成立后，对课题立项研究给予了及时的指导和扶持；三是学校对干部和教师的考核评价内容加入了课题研究专项。

干部教师积极参与课题研究成为首都师大二附中校本研修的一大亮点。然而怎样才能保证快速"虚涨"的研究之风能够扎实地推进，以切实保证实践研究的高品质，保证研究者的进步与成长，成为学校最为关注的重点问题。

此时，首都师大二附中充分发挥了作为首都基础教育学校优越的地理和人才优势，充分发挥了作为大学附中，跟大学教师这支专业研究者队伍距离最近的突出优势，为每一个课题组聘请校外专家指导。北京师范大学教育管理学院张东娇教授团队，首都师范大学教师教育学院专家团队，首都师范大学教育学院专家团队及其他院系专家，都成为首都师大二附中的"校外专家团"。专家进校，亲临指导，常来常往，密切联通大学与中学的距离，保证了"弘美教育"课题群的研究质量。大学专家团队参与指导是学校课题研究高质量推进最为有力的保证。

"校外专家团"进校园同时激发了中学干部教师的科研积极性，在专家的指导和"监督"之下，参与课题研究的干部教师需要不断的读书学习，分析调研，追问反思，校本研修的积极性也在行动研究中被激发出来。

1. 研究路径

"弘美教育"课题研究侧重以下三个方面。

（1）需要解决如何根据"弘美教育"文化建设方案所提供的框架，形成具体的、可落实的操作方案或行动方案，具体行动计划是什么？如何构建落实学校文化的行为抓手，确保学校文化从概念到实践体系再到行为的落地？"弘美教育"课题研究的开展遵循问题提出—问题分析—问题解决的逻辑思路。首先，在确定研究内容和预期的研究目标后，对于相关研究成果进行评述，获得一些思路和启示。其次，开始着手研究工具的开发和测试；随后，修正研究方法和研究工具，进行大规模的正式调查；再对研究数据进行统计、分析和解释，描述现状，发现问题。最后，根据数据分析结果，得出研究结论，形成调研报告。

（2）侧重于对"弘美课程体系"构建与实践的研究，解决如何构建弘美课程体系，以及弘美课程体系的落地这两个问题。在扎实地问题研究之后，根据数据分析结果，得出研究结论，制订课程实施方案，搭建起"弘美课程体系"。

（3）侧重通过研训一体的校本研修制度的建立来转变教研组的职能，让教师在校本研修中获得发展。主要围绕三条主线来推进展开：第一条主线是创新教研模式，探索以校为本的研训一体的教研组建设的实施策略，构建新的教研文化。第二条主线是组织广大教师参与构建并完善首都师大二附中课程结构，将修订学校的课程方案和课程计划作为研修任务内容来建立起合作、创新、探索的教师文化。第三条主线是鼓励广大教师围绕教育教学过程中的问题点寻求理论探索与实践突破，开展各类课题研究，实现向研究型、专家型教师发展。

围绕这三条研究推进主线，学校将反思教师已有的自我经验、原有教育行为与课程理念的差距，课程开发、建设与创新实施的能力，德育管理与课堂教学专业能力，教育理论素养与分析判断能力，教育评价与研究能力作为校本研修的主要指向内容。同时，在围绕各阶段学校核心工作展开研究的进程中，坚持三者之间的启发、激励、提升、带动，实现这三条主线的交织融合（见图1-1）。

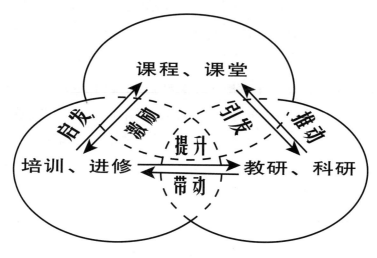

图 1-1　三条主线交织融合

2.研究资料的收集、整理、分类与汇编

参加课题研究的成员按照课题组的分工，分头进行文献搜索，资料收集并分类整理，对资料进行加工处理。每个课题研究资料汇编都在5万字以上。

课题组定期召开讨论会，进行资料初步整理，形成课题资料文件存档。做好中期汇报，撰写系列论文、报告等，为结题阶段做好资料的积累工作。

如"首都师大二附中校本研修实施策略研究"课题组，2017年1月，负责教师发展研究小组的王淑艳、李颖、石文英，就教师发展问题开展了系列问卷调查，了解教师的需求和兴趣点，力争使教师培训工作高效而有趣。

参加这次问卷调查的教师有69位，涉及各个年龄段、各个学科的教师。研究中发现大多的教师需要专业技能和教学方法的培训；部分教师需求教育理念和经验总结；多数教师需要观摩名师课堂和进行案例分析并与专家研讨、互动、交流；还有 38 位教师愿意听专家讲座、报告。教师更加关注学科和技能类的培训，因为那是教师的专业；有 33 位教师希望参加心理辅导类（教学心理、学生心理等）的培训，可能是因为现阶段有心理问题的学生越来越多，因而此培训人数呈上升趋势。教师希望在分析处理教学内容和整合课程教材的能力、教育科研和论文撰写能力、多媒体与信息网络的应用能力、课堂教学活动的实施能力、运用现代教育教学评价能力等方面得到提升。这些与课堂有关，与时代有关、与考试改革有关，绝大多数的教师需要经验丰富的教学一线骨干教师的帮助。从这次调查中，我们可以看出很多教师希望获得有效的技巧或技术、获得新的理念以理顺、理清教学工作中的一些模糊概念。教师的需求非常实际。

同时，广大教师还对学校开展的校本研修提出个人的看法与建议。比如，多一些课堂教学经验和最新教学动态的传授；培养教师的学科科研能力，每学期定期组织教师参加培训，不占用休息时间；以课程为依托，听评课，听特级教师的课，面对面学习，针对具体问题进行研讨；提升培训质量且针对性强，培训后有反思；观名师课堂，获得一些工作方法和技巧，以及科学的教育方法和创新教育的能力，人际交往与师生沟通的能力；多一些有教学经验的、工作在一线的名家讲座和理论传承；类型多样，高效，有真东西；走出去，看一看，更有感触；实用性强，不要空洞的理论内容，要接地气的符合不同学生学情的课堂教学，最好有学困生的课堂教学；精而不泛，趣而不枯，效而不繁，用而不累；等等。了解不同发展阶段教师的需求与痛点，做到培训针对性强、实用性强、专业性强、前沿性强。这些都成为学校开展丰富、有效的校本研修活动的基本方向与行动原则。

（三）研究成果与结题

"弘美教育"课题研究为弘美文化建设推进提供了有力保障，是弘美文化成功创建最关键的策略。其研究成果不仅让"弘美教育"办学理念体系与实践体系得以完整完善的成功搭建，还力促实践体系的生动拓展与顺利实施。更重要的是，广大干部教师在课题研究过程中，对学校文化理念与实践体系有了更加深刻的理解和认同，并积极主动地参与到学校文化建设的过程中来，让"弘美文化"真正成为"自己的文化"。"弘美教育"课题研究成果丰硕，其突出成就表现在以下四个方面。

1.搭建了"弘美教育"办学理念体系和实践体系

"弘美教育"课题研究首先明确了办一所怎样的学校，培养什么样的人，怎样培养人的问题。通过研究，学校发展有了明确的方向，办学理念上达成一致，办学实践思路清晰，方案翔实。无论校长、干部、教师、职工，人人心中有目标，人人脚下有路径，一所成功的优质品牌学校建设在召唤。人们常说"好的开端是成功的一半"，而对于首都师大二附中优质教育品牌的创建来说，"弘美教育"课题研究已经让学校成功了一大半。"弘美教育"办学理念体系与实践体系的成功搭建（见图1-2），是学校发展

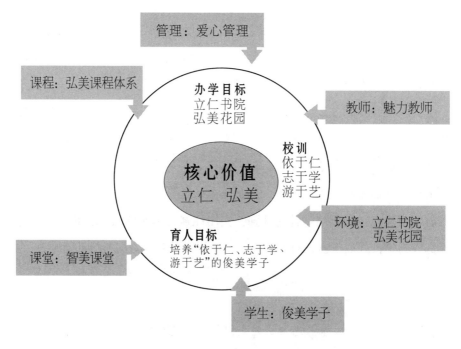

图1-2 "弘美教育"办学理念体系与实践体系

历程中的巨大精神财富和宝贵的无形资产。在这一体系框架引领之下，加之教职员工的辛勤努力，首都师大二附中就不再是一所普通学校，而将成为一所伟大的学校。

2. 创建了"三三三弘美课程体系"，并研究制订了翔实的课程实施方案

在"弘美教育"理念体系的引领下，学校干部、教师、专家共同研究，反复分析讨论，于 2017 年底创建首都师大二附中"三三三弘美课程体系"。首先是建设三大课程群：立仁课程群、志学课程群、游艺课程群；每一个课程群都有三个课程层级：基础通修课程、拓展选修课程、进阶融合课程；最终实现三大课程目标：学会做人、学会学习、学会生活。具体见图 1-3、图 1-4。

"弘美课程体系"的构建，为培养"依于仁、志于学、游于艺"的俊

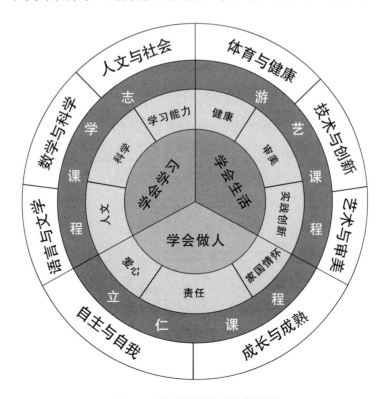

图 1-3 "弘美课程体系"截面图

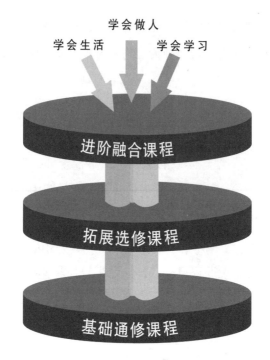

图 1-4 "弘美课程体系"课程层级图

美学子的育人目标实现奠定了课程基础。"弘美课程体系"实施方案把学校办学理念一一落实在课程的方格里，达到了理念与实践的紧密贴合。"弘美课程体系"以其科学性、完整性、独特性体现了课题研究的突出成果。学校课程体系搭建完成后，2018 年各学科教研组研究搭建学科内课程体系。课程是首都师大二附中学生热爱学校的重要原因。学生谈起自己的学校生活，"博识课程""戏剧课程""科技课程""雲工坊""书画课程"等都成为他们兴奋而自豪的资本。学校的"立仁课程""游艺课程"以其突出的特点和校本特色成为周边百姓向往首都师大二附中的充足理由。让每一位学生充分享受高品质的校园生活是学校努力追求的课程目标。

3. 探索形成了具有首都师大二附中特点的校本研修机制和实施策略

经过课题研究过程推进、分析与发现，首都师大二附中在校本研修实施过程中有效构建多层级、多元化的研修平台，完善以教研组为单元的研修机制，形成以课程建设为任务驱动的研修模式，同时形成课题式校本研修的创新模式，从而提出、锤炼并多方验证了在校本研修实施中的分类别、分层级、针对性的主体性策略，参与课程开发的任务驱动策略，针对实践中问题的发现与解决问题的驱动策略，内外部积极因素调动的激励策略，以及充分尊重并倡导教师专业自主发展的自组织策略。

基于校本研修实施策略课题的研究推进与实践，学校已经构建起较为完备、成熟的校本研修制度体系，健全校本研修管理机制与平台，并在学校教育教学改革与发展的推进实践过程中，获得较为丰硕的实践成果。学校诸多部门协同制订了《首都师范大学第二附属中学校本研修制度》，并制订了与之配套的《首都师范大学第二附属中学教师校本研修手册》，从制度上保障校本研修的顺利进行。除此之外，学校运用内部激发与外部激励策略，充分调动广大教师，调动不同年龄段、不同学力层次的教师积极参与到校本研修中来。

学校有针对性地对 35 岁以下，特别是刚入职不久的青年教师发放问卷，调研教育教学中的实际问题，加强教师间的自主学习、合作探究，在年级组、教研组、备课组等研修活动中解决真问题；同时发挥教研组组长，以及各级学科带头人骨干教师在校本研修中的重要作用，帮助青年教师解决问题，在研修过程中相互提升。以校本研修的手段充分研究课程定位、课程内容、教学目标、课程资源、课程环境、教学方法、教学手段、课程评价、师资队伍、学生分析等要素的基础上，各级学科带头人、骨干教师、教研组长带头开发课程、研发校本课程资源。

仅 2016 年一年学校就有 2 项市级规划课题，2 项首都师大共同体课题，17 项区级课题，4 项群体课题立项成功，覆盖了 15 个教研组，113 人次参与到课题研究中，在课题的研修中形成了在研究中教学、在教学中研究的良好氛围。在成果呈现上：论文评选、文章发表、教学设计等获得市级奖励 49 人次，区级 41 人次；说课比赛：市级 2 人次、区级 2 人次等等。在教学中，广大教师更加关注课堂生态主体和课堂生态环境，教师、学生、环境之间的交互作用，开放课堂、组织教师参加展示，针对课堂观察提出的问题，强化课程、教学、学习、教研等资源的共享与研修。

总之，随着校本研修实施策略的逐渐明晰与自觉应用，首都师大二附中的校本研修活动的组织和开展更加内涵丰富、形式多样，形成深刻、持久地激发教师专业发展激情与动力的聚能影响源。学校教师们的教育教学热情被点燃，学校的教研氛围被激活，教师们的专业素养和职业幸福感飙升的同时，学校教育教学质量得以实现迅猛提升，社会美誉度与认可度获得多方称赞。校本研修的有效推进，深刻影响着学校的整体素质和整体实力，校本研修的广度和深度体现了学校的视野和胸怀，在校本研修上花费的时间精力和取得的每一个成果都已经成为学校发展道路上的一个个路标和里程碑。

4. 撰写研究报告并结题

课题研究的最后环节是撰写研究报告，申请结题。目前，开题、结题在学校已经成为常态工作。2019 年上半年，市级校本专项课题"首都师大二附中校本研修的实施策略研究"顺利结题。2019 年下半年，市级课题"首都师范大学第二附属中学'弘美教育'理念及实践研究"成功结题。市级课题"首都师大二附中'弘美课程体系'构建与实践研究"将于2020 年下半年结题。仅此 3 项市级研究课题，先后已有 5 篇论文发表，3篇论文在市级获奖。

几年的课题研究，我们最希望看到的是"研究"成为学校工作的习惯。学校文化方案的执行与落实是研究与行动同行的过程，也是学术思维和行动思维共振的过程。[①] 三年多的课题研究之后，2019 年 7 月首都师大二附中酝酿编写"弘美教育"办学理念体系及其实践探索专著，专著名称暂定为《弘美教育办学理念及实践探索》。专著撰写的过程，是更加深入的研究过程。期待这部属于首都师大二附中的学校文化专著早日面世。

---

① 张东娇：《学校文化管理》，教育科学出版社 2013 年版，第 210 页。

第二章　党建文化品牌建设

"弘美风景线"是首都师大二附中的党建品牌。自 2018 年以来，党建品牌创建在学校党组织建设中发挥了很好的作用。学校为什么创建党建品牌？党建品牌是怎样创建的？党建品牌创建的效果如何？本章内容将详细阐述。

第一节　构筑弘美风景线

"党建"和"品牌"是两个不同领域的概念，品牌是商业用语，其本质是品牌拥有者的产品、服务或其他优势，能为目标受众带去高于其他竞争对手的价值。把品牌引入党建工作，形成示范带动作用，是近年来各级党组织创新基层党建工作的重要手段和基本经验，是提升基层党组织建设质量的内在要求。

一、学校党建品牌的创建

2018 年 9 月 10 日，习近平总书记在全国教育大会上的讲话中指出："培养什么人，是教育的首要问题。我国是中国共产党领导的社会主义国家，这就决定了我们的教育必须把培养社会主义建设者和接班人作为根本任务，培养一代又一代拥护中国共产党领导和我国社会主义制度、立志为中国特色社会主义奋斗终身的有用人才。这是教育工作的根本任务，也是教育现代化的方向目标。"

为全面落实党的教育方针，为提高学校党建工作质量，强化学校党建特色，把党建工作与学校中心工作密切结合，首都师大二附中自 2018 年起着手党建品牌创建工作。

（一）什么是党建品牌

所谓党建品牌，是指党组织依据党的建设总要求，以完成中心工作和中心任务、服务党的事业发展为目标，以加强党的长期执政能力、先进性和纯洁性建设为主线，运用品牌管理的理念，结合基层党建工作实际和特点，凝练提升党建工作的亮点、特色、成果、经验和规律等，形成具有一定的导向示范和辐射价值的基层党建标志性精品工程。

党建品牌至少应该具备以下三个特点：

1. 标志性

既然是"品牌"，就一定有品牌的名称，有品牌的标志。品牌名称应该具有鲜明的特点，应该突出本单位的文化特色。

2. 创新性

创新是品牌创建的前提条件，没有创新就没有了品牌。创新包括名称创新、内涵创新、管理方式创新等。

3. 成长性

品牌战略，首先要关注时代性，党建品牌必须突出时代特点，解决时代关注的问题。同时，要关注品牌发展的长期性与成长性。品牌创建需要充分考虑其未来的发展。

（二）学校为什么创建党建品牌

1. 落实中央部署

党的十八大以来，以习近平同志为核心的党中央对基层党组织建设高度重视。2018 年 7 月，习近平总书记在全国组织工作会议上指出："加强党的基层组织建设，关键是从严抓好落实。要以提升组织力为重点，突出政治功能，健全基层组织，优化组织设置，理顺隶属关系，创新活动方式，扩大基层党的组织覆盖和工作覆盖。要加强企业、农村、机关、事业单位、社区等各领域党建工作，推动基层党组织全面进步、全面过硬。"

2018 年，中共中央颁布《中国共产党支部工作条例（试行）》，对基层支部建设提出规范要求。正是在这一时代背景之下，首都师大二附中党总支设计创建学校党建品牌，以提升学校党组织的组织力、引领性、凝聚力。

2. 学校发展需要

2019 年，全校教职工总人数 196 人，在职党员 89 人。学校发展必须凝聚教职工的力量，大家齐心协力，拼搏奉献，学校才会有质的提升。学校发展过程中党组织的凝聚力特别重要。党组织的话大家信，党组织的领导大家跟，组织的愿景才能由大家共同实现。

2014 年开始学校进行了一系列制度变革，急需围绕发展愿景统一思想，凝聚力量。只有抓好党组织建设才能带动教职工树立理想，弘扬正气，成就事业。学校发展也特别需要充分发挥党员教职工的模范带头作用，强化党的基层支部建设，规范党组织活动，建设高水平干部队伍。

在学校发展的这个节点之上，创建自己的党建品牌，建设学校党建特色正逢其时。"弘美风景线"党建品牌应运而生。

3. 把握适当契机

2017 年 9 月—2018 年 9 月，海淀区教育党校组织学校书记培训班，每周培训半天。在这一年的培训过程中，培训班聘请专家指导各学校创建自己的党建品牌，首都师大二附中结合自身党建实际，广泛征求党员建议，提炼核心要点，积极创建自己的党建品牌。"弘美教育"是首都师大二附中的文化标签，"弘美教育"办学理念及实践体系已经深得广大师生认同。因此，学校党建品牌命名为"弘美风景线"。

（三）学校党建品牌的定位

1. 全面落实党的教育方针

2018年9月，习近平总书记在全国教育大会上强调指出，要"培养德智体美劳全面发展的社会主义建设者和接班人，加快推进教育现代化、建设教育强国、办好人民满意的教育"。这一论述成为新时代党对教育工作的总体要求，指导学校教育工作的方向和目标。

学校党建工作的中心任务就是全面落实党的教育方针，党建品牌建设的目的就是更好的落实教育方针，为国家建设和人民诉求办好教育，培养全面发展的优秀的建设者和接班人。

2. 切实增强党组织的凝聚力

以"品牌"发展的理念，学校党建品牌创建和发展的过程就是党组织凝聚力日益增强的过程。品牌越响，党组织的力量就越强，党组织的吸引力也就越强。丰富品牌建设内容，凝练品牌建设特色，创新品牌建设形式，让学校党建品牌建设成为广大教职工自觉自愿、积极主动的行为。引领教职工高高兴兴、大张旗鼓经营学校党建品牌，以新时代创新性的党建形式吸引青年人广泛参与。

3. 紧密结合学校中心工作

党建和学校教育教学质量提升的目标统一，而不是两张皮。学校党建的目的就是引领全体党员和广大教职工全面落实党的教育方针，办好教育，培养优秀人才，而不是其他。一提到"党建"，就想到照本宣科的"政治学习"，这不是真正的学校党建，学校党建一定是符合学校特点的，以学校发展为目标的，温暖而柔和的，深入人心的党建。中学教师群体工作压力大，工作时间长，很多时候工作得身心疲惫，针对这样一个群体的党建形式就必须适合这个群体的身心特点，形式主义的、一刀切的党建注定是没有生命力的。学校党建的生命力是党建品牌建设的重点关切。

二、党建品牌与弘美文化

怎样把学校党建与学校弘美文化建设结合起来，是学校党建品牌创建过程中党总支重点考虑的问题。学校党建品牌的产生有其背景和缘由。

（一）弘美风景线的由来

2016年，学校教职工大会通过了《首都师大二附中学校文化建设方案》，弘美教育办学理念与实践体系得到全体教职员工的一致认同。弘美教育的核心价值观是"立仁弘美"，学校办学目标是"立仁书院，弘美花园"，意为传播爱的书院，弘扬美的花园。学校育人目标是培养"依于仁、志于学、游于艺"的俊美学子。为实现学校办学理念，搭建起管理文化、课程文化、教师文化、课堂文化、学生文化、环境文化六大实践体系。在弘美教育办学理念引领下，学校办学质量快速提升，社会赞誉度日益高涨，弘美教育文化品牌得到教师、学生、家长及社会各界的广泛认同。

2018年，我们着手学校党建品牌的建设，经过专家指导，经过全体党员及部分教职工代表的反复讨论，大家一致认为学校党建品牌一定与学校文化密切联系，突出学校文化特色。最终由学校党总支确定"弘美风景线"党建品牌。同时规划品牌内涵，设计活动方式，"弘美风景线"正式亮相首都师大二附中。

（二）党建与立仁弘美

学校党建文化与弘美文化相通，体现了党建与学校中心工作合一的思想。党建文化同样把"立仁弘美"价值理念纳入其中，立仁，核心是一个"爱"字。首先是爱党、爱国、爱人民。弘美，就是弘扬美。包含德美、智美、艺美。"艺"指中国传统文化中"六艺"的概念，包含了体育、艺术、劳动、科技、实践等诸方面。

"弘美风景线"就是由学校全体党员带领群众共同构筑首都师大二附

中立仁弘美的最美风景线。

三、党建品牌的内涵

（一）"弘美风景线"的含义

"风景线"是指供人们观赏和游览的风景（山水、花草、建筑）优美的地带，比喻值得关注的社会现象，某种景观、景象或一些值得关心的态度与行为。

首都师大二附中党建品牌"弘美风景线"，指的是弘美校园中最积极向上、最具教育情怀，最具感召力、最强业务引领力的党员风采群体形象。

（二）"弘美风景线"的品牌内涵

学校党建必须紧紧围绕学校中心工作来开展，首都师大二附中党建品牌"弘美风景线"的内涵指的是：全体党员"守三心""创四星""五带头"。

"守三心"：全体党员教职工坚守党心、师心、事业心。

"创四星"：全体党员教职工及广大群众在弘美校园中争创"弘美教育之星""高效服务之星""创新发展之星""科研引领之星"。

"五带头"：带头传播正能量；带头承担艰巨任务；带头上好每节课；带头读书学习做教研；带头促进学校教育事业全面发展。

"弘美风景线"还规定了党员公约：树牢"四个意识"，坚定"四个自信"，做到"两个维护"，争当"四有教师"。

第二节　弘美党建品牌化实施

2018年9月，"弘美风景线"党建品牌确立后，即进入实施阶段。党

总支经过解读宣传、广泛动员、组织实施、考核评价，弘美风景线精彩
初现。

一、守三心

《大学》有言："古之欲明明德于天下者，先治其国；欲治其国者，先
齐其家；欲齐其家者，先修其身；欲修其身者，先正其心。"儒家思想认为
修身、齐家、治国、平天下必须要"正心"。所谓"正心"，就是端正其思
想。学校治理同样如此，先正其心，才能端其行。

党性修养的关键在于正心。因此，"弘美风景线"党建品牌提出全体
教师党员"守三心"思想建设目标。

"三心"指的是党心、师心、事业心。

党心：对党忠诚，自觉学习贯彻党的路线、方针、政策；自觉团结群
众、帮助群众，发挥党员先锋模范作用；自觉以党的先进思想文化培养学
生，落实立德树人根本任务。

师心：热爱教育事业，热爱每一位学生，成为有理想信念、有道德情
操、有扎实学识、有仁爱之心的"四有"教师。

事业心：有成就教育事业的豪情，有不断创新发展的激情，有敬业付
出的痴情。

这一思想建设目标是弘美风景线的目标定位，要求所有党员以此为方
向，带领全体教职员工团结一心，正向奔跑，把政党文化与弘美文化融合
升华，让弘美教育事业蒸蒸日上。

"守三心"这一思想建设目标，以三心讲坛、魅力教育人教育思想研讨会、
立仁行动队等活动形式来落实，使党员在活动中进步，思想在活动中提升。

（一）三心讲坛

每个学期各支部结合自己的工作实际举办一次"三心讲坛"，每一名

党员轮流宣讲。每一次宣讲党总支给予参考主题，各支部灵活选择。每学年党总支举办一次"三心讲坛"，每个支部推荐一名党员参加。三心讲坛，紧扣党心、师心、事业心的主题。既可以校内党员宣讲，也可以外请专家报告。开展三年来取得良好效果。如 2018 年举办"党员示范课"评奖活动；2019 年举办"爱在这方热土"宣讲活动；2020 年举办"'疫'不容辞的责任——弘美风景线展示"活动等。"三心讲坛"活动方式见表 2-1：

表 2-1 "三心讲坛"活动安排表

三心	具体内容	党支部讲坛	党总支讲坛
党心	对党忠诚，自觉学习贯彻党的路线、方针、政策；自觉团结群众、帮助群众，发挥党员先锋模范作用；自觉以党的先进思想文化培养学生，落实立德树人根本任务。	由基层支部组织，每学期一次，党员轮流宣讲。	由党总支组织，每学年一次。
师心	热爱教育事业，热爱每一位学生，成为有理想信念、有道德情操、有扎实学识、有仁爱之心的"四有"教师。	由党支部组织，每学期一次，党员轮流宣讲。	由党总支组织，每学年一次。
事业心	有成就教育事业的豪情，有不断创新发展的激情，有敬业付出的痴情。	由党支部组织，每学期一次，党员轮流宣讲。	由党总支组织，每学年一次。

（二）魅力教育人教育思想研讨会

教育是培养人的艺术，需要爱心，更需要智慧。有知识，有品位的魅力教师受到学生的爱戴与追捧。尤其是优秀的班主任、年级组长，他们影响着全班或全年级学生的成长，他们是学生心中最爱的师者，也是家长们眼中最值得尊敬的人。他们的教育思想值得挖掘和传扬，他们的教育智慧值得总结和推广。为表彰他们的卓越贡献，传播他们的思想和智慧，自 2018 年 7 月，学校党总支每学年在校内举办魅力教育人教育思想研讨会。

1. 魅力教育人的产生标准

魅力教育人教育思想研讨会人选只面向担任班主任和年级组长的教师，这支队伍是学校教育工作的压舱石，有一批充满魅力的教育人，学校就一定会发展成充满魅力的品牌学校。魅力教育人的产生需要符合以下标准：①热爱班主任工作，担任班主任时间不少于10年。②教育工作有思想、有方法，教育效果好，深受学生爱戴。③在学校班主任队伍中有影响力，对青年班主任教师有指导和帮扶。是立仁弘美价值观的优秀传播者。

2. 思想研讨会组织形式

魅力教育人评选产生后，学校每年7月召开魅力教育人教育思想研讨会。会议由学校德育处筹划，首先，由评选出的魅力教育人阐述自己的教育思想，讲述自己的教育故事。其次，由学生和家长讲述感受最深的受教育经历，表达谢意。再次，同事或家人表达鼓励和支持。最后，专家总结点评并颁奖。

每一位召开过教育思想研讨会的班主任教师，无不感慨万千。职业成就感、自豪感和幸福感骤然提升。进而带动更多的教师加入班主任队伍，成就育人梦想。

（三）立仁行动队

弘美教育的核心价值观是"立仁弘美"，学校办学目标为"立仁书院，弘美花园"，也就是要把学校办成传播爱的书院，弘扬美的花园。学校打造"立仁课程群"，着力培养学生家国情怀，实现立德树人的根本目标。落实党的教育方针需要学校党组织带领老师们设计课程，创新形式，扎实推进。关爱他人，奉献社会，传递爱心是学校立仁弘美的行动纲领。为此，学校党总支在全校党团员中组织成立"立仁行动队"，党团员师生和非党团员师生自愿报名参加。

1. 活动宗旨

立仁行动队以立仁弘美为核心价值追求，传递爱心，奉献社会，弘扬美德。全体队员志愿服务，输出教育资源，帮扶贫困学子，传扬弘美教育办学理念。

2.活动方式

现阶段立仁行动队的主要活动方式有三种：①教师支教；②对口支援；③师生志愿服务。自2015年以来，学校共有两位教师到新疆和田地区参与援疆支教，多位党员教师到内蒙古、河北等地送课支教。学校对口支援湖北十堰丹江口市丹赵路中学，邀请当地教师分批次来校跟岗学习，党员教师承担指导任务。学校同时承接全国农村校长培训班，港澳台地区师生交流等项目。未来将更加广泛深入地组织教育扶贫工作，带领师生深入教育薄弱地区，输送资源，传递爱心，积极承担社会责任。

学生志愿服务形式多样：向教育薄弱地区的学校捐助学习及体育用品，与对口支援学校的同学结对帮学，参加市内社区志愿服务活动，参加校内志愿服务活动等。

守住"三心"是学校党建思想建设的目标追求，党建品牌建设也在实践中不断推进和完善，其建设成效在学风校风改变过程中显现，在学生的成长进步中显现。

二、创四星

党组织是先锋队，党员是组织中的先进者、引领者。结合学校发展情况与弘美文化建设需要，党总支每学年组织"四星评选"，以鼓励党员群众积极而有创意的工作。

（一）四星评选

评价的目的是激励，更是引领。2018年，党总支决定在学校党员和群众中评选魅力教育之星、高效服务之星、科研引领之星、创新发展之星，每学年评选一次。评选目的在于激励先进，奖励拥有智慧、乐于付出、创新工作、效果突出的教职工，充分发挥党团员的先锋模范作用。

魅力教育之星的参评对象面向全体教师，表彰的是优秀班主任和优秀教师。

高效服务之星面向全校行政人员，表彰的是服务意识强、服务效果好的教职工。

科研引领之星面向全体教职工，不论是教育教学还是教育服务，鼓励全体教职工在研究的状态下工作，在工作的过程中研究。

创新发展之星评选，旨在鼓励全体教职员工在工作中不断创新，永远在积极的状态下改进工作方式，提高工作效率，在工作中找到成就感和幸福感。避免工作一成不变带来的倦怠和消极应对。

四星评选的方式如表 2-2 所示。

表 2-2 四星评选活动表

四星	评选标准	评选方式	表彰形式
魅力教育之星	1.热爱教育事业，有坚定的教育理想和信念，初步形成自己的教育思想并影响身边教职工积极投入教育事业。2.深受学生喜爱，能以学生喜爱的方式走近学生心灵，引领学生高尚的人生追求。3.具备较强的业务能力，课堂教学充满魅力、富有智慧，教学成绩优秀。	个人自荐，党支部推荐，党总支委员会、党支部书记会讨论确定。	学校表彰会，微信平台、校内网宣传。
高效服务之星	1.热爱本职工作，热心为学校师生服务。2.主动学习，不断探索，不断提高工作效率。3.工作质量高，奉献意识强，赢得群众好评。		
科研引领之星	1.工作中注重研究，负责主持区级及以上课题。2.以课题或项目学习的形式引领团队研究问题、解决问题。3.注重问题研究的实际应用，推动教育教学工作的实际改进。		
创新发展之星	1.工作中有创新意识，在研究的状态下富有创意的工作。2.用创意提升了工作质量，提高了工作效率。3.其创意在教职工或学生中得到推广应用。		

（二）四星表彰与宣传

学校文化氛围需要用心营造，"创四星"的意义不仅体现在四星评选的过程之中，更重要的是营造积极向上、创新发展的文化氛围。为此，学校党总支每学年隆重召开全体教职工大会为获奖"四星"教职工颁奖。撰写颁奖词，颁发证书与奖杯，鼓励更多教职工积极投入，不断创新。

校内外媒体宣传是传播正能量，扩大品牌影响力的重要途径。学校成立媒体宣传团队，把"四星"教职工的典型事迹在政府媒体和学校内外网中广泛宣传。

三、五带头

"守三心"是党总支思想引领与作风建设目标；"创四星"是激励争优创先，保证先锋模范作用；"五带头"则是每一名党员的考核标准，是必须坚守的底线。全体党员"五带头"综合评价，每学年组织一次，每一位党员按照考核标准与评价指标严格考核，并把考核结果单独通知到每一位党员。

（一）五带头的内涵

五带头是对每一位党员和积极分子的明确要求，其具体内容指的是：①带头传播正能量。②带头承担艰巨任务。③带头上好每堂课。④带头读书学习做教研。⑤带头促进学校教育事业全面发展。

（二）五带头考核指标

党员五带头考核有一级指标、二级指标，每一项二级指标都有考核赋分，每学年每一位党员都有自己的考核成绩（见表2-3）。考核的目的是引领，引领全体党员在学校工作中发挥模范带头作用，引领全体党员争做弘美文化的践行者和传播者，成为学校发展的领跑者。

表 2-3　党员五带头综合考核评价表

一级指标	二级指标		评价分值			备注
带头传播正能量	三心党课		5			
	党组活动		5			
	志愿服务		5			
	群众评议		5			
带头承担艰巨任务	党支部书记 年级组长	行政干部 班主任	20			
	教研组长	备课组长	18			
	党支部委员、大型社团负责老师、部门负责人		18			
	优质完成本职工作		16			
带头上好每堂课（带头做好本职工作）	校级公开课		16			
	区级公开课		18			
	市级公开课		20			
	行政技能评定		16	18	20	学校组织评奖
	优质完成本职工作		15			
带头读书学习做科研	校级课题、论文、报告		16			
	区级课题、论文、报告		18			
	市级课题、论文、报告		20			
	行政经验介绍		16	18	20	校、区、市
	优质完成本职工作		15			
带头促进学校教育事业全面发展	突出贡献		5			
	校级荣誉称号		5			
	区级以上荣誉称号		7			
	党员模范带头作用（党群结对、师徒结对、党团结对、学生导师、入党介绍人等）		3			

品牌建设需要在实践中不断地检验、修改和完善，是一项周期较长的工作。守三心、创四星、五带头是弘美风景线党建品牌建设的主要内容，"三会一课""双培养"等常规工作同样贯穿其中。在品牌建设过程中不断创新是激活组织中每个细胞最有效的途径，学校各方面工作互相衔接，整体推进，努力形成创新发展的文化氛围。

第三节　风景线上看风景

"弘美风景线"党建品牌建设促进学校教育事业优质发展，改变着学校的文化氛围和文化气质。成就了优秀的基层党组织，涌现出一批有理想信念、有道德情操、有扎实学识、有仁爱之心的"四有"教师。正是这些充满魅力的教育风景构成靓丽的弘美风景线。

一、优秀党支部建设

2018 年，中共中央印发《中国共产党支部工作条例（试行）》（以下简称《条例》）。《条例》指出：党支部是党的基础组织，是党组织开展工作的基本单元，是党在社会基层组织中的战斗堡垒，是党的全部工作和战斗力的基础，担负直接教育党员、管理党员、监督党员和组织群众、宣传群众、凝聚群众、服务群众的职责。凡是有正式党员 3 人以上的，都应当成立党支部。

为充分发挥每一名党员的模范引领作用，强化党的基层支部建设，学校党总支在优秀党支部建设方面着重用力。

目前，首都师大二附中共有党员 146 人，其中在职党员 91 人，退休党员 55 人。共设 8 个党支部，在职党支部 7 个，退休党支部 1 个。党支部构成见表 2-4：

表 2-4　党支部构成

党总支	语文	数学	英语	文综	理综	艺体技	行政	退休
146	12	15	13	11	14	10	16	55

（一）优秀党支部评选标准

经党总支委员、党支部书记、全体党员讨论制定《首都师大二附中党支部考核方案》，并与 2018 年开始实施。《方案》共设五项考核内容，每项 20 分，满分为 100 分。另有一项加分项，为 5 分。

（1）遵纪守法情况（违规补课、收费；饮酒驾车、不该吸烟的地方吸烟、违规违法被曝光；违反《教师法》、《未成年人保护法》、《义务教育法》；违反学校的考勤管理制度等）：凡是支部中出现此类现象，有 1 人次扣 1 分。

（2）各支部开展的支部活动情况（需要有计划、执行和效果）：时间以每年 9 月至第二年 7 月，活动 10 次及以上为满分，少活动一次扣 1 分，扣满 10 分为止。

（3）评教、考核情况：以所在支部全体党员的评教和考核平均分和支部所在教研组和部门全体人员的评教和考核平均分为依据。党员占 60%，全组占 40%。

（4）承担任务的情况：教育教学行政承担任务的情况（党员中班主任比例；兼职比例；担任社团指导教师比例；行政工作完成情况；突发事情中的担当精神）。

（5）群众评议的情况：每年 6 月底，组织全校教职工民主评议党员，按党员平均得分排队，第一名 20 分，第二名 19 分，依次计分。

（6）加分项：党总支评价。党总支委员依据各支部党建情况给予评价，满分 5 分，党总支委员打分，取平均值。

（二）优秀党支部奖励激励

每年评选优秀党支部 2 个，通过全体教职工大会和学校网络媒体表彰宣传。奖励活动经费可用于支部党员及所在教研组群众共同外出学习，也可用于其他支部活动。奖励活动于下一学年第一学期兑现。

优秀党支部评选，激发了各支部党员的自觉性和积极性，增强了基层支部的凝聚力，密切了党群关系。优秀党支部建设成为弘美风景线上靓丽的风景。

（三）我是党员我自豪

党员群体是教职员工队伍中的优秀者团体，是学校教育事业发展的排头兵和先锋队。营造"我是党员我自豪"的政党文化是弘美风景线品牌建设的重点内容。

1."承诺践诺"亮身份

在海淀区教育工作委员会的统一组织下，每学年开展党员"承诺践诺"活动。党员承诺自己的工作学习目标并在实际工作中严格践行，主动要求群众监督。党员的形象亮出来，党员的业绩亮起来。

2."双培养"壮大队伍

"双培养"指的是党组织要把党员教职工培养成业务骨干，同时要把业务骨干培养成党员。"双培养"工作把党建与学校中心工作紧密结合，党员成为教育教学的业务骨干，成为学校发展的示范引领者。

3.志愿服务传递仁爱之心

"立仁书院，弘美花园"是首都师大二附中的办学目标，意为把学校办成传播爱的书院，弘扬美的花园。党员理应成为学校办学目标实现的带头人。党员是传播爱的使者，是弘扬美的模范。党员"立仁行动队"承担了这一使命，成为立仁弘美的践行者。

二、别开生面的党团活动

党团活动的开展是党组织建设的重要途径。如何创新活动方式，提高党团活动的质量，也是单位党组织特别难解的课题。活动设计是最烧脑的环节。每次活动都想达到"四有"目的：有意义，有创意，有趣味，有影响。

有意义，就是每次活动都要完成活动主旨。或为了解党的历史，或为体验新时代党的建设成就，或为凝聚党群力量，或为彰显党员的服务。有创意，指的是每次活动都有创新性，无论是活动内容还是活动形式，都要贴近时代，贴近生活，贴近党团员的进步需求。有趣味，趣味性是增添活动吸引力的前提，活动的趣味性是党团活动开展的生命力。有影响，指的是党团活动的教育意义和感染力。活动的开展确实影响了参加者的思想进步，确实感动了参与者的内心。"四有"标准特别高，每次党团活动的组织都需要精心"策划"。

附：活动案例

案例一　2019 年七一表彰活动

一、组织筹划

1.筹备组

总策划：学校党总支

总导演：于田甜

总协调：赵鸣

主持人：周晓桉、胡晓彤

参与部门：党总支、党办、党支部、信息中心

筹备会时间：6 月 27 日中午

2.活动主题：弘美之心永向党

3. 活动时间：2019 年 7 月 1 日下午 3 ：30—4 ：30

4. 活动地点：增光路校区地下报告厅

5. 参与人员及活动形式：全校教职工以党支部为单位组成不同方阵

6. 活动内容：

本次活动由爱党、爱国、爱校知识问答，优秀党员、党支部表彰，红歌唱响三个部分组成。

7. 活动要求：

①艺术组负责提供红歌歌单，各支部自由选择 3—4 首红歌，唱会、唱熟，"红歌唱响"以方阵拉歌的形式呈现。

②方阵组成：语文、艺体技支部；数学、英语支部；文综理综支部；行政支部。

③各支部于 6 月 28 日下班前把支部歌单交党总支组织委员赵鸣。

④6 月 28 日，筹备人员第二次会议，主持人准备主持词，确定活动流程。

二、活动流程

1. 主持人主持开场词　周晓桉、胡晓彤

2. 齐唱《我和我的祖国》　指挥：于甜田

3. "爱党爱国爱校"知识抢答

4. 二重唱《草原上升起不落的太阳》刘小军、于甜田

5. 方阵拉歌第一轮

6. 优秀支部、优秀党员表彰（阮翠莲书记宣读表彰决定）

7. 男生小合唱《打靶归来》王灏丹、刘威、张淼、丁斌

8. 方阵拉歌第二轮

9. 支部书记们诗朗诵《没有共产党就没有新中国》

10. 齐唱《没有共产党就没有新中国》　指挥：于甜田

11. 主持人致活动结束语

三、活动絮语

1. 编撰诗朗诵《没有共产党就没有新中国》

6 月 29 日，北京市海淀区教育工委"七一"纪念活动在育英学校召开，阮翠莲、邓佑琴、赵鸣参会。会议期间，三人商定编撰朗诵稿《没有共产党就没有新中国》，由阮翠莲执笔完成。

2. 诗朗诵

没有共产党就没有新中国

有一首歌，在大地上传播，在阳光里闪烁；

有一首歌，在脉管里流淌，在心底里铭刻；

有一首歌，在记忆里永存，在时光中穿梭；

这首歌的名字叫做《没有共产党就没有新中国》

如果不是那一面高举的红旗

怎会有今天壮丽锦绣的山河

如果不是那一点燎原的星火

怎会有今天幸福安康的生活

如果不是那一种坚韧的信仰

怎会有今天光辉灿烂的中国

如果不是那一份真挚的热爱

怎会有首师二附今日的磅礴

红色的七月

我们用如潮的红旗装点这片神奇的土地

红色的七月

我们用深情的笔墨书写这幅时代的画卷

红色的七月

我们用如火的激情高唱这首不朽的赞歌

这首赞歌为你唱了 98 年

98 年的长诗读得岁月热泪盈眶

98 年一个信念将日子擦得越来越亮

98 年，在镰刀、麦穗、铁锤中碰出火花

一次船上的伟大会议

一次洪水般浩荡的会师

一段二万五千里路的破茧成蝶

一腔热血，一朵烧红的信念……

首都师大二附中成长在新中国

55 年建校历程

55 年薪火传承

60 年代艰苦创业

70 年代奋斗拼搏

辉煌的 80 年代，我们一路放歌

今天，豪迈的二附人可以这样说

我们托起学生的未来

我们创造着教育的奇迹

我们践行着党的嘱托

我们是幸福的二附人

我们是自豪的二附人

我们是团结的二附人

我们是快乐的二附人

我们是勇敢的二附人

我们是积极向上的二附人

我们是追求卓越的二附人

我们是勇往直前的二附人

建党佳节到，七月一日红

让我们向着太阳放声高歌

——没有共产党就没有新中国

全场齐合唱：《没有共产党就没有新中国》

四、活动感言

2019年7月1日下午3：30，首都师大二附中庆祝建党98周年纪念活动如期举行。活动效果非常好。活动结束后，全体教职工依然意犹未尽。

临近期末，师生们特别忙碌，的确拿不出太多的时间准备"七一"活动。所以，本次活动的初衷就是激发教职工爱党、爱国、爱校之情，不占用教职工过多时间，活动气氛积极、和谐、愉快。

拉歌环节特别嗨。各支部提前上报了方阵拉歌歌单，组织者提前用PPT准备好了歌词，各方阵情绪激昂唱响红歌，激发情感，凝聚力量。活动结束后大家依然沉浸在愉悦之中，团结和愉快也可以如此简单。

二重唱、小合唱提升活动品位。音乐教师亲自上场，党员歌手积极参与。专业表演提升了活动品质，在场教职工享受参与的乐趣，同样享受专业表演的艺术之美。在红歌唱响的过程中陶冶情操，抒发激情。

"爱党爱国爱校"知识问答参与踊跃，气氛活跃。知识都是应知应会的内容，抢答踊跃，有小奖品奉上。

诗朗诵《没有共产党就没有新中国》把活动推向高潮。七位党支部书记和党总支书记激情朗诵《没有共产党就没有新中国》，55周年校庆内容巧妙穿插其中，激发教职工爱党、爱国、爱校意识。

一次活动展现的是一个组织的精神风貌，建国70周年，"七一"党的生日，学校建校55周年，全校教职工党员群众齐聚一堂，红歌唱响，诗歌朗诵，歌唱党领导下的祖国，颂扬全体教职工为学校发展建设的勤勉付出和辉煌成绩。活动结束后每一位教职工都情绪激动，爱党、爱国、爱校之情油然而生。这样的组织这样的美！

三、这里"群星璀璨"

"弘美风景线"党建目标就是引领全体党员和广大教职工全面落实党的教育方针，办好教育，培养优秀人才。学校党建要达到树正气、拼勇气、振士气、聚人气的目标。"守三心""创四星""五带头"党建品牌内涵建设，为上述目标实现创设了扎实的实践基础。这里"群星闪烁"，这边风景真好。

每学期一次的"四星"评选，成为校园里的"造星"活动，"魅力教育之星""科研引领之星""高效服务之星""创新发展之星"，弘美校园"群星璀璨"。

附1：

以终为始，且行且思——"魅力教育之星"段辉老师

段辉，中共党员，理综科党支部组织委员，首都师大二附中初中物理教研组组长、海淀区物理学科骨干教师，所带班级获得北京市"先进班集体"称号等各级市区级荣誉。教学基本功比赛、教育教学论文等多次获得市级一等奖。不断学习先进教育理念指导教学实践，具有科学的教育观、学科观和学生观，业务能力突出，在教育教学工作中具有引领示范作用。被评为学校"魅力教育之星"。

以终为始，且行且思

段辉老师，从教13年，长期从事班主任和物理教学工作。

她热爱教育事业，关爱学生成长，教育、教学齐头并进。她治学严谨，善于学习，不断提升能力，开阔视野，业务能力突出。教学中，她保持研究精神，不断创新；在工作中，她"且行且思考"，注重培养学生的逻辑思维，用心体会教育教学的每个瞬间，让学生在关爱中茁壮成长。

作为一名教育工作者，她秉持着"以终为始"的理念，不断更新自身的教育教学理念和相关理论，关注每一位学生的成长需要。段老师相信每一个孩子都是优秀的、独特的，她十分关注孩子的心理健康，与家长形成合力，努力为孩子们营造一个团结、温暖的班级氛围，使班级成为学生可以分享快乐，遮蔽风雨的"快乐老家"，是求知者的神圣殿堂，是学会爱与被爱、懂得付出高于索取的地方，让学生总能够从班集体获得前进的力量，让班集体成为学生奋飞前进的跑道。所带班级荣获北京市"先进班集体"称号。

治学严谨，善于学习，不断提升

工作中，段辉老师一直秉持理论学习和实践相结合的方式，工作踏实、严谨，为他人着想，有好的点子、好的资源，一定会和伙伴们分享。

在物理教学中，她注重理论和实际相结合、锻炼逻辑思维、培养学科素养；追踪校内外、首师大、北师大和中科院物理所的各类学科讲座，把握机会学习进修、比赛、观摩；关注、传播科学、科技类的公众号和文章，向身边的人传递科学、客观的信息。她多次参加或观摩全国、全市的教育教学展示、研讨活动；参加市级、区级骨干教师培训和进修活动。2017年北师大心理系研究生毕业，她在求学过程中一边工作一边学习，读书、查文献、写论文，拓展了视野、扩充了知识、更新了观念，如此努力，只为能让自己的教育教学水平更上高度，给学生更自由的学习空间。段老师喜欢数据分析，能科学、客观地分析教学成绩、追踪学生情况，并给予学生个性化的教学辅导、考试分析、学习建议。任教班级的学生从惧怕物理变成积极、愉悦地学习物理，并喜欢将物理知识应用到生活中去，物理成绩越来越突出，学生也越来越爱动脑筋。在钻研教学的基础上，段老师还不断归纳总结适合本校学生的教学方式和方法；设计符合任教班级学生的学案、测试卷、实验报告；针对需求，最大范围地搜集、自制或组装教学用具，及时学习新的教育教学技术，不断尝试用于物理教学。学生反馈段老师的物理课堂总是那么轻松、有趣、高效。

段辉老师目前担任物理教研组组长、海淀区物理学科骨干教师、初二年级物理备课组长，多次参加市、区级比赛和展示活动，参加北京市现场教学展示和网上直播活动，曾获得北京市教师基本功比赛一等奖，多次获得北京市"京研杯"教学论文一等奖、"智慧教师"征文活动一等奖、市级课件设计一等奖等。曾参加市区级多项课题研究，并代表项目组参加了市级展示课活动。

积极探索课堂教学改革

段辉老师积极研究教育教学的变化形势，重视学生的个性化需求，参加了北京市《基于个性化学习的学习方式变革》系列活动，并成功完成了市级展示课。在课题实验阶段，她大量研读了关于学习方式、新信息技术、个性化需求和教学的相关文献资料；跟随专家组分析研讨了课堂中信息技术的使用，总结了优势和劣势；通过课堂教学实践确定物理课与信息技术的最佳结合方式，并不断探索新的方向和技术可能；不断反思在教学中如何瞄准学生的个性化需求，进行针对性更强的教学设计，力争使每一位学生都能够在原有的基础上提升自己，在大班教学中解决自己的疑惑和难点，真正有所收获。为研究解决教育教学中的实际问题，她继续参加北师大物理微课的制作和课例设计，同时鼓励学生参与到教师的实验中来，提高学生的学习高度，让他们参与实验的设计、改进和录制。学生非常喜欢上段老师的物理课，因为总能获得新鲜感和成就感。

针对学生情况，段老师每一轮教学都会设计不同的教学研究重点，比如"概念教学""结构不良问题""信息技术——PAD课程"等；设计"关于身边的科技"一系列的学生活动，包括科技馆参观任务单、家用电器的工作原理等。为激发学生学习兴趣，培养他们观察生活、应用物理知识解决问题的能力，设计了"生活中的惯性""生活中的物态变化"等系列学生微课、微视频设计与录制；参与市级"微扫"课题。

经过多年钻研，目前已整合出"学生探究用实验报告"、中考复习之"看图说话"、中考前练习"周周测"等校本教材；设计参与北师大教材的微课录制，已经录制了《运动和力的关系》《功》《汽化和液化》《磁场》等课程；参与区级课题《在物理教学中开展"做中学"探究式教学模式的实践研究》和教师继续教育网"技高一筹"系列课程的录制。

规划探索，实践专长，均衡发展

作为初中物理教研组组长，段老师有序地组织、推进全年级及初中部的物理教学，鼓励同组老师不断创制各种有用、有趣的物理教学用具，用于日常教学，大大激发了学生的学习兴趣，提高了教学效率，努力带领大家一起营造和谐、创新、进取的教研组氛围。在段老师的带领下，教研组团结协作，除了在各自岗位上兢兢业业努力工作，还积极探索适合本校学生的各种教学实践行为，积极开展校级公开课、区级示范课、市级展示课等。

为了实现学生"做中学"的课堂变革，物理实验室器材已经全部更新升级，投入使用的新仪器使学生用起来更加得心应手，连外校观摩学习的老师都赞叹不已。段老师还组织同组教师一同精心设计活动课程和学科实践活动，在物理学科节、校园开放日、科技节等活动中推出系列学生喜爱的活动，使学生在活动中收获了物理知识，教师在活动中传递了科学声音。

物理教研组成员在有"规划"的探索和实践自己的"专长"，从而实现全组"均衡"发展，在全校起到了很好的引领示范作用，曾获得校级优秀教研组，首师大附属学校合作共同体"科学年"活动二等奖，段老师也被评为优秀教研组长，获得海淀区"青年先锋号"称号。

附2：

能给大学生上课的"创新发展之星"——张淼老师

"平时我的学生都是13岁到15岁的孩子，今天是我第一次给大学生上课。"如此说的张淼老师，已经教了将近13年的初中物理，在应邀给母校首都师范大学的学弟学妹做讲座时，他这样表达自己的紧张情绪，但是在随后两个多小时的讲座里，所有人都感觉到，随身携带的一大盒自制教具，给了他侃侃而谈的底气。

张淼，人称"三水哥"的首都师范大学第二附属中学物理老师，怎么在不到三年时间里，从一个自认"没什么故事"的人，变成本期"人人都是教育者"的主角？

一通电话带来的变化

"如果不是两年前学了激光切割技术，我就是一个普普通通的物理老师，没有什么故事可说。"张淼坐在十二平左右的工作间里，身后的激光切割机占去了近三分之一的空间。还有三分之一的空间摆着柜子，里面摆满他和学生的激光切割材料和作品。张淼老师坐在设计图纸的电脑旁，淡淡的木头的气味填充了工作室余下的空间。

在此之前的上午，张淼应母校首都师范大学的邀请，为学弟学妹们进行了两个多小时的讲座。在首都师大二附中，张淼带物理课的周期通常是初二到初三，初二再到初三，每两年陪一批孩子迎接一次中考。讲座上，他把平时发给初中生们的自制小奖品也带到了大学课堂——自己设计并切割制作的戒指，心形表面上刻着"悟"字，取意"学习物理需要用心感悟"。

邀请他的赵老师给这堂讲座的命题是《演示实验和自制教具》。为了迎合主题和内容，张淼在讲座中演示了很多自制教具，动滑轮和定滑轮本质演示器、皮筋动力小车、皮筋连发枪、平衡蜻蜓等等。

这些教具的实现手段来自"激光切割"。张淼在讲座中说："如果不是学习了激光切割技术，我也很可能会陷入职业倦怠的危机。"同样地，赵老师注意到他，缘由也是"激光切割"。

张淼2006年开始当老师，之后将近10年时间，他跟所有普通的物理老师一样，最主要的工作就是讲课、布置作业、做题、改试卷再讲评。可是，在重复性工作导致职业倦怠的临界点，一通电话就像一段变向的轨道，让他的工作和生活逐渐转变到了当下的状态。

2016年8月底，暑假还没结束，放假在家的张淼接到科技中心主管刘老师的一通电话。对方说，清华大学的高云峰教授有项专门面向基础教育教师的激光切割技术培训课程，问他是否有兴趣参加。张淼当即决定去瞧瞧，不过事实上，他当时连"激光切割"都没听说过，更谈不上了解。

培训的周期只有三天，每天大约 9 点到 4 点。对张淼而言，比起技术讲解和操作指导，更大的触动来自把想法实现的一种可能性，"我当时在高教授的房间里，看见那些作品才明白，原来这些东西还可以这么做！"

从"现学现卖"到"做我所想"

8 月参加培训，9 月开学就开始带学生们一起搞激光切割。刚起步的时候，张淼自己都说，确实有点儿"现学现卖"的意思。可是很快，他开始独立设计切割图纸，网购复杂的作品进行模仿学习、搭建机械结构做自己的设计。曾经，为了设计一份图纸，张淼会在下班后继续留在学校，一直到 9 点多才离开。张淼环指着工作间说："其实，我很乐意就住在这儿，整天搞这些东西多好玩儿，有点神笔马良的感觉！"

很快，以激光切割技术为主的校内创客群体"极光创意社团"也成立起来，并且迅速成为学校最受欢迎的社团之一。每次纳新，即便只是午间短短的二三十分钟里，只能接纳二十个名额的极光创意社团，总能收到不下六七十份简历。筛选简历往往成了让张淼自豪又为难的工作。在社团里，有独立设计制作出精美作品的女生，有学业上游刃有余愿意把课余时间放在社团里的"学霸"，也有成绩虽不突出却在一次次制作中获得认可和自信的学生。

在购物网站上，我们可以搜索到很多名曰"DIY""个性定制"产品。比如，可以印刻个性寄语的木板笔记本，印刻指定姓名图案的钥匙挂件，可以定制图案的相框，很多这类定制产品的核心技术就是激光切割。

张淼也不止一次提到，激光切割最迷人的地方就在于给各种各样的想法提供了实现的手段。可是，做"小摆件"远远不能满足他的胃口。

在对激光切割技术掌握得越来越纯熟之后，他开始把激光切割用在物理课堂的教具制作上。于是有了力的三要素的体验游戏道具，同学们围坐一起玩得津津有味；有了他跟学生合作的瞬间测速仪，每每说起他都毫不掩饰对学生天赋和思维的欣赏；也有了猪年的小猪滑轮，每次课堂演示都"笑果"非凡。

慢慢地，张淼自制教具的名声也在学校和区里传开，一些同学科，甚至其他学科的老师主动找他讲述自己所需教具的设想，请他帮忙实现。在不到三年的时间里，张淼制作过的各类教具、奖品、创意作品等达到近500件，而其中有将近一半是为服务于教学设计和制作的教具。

最后 10 分给个性

平时，同学们称呼张淼为"三水哥"，也都知道他喜欢"鼓捣"有趣的"玩意儿"。不到三年的时间，这件"好玩儿"的事情用各种方式占据了张淼的工作间，同样地也占据着他教学工作以外的大量业余时间。不过，除了教室和满满当当的工作室，还有一个地方也常常出现张淼的身影——运动场。

不少上体育课的学生，都看见过他们的物理老师独自围着操场一口气跑下50圈共计10000米的情形。张淼几乎每周坚持这样跑三次，也不避讳在学生面前跑得大汗淋漓。

"一个优秀的老师，爱岗敬业这条占60分，专业能力突出要占30分，最后10分我给他的个性、特点。"张淼说。

"教育应该是立体的、多角度的，老师首先是个活生生的人，在学生面前呈现出的形象应是立体的。不应该让学生觉得你就是个物理老师，就只会教物理。有句话叫'亲其师信其道'，中学生年龄比较小，一旦他们认可你，你的行为就很可能对他们产生影响，甚至还会模仿你。所以作为老师，应该在恰当的时候彰显出自己独有的正向个性，比如在体育课上，时不时的就会看到有些人很抗拒体育锻炼。由于种种原因体育老师其实也不能强迫他们锻炼。如果这时看到物理老师在操场上跑步，并且跑了一整节课，这就会让他明白，体育也是很重要的学科，也是需要认真对待的。"

"如果每个老师都能彰显出自己独特的正向个性，学生从每个老师身上学到的将远不止是学科内的那些知识。"原来，万米奔跑，不但可以锻炼身体，还可以具有这样的教育意义。

我希望他们学到这样的物理

本学期，张淼老师肩负着四个班级的物理教学任务，学校的博识课教学工作以及极光创意社团的指导老师工作。物理教学走过十几个年头，如今，作业当然还要布置，试卷也依然要批改和讲评。可是在张淼的课堂上，绝无仅有的自制教具成了最好的气氛调节手段。在枯燥的复习课上，一个造型怪异搞笑的教具，往往可能成为打给全班的"兴奋剂"，成为物理学习中擦不掉的知识点理解和记忆的"坐标"。

在黑板上做纯粹的算术演练时，张淼总会不断地琢磨，怎样通过实验手段让学生理解题干中种种的"理想假设"，与现实中真实条件的差距。

"举个例子说，题目里最常出现的假设，'水平桌面'和'平行线'这些条件，其实在现实中是很难完美实现的。"张淼说。他最担心有的孩子过于沉溺在理想化假设的试题中，思维变得简单，结果在现实生活里失去应对复杂情况、处理实际问题的能力。

"学生在动手实验中得到原理，通过做题来巩固认知和记忆，最后能在我的社团活动里跟技术结合去应用，这是物理学习中三者的关系。"张淼给眼下手中不同板块的工作赋予了互有区分却又彼此融通的目的和意义。

张淼说，他通常会在第一节物理课上告诉学生，"懂"可以分为四个层面——第一层最简单，就是把老师讲的听懂。第二层是不但能听懂，还能给不懂的人讲明白，而且还具备一定的辨识真伪的能力。第三层是应用层面，运用所知所学，制作出自己需要的物品、装置等。最高的第四层是真正的大发现，大发明，大创造，像许多伟大的科学家、发明家一样，能够改变世界，为全人类带来福音。

"我希望我的学生在毕业时至少达到前两个层次，并且希望有一部分人能到达第三层。如果在我的职业生涯中能有一个学生达到第四层，那我这辈子都知足了。"

附3：

魅力教育人——睿智仁师牛淑芬的班级故事

牛淑芬，中共党员，中学高级教师。2016年7月由首都师大附中派到首都师大二附中工作，担任第一届"成达班（2016级10班）"班主任。是一位坚守班主任岗位二十余年，而今已过知命之年却依然老骥伏枥、心系教育、情满师生的老班主任。曾多次就班级管理进行经验分享，多篇教育教学论文在市、区获奖。

牛老师担任班主任二十多年，当初那种指点江山激扬文字的年轻冲动早已褪去，积淀下来的是作为一名老教育工作者对党、对教育事业的那份执着。即使已入天命之年，却依然坚守着班主任工作。而坚守背后是厚重的使命感。"什么才是最好的教育？不是给人看最好的景色，而是给人可以努力的方向，做最好的自己。班主任要做学生品德的塑造者、学习的指导者、心理问题的疏导者、苦恼的倾听者、决策的参谋者。自己首先要是一位智者。律己然后正人，此乃教育的真谛。要做一名有爱心、有智慧、有学识、有胸怀、有教育情怀的老师。"牛老师如是说。

"做有智慧的教育"——智慧显成效，携手更美好

2016 年 9 月，牛老师接手新初一年级成达班，学生报到当天，热心的家长就建立了班级微信群，便于交流信息。然后，问题接踵而至。孩子们从小学一下进入中学，科目的增加，老师的期许，以及还没做好充分心理准备的孩子和家长难免会因为作业的问题争论不休。又由于孩子们的个性差异以及家庭环境的迥异，第一次家校矛盾从作业开始了。第一周便出现了部分家长因孩子作业耗时太长而担心作业量是否太大的情况。起初是个别家长在微信群中抱怨作业多，孩子睡觉晚，接着一部分家长开始跟随。群里开始出现一种不好的气氛。

作为一名老班主任，牛老师敏锐意识到这个问题应该不是个例，如果能及时合理地解决，也许可以给其他班的老师带来一些帮助。更重要的是，必须关注孩子的健康问题，不能由此引起家校矛盾，乃至社会问题。为了和谐地解决这一问题，让家长和老师能够形成教育合力，牛老师立刻向科任老师详细地了解了作业情况，结论是：各科作业是严格按照官方规定的作业量布置的，语数外之外的其他科目几乎没有作业。这对初一的孩子来讲，任务并不重，为什么会出现部分家长反映孩子写作业到深夜的情况？一定有问题！牛老师和几名家长协商，在家长群采取作业打

卡的方式：严格记录孩子写作业的起始时间并发到微信群里，一个星期下来，从打卡的时间记录看，大部分孩子可以在晚上九点半左右完成作业，个别几个耗时过长的孩子家长就开始注意观察自己孩子写作业的效率了。原来，有的孩子在写作业时玩手机，有的在看小说，等等。接着，牛老师把这几名孩子的家长约到学校，进行了专门的作业管理指导，同时和这几个孩子谈心，作业完成情况迅速得到了改观。在牛老师的睿智管理下，家长们会求助了，对孩子的管理能力得到了提升，对老师的工作更理解了，矛盾在理解中逐渐化解，家校合作越来越好，消极情绪越来越少。

牛老师带班的智慧一再证明：理解是有效管理班级的前提，用心是途径，投入是办法，智慧是桥梁。良好的开端从沟通理解开始。教育本就是美好的事情！

"做有温度的教育"——春风十里，不如爱的拥抱

牛老师按照生日把班里 36 个孩子分成春夏秋冬四个组，构成了独特的十班四季。每个季节，她都会组织孩子们一起过生日，让孩子们真正懂得成长的意义。秋日里的冷餐汇、冬季里的包饺子班级宴已成为记忆中的生日狂欢，下面就来一起分享成达十班特别的春日生日会——"春风十里，不如爱的拥抱"吧！

2017 年 4 月 8 日下午 1 点，首都师大二附中初一十班"春天生日会，奥森环保行"拉开了序幕，欢快而温暖的场景，谱写着一个又一个爱的乐章。醉了春风，感动了心灵，一波波游人被班级气氛感召也纷纷参与进来，在春风十里的奥森公园形成了一道别具一格的风景线。

这次活动由牛老师亲自倡议，经过家委会全体成员的精心筹划，十班学生和家长老师共同参与。一场欢乐，且具有知识性、

趣味性的生日环保行定制完毕。这是一次难忘的盛会，想必会成为孩子们成长过程中最难忘的一幕。蛋糕、活动奖品、班徽、旗帜等的准备过程，无不体现出孩子们的成长，以及学校和家庭教育高度的一致性。在活动中让每一个孩子得到成长，在爱的感召下，担负起自己的责任——这应该是教育最大的魅力所在。"少年强则国强"，牛老师唯愿这些孩子们有朝一日成长为国之栋梁。

真正的教育不是脍炙人口的诗文，不是流芳百世的乐章，不是令人称奇的画卷，而是一种爱和灵魂的召唤，唤起孩子们内心的美好和潜能，让孩子们懂得感恩，懂得珍惜，珍爱生活，更勇于担当。是牛老师用真情和有温度的班级管理工作，在师生之间、在家校之间，搭建起一座爱的心桥，情暖着每一个稚嫩的生命，默默守候着每一个孩子，使他们都绽放出灿烂幸福之花。

学生如是说：春桃伴流水，夏荷没莲池，秋菊破寒霜，冬梅罹凝寒。四季之美轮美奂，为天地之必然。春的萌发，夏的火热，秋的明韵，冬的冰寒，如一位位少女，惊艳了岁月，斑驳了时光。这就是十班36位天使组成的十班四季。而春，如那清风飘过，留下芳香；又如那溪水流经，轻声歌唱。望万物之萌生，看百花之齐放。十班的一位位天使，也曾在这个季节放开第一声歌唱……2017年的第一个生日会，到来了……

清风拂面，我们在奥森公园门口相见。家长，孩子，老师，组成一个大家庭，共同感受春，共同庆祝生日，一起欢乐，一起努力。定制的旗帜飘扬，欢快的班歌响亮，诱人的食物飘香……班徽在胸间发光，信念在心中成长……青春的力量飞扬，感恩的心念坚强……青春乐曲奏出美好时光，家校携手写出拼搏理想……我们的大十班，肩负着成德达才的希望，背负着依仁志学的理想，迎着一个个风浪，向着一束束阳光……

家长如是说：作为家长，在孩子成长的过程中，第一次参加这样的生日会，感谢有这么好的学校，感谢学校有这么好的任课老师，尤其感谢牛老师——智慧的老师，慈母般的关爱，赢得了孩子们和家长的尊敬，不仅仅是教会了孩子们知识，还教会了孩子们做人，让孩子们去懂得亲情的珍贵，懂得感恩，长大后做一个对社会有贡献的人。感谢家委会成员的精心安排，使得这次有意义的活动如期圆满举行并获得成功。让我们参与这次活动的每一位家长都体会了一次别样的幸福和快乐！首都师大二附中，我们把孩子交给你们，真的放心了！

第三章　成就魅力教师

影响学校发展的诸多因素中，教师的专业发展无疑是最重要又是最具长期性、艰巨性和专业性的。学校发展第一要务是培养学生，而教师是学生培养的承担者。因此，校长的第一使命应该是成就教师。

卓越的学校首先成就优秀的教师团队，尽心竭力为教师专业成长搭建阶梯。教师也是学校文化建设的主力军，学校办学的价值理念、育人目标、课程实施都要通过教师传递给学生。

随着中国经济的不断发展，国家对优秀人才的需求越来越大，教育承载着民族复兴、国家崛起的重大责任。新时代的教育发展对教师专业成长提出更高要求。2014年第30个教师节前夕，习近平总书记在考察北京师范大学时勉励广大教师做有理想信念、有道德情操、有扎实学识、有仁爱之心的"四有"好老师。

新时代教育变革更需要研究型教师、专家型教师。2019年10月，教育部颁发《教育部关于加强新时代教育科学研究工作的意见》（教政法〔2019〕16号），《意见》强调："充分发挥地方和学校在教育科研中的实践主体作用，鼓励结合实际开展教育改革实验。鼓励支持中小学教师增强科研意识，积极参与教育教学研究活动，不断深化对教育教学改革的规律性认识，探索适应新时代要求的教书育人有效方式和途径，推进素质教育发展。"

首都师大二附中"弘美教育"把教师文化建设目标定义为"魅力教师"。

"魅力教师"有两个标准，一是有学问，二是有品位。"弘美教育"由这两个词在教师身上投射出来。

第一节　魅力教师目标追求

"弘美教育"以立仁弘美为价值观，全校师生要把学校办成传播爱的书院，弘扬美的花园。教师是学校文化的承载者和传播者，经过反复研讨，学校教师文化建设目标以"魅力教师"命名。

"魅力教师"有两个标准，一是有学问，二是有品位。在学校，学问不好，便谈不上真正有魅力；有品位是一种修养，一种格调，教师的言谈、举止、穿着都要有品位。"魅力教师"是学校评价教师的最高荣誉称号。

一、有学问

教师是立教之本，兴教之源。习近平总书记强调："在信息时代做好老师，自己所知道的必须大大超过要教给学生的范围，不仅要有胜任教学的专业知识，还要有广博的通用知识和宽阔的胸怀视野。好老师还应该是智慧型的老师，具备学习、处世、生活、育人的智慧，既授人以鱼，又授人以渔，能够在各个方面给学生以帮助和指导。"他还说：（教师）"要有学识魅力，用真理的力量感召学生，以深厚的理论功底赢得学生"。

新时代教师至少需要以下三方面的学问。

（一）深厚的专业功底

中学教师的工作对象是青少年学生，青少年学生永远是最聪慧、最活跃，对未知世界充满好奇的群体。信息时代，他们乐于接受新生事物，勇于探究，这就要求教师要不断学习，与时俱进，教师的知识库必须不断更新升级。

每一位教师都有自己的专业背景，学科教师首先要有深厚的专业知识，教师的专业知识越丰厚，教学过程越能够得心应手。更为重要的是教师必须对所教学科的教学本质有足够清晰和深入的理解和把握，只有如此，教师的教学才是准确和高效的。而现实中，真正理解和把握学科教学本质的教师却并非大有人在，而是凤毛麟角。究其原因，多数教师只注重学科知识的传授，而忽视学科课程标准的学习理解和学生综合能力的提升。因此，对于"教与学"的深刻理解和把握应该是学科教师必须具备的专业学问。

与此同时，不论是哪个学科的专业教师，还需要对教育的本质和规律有深入的理解和认识。教育是关乎人类进步，关乎国家和民族的大事，教育的学问是大学问，需要每一位教师终生学习和研究。

（二）对学生的深入了解和认知

教师的工作对象是学生，学生成长是一个全面而复杂的过程。教师不仅要向学生传授知识，更重要的是成为学生成长的心灵导师，引领其方向，开启其智慧，成就其健康与幸福。因此，教师最重要的学问是对自己的工作对象——学生——的深入了解和认知。

学生的成长密码有共性的，也有个性的。关于普通心理学、学习心理学以及脑科学的研究，可以帮助我们破解学生成长的共性密码。比如怎样激发学生的学习积极性，怎样激励学生做更好的自己。而每个孩子又是独一无二的：天资不同、家庭背景不同、成长经历不同、性格特征不同、认知模式不同等。这就要求教师潜心研究我们遇到的每一个孩子：学生当下是什么样子，何以成为这个样子，怎样才能成长为更好的样子。教师工作之所以乐趣无穷，就在于教师能够发掘学生的成长潜能，让每个学生成为最优秀的自己。教师在成就学生的过程中成就自己的教育事业。

（三）高超的教学实践智慧

教学是一门实践性很强的科学和艺术，需要教师具有高超的教学实践智慧。做教师，知识渊博是必要的，但并非有渊博的知识就能成为好教师。教师的教学实践智慧在某种程度上决定着教师的魅力指数。学生喜欢教学艺术高超、富有教学智慧的教师。教师的教学智慧表现在对教学目标的把握、课程内容的选择、教学过程的应变、教学氛围的调控等多个方面。

智慧的教师总是把人的发展放在首位，始终把启迪学生智慧作为执着追求。他所教的学生总是越学越聪明，越教越优秀。这样的教师能够创造性地将课程体系、教材体系转化为教学体系，转化成学生的知识和信念体系。他们具备依据学生学习能力自主开发创建课程体系的能力。在教学过程中，他们总能够及时捕捉学生的课堂生成，自如挥洒自己的教学应变能力，始终引领课堂的教与学进入水乳交融的境界。他们的课堂是师生双方共同成长的愉悦时光，是师生之间心灵辉映的幸福历程。

首都师大二附中"魅力教师"的学问目标清晰明确，而教师的专业成长不会一蹴而就，学校能为教师成长做些什么？这是校长首先要想明白的事情。

2018 年，首都师大二附中共有专任教师 132 名，平均年龄 39.5 岁。初中任职教师 81 人，高中任职教师 51 人。其中博士 2 人，硕士 28 人，本科 102 人。从职称分布状况看，中学高级教师 35 人，中学一级教师 61 人，中学二级教师 30 人，6 人未评聘，师生比为 1∶12。这反映出学校教师整体成熟度较好，经验丰富。随着学校办学声誉的不断提高，学校的发展进入了新的历史时期：生源情况明显好转，社会影响力提升，客观因素转好的变化趋势也成为教师专业自主发展的内在动力。但总体来看，我们的教师队伍还属于经验型、实干苦干型，教师的研究能力相对薄弱，距离学习型、研究型、创新型、专家型教师团队建设还有距离。

"弘美教育",教师怎样立仁弘美?教师怎样成长发展?"魅力教师"成长路径和校本研修策略亟须立项共同研究。也是在这样的背景下,2015年《首都师大二附中校本研修的实施策略研究》在北京市教育科学研究院立项成功,成为学校研究"魅力教师"成长的第一个市级课题。

二、有品位

《现代汉语词典》对"品位"一词的解释是:泛指人或事物的品质、水平。(《现代汉语词典》第7版,商务印书馆2016年版)教师的品位我们怎样理解呢?教师的品位更通俗的解释应该是,教师在行为、作风上所表现的思想、认识、品性等的本质与档次。教师的品位彰显着教师的审美素养,真正有品位的教师,精神气质能给人以愉悦感。

"弘美教育"的核心价值是立仁弘美,教师是这一核心价值的传递者、引领者、实践者。"立仁弘美"意为传播爱、弘扬美,这一核心价值的传递要求教师必须有品位,而且要有高品位。因此,首都师大二附中"魅力教师"培养,必然把"有品位"当作教师成长目标之一。有品位是教师的格调与修养,更是教师生命质量的体现。

有品位的教师至少需要具备以下三大核心素养。

(一)大爱之心

古今中外的教育家们,教育思想有所不同,教育风格各有千秋,但有一点是共同的,那就是"爱的教育"。从孔子的"爱之,能勿劳乎?",到马卡连柯的"爱是教育的基础,没有爱就没有教育";从陶行知的"爱满天下"的大爱精神,到卢梭的"凡是教师缺乏爱的地方,无论品格还是智慧都不能充分地或者自由地得到发挥"。这些都告诉我们,做一名称职的教师首先要有"大爱之心"。

教师的"大爱之心"表现在以下方面。

1. 目中有人

教育的本质是育"人"，培育未来社会发展需要的高素质之"人"。每一位教育工作者均需明白，我们面对的每一个孩子不仅属于现在，更重要的是他们属于未来。他们不仅属于家庭，属于学校，更重要的是他们属于社会，属于整个人类世界。教师期望未来世界有多美好，就应该用全部身心来培育我们面前的学生，他们就是我们的未来世界。教育就是着眼未来，着力当下。

我们期待未来社会人类健康快乐，希望社会美好和谐，希望人们富有智慧和创意，希望科学发展带给人类更多的便利和幸福。那就按照这样的期待去塑造我们的学生吧。

人，生而平等，不管他是谁，是否健康和完美。教师能够给予学生的首先是尊重和爱。教育要充分挖掘每个孩子自身的潜能和特长，教育必须放眼孩子一生的发展，教育应该让每个孩子成为最优秀的他自己。

目中有人是教育的前提条件，只有把育"人"放在首位，教师的一切工作才有意义，教师才能够成为合格的从业者。教育过程中，教师与学生是以心灵雕塑心灵，以思想引领思想，以智慧点燃智慧。因此，教育者要有爱心，有思想，有智慧。尊重是开启学生心灵大门的钥匙，宽容是养育美德的必要过程，信任是创设良好师生关系的前提，表扬激励是激发学生进取的法宝。教师有大爱之心，教育才会春风化雨，润物无声。

2. 心中有情

基础教育的对象是儿童和青少年学生，这个阶段的学生对未知世界充满好奇，思想单纯而富有激情，但是青少年学生的情绪又是不稳定的，他们的情感、态度、价值观都需要引导和培育。因此，教师在教育过程中首先应该成为"多情"的人，工作过程中富有"真情""热情""温情"的教师才能更好地承担起学生情感教育的重任。

真情，指的是教师发自真心的关爱每一位学生，关注学生的身心健康和长远发展。师生关系本应是最纯真的关系，然而商业大潮冲击之下，家长、学校、教师、学生彼此之间的社会关系或多或少受到冲击。加之分数、升学、职称等对教师的考核与评价,功利之心也会扭曲师生关系的纯真。然而,有大爱之心的教师首先要屏蔽不良影响,始终不忘初心和真情。做教育首先是因为爱孩子,心甘情愿为孩子们的发展付出智慧和劳动。真情,是成为优秀教师的起点。

热情,指的是对孩子、对教育工作充满热烈的情感。中学教师的工作对象是青少年学生,这个阶段的学生正步入青春期,家长的话在他们身上渐渐失去分量,他们更愿意与同伴分享自己的内心世界,而同伴的情感世界同样不够成熟稳定。教师身份既不同于家长,也不同于同伴,教师在青春期学生精神成长过程中能够发挥关键作用。而前提条件是教师对学生和教育工作充满热情和亲和力,能够在学生心目中赢得"朋友式"的信赖和敬重。热情的教师容易暖化学生,能够把迷茫而孤独的青春期学生融化在自己身边。学生的心灵成长需要友好的生长环境,热情温暖的教师最适合承担成长"引路人"的角色。

温情,指的是教师对学生温和的态度,温暖的情感。教师的温情是学生成长的沃土。教师育人既要看眼前,更要看长远,教师需要用包容之心温暖学生的成长之路。青少年学生在成长过程中总会出现这样那样的问题,会懈怠偷懒,会意气用事,会犯错误,甚至会出现"硬伤"。而教师就是学生这些"特殊时刻"的引路人。强制与打压肯定不是最好的方式,温情的"春风化雨,润物无声"更容易产生良好的教育效果。温和的态度、温暖的情感在教育过程中大有裨益,做温情的教师,以"大爱之心"培育更多"温情"之人。

3.胸中有家国

习近平总书记说:"好老师心中要有国家和民族,要明确意识到肩负的国家使命和社会责任。"教师胸中有家国,才能培养胸怀天下的学生,作为学生成长的引领者,教师的心就是家国之根。

教师自身家国之心的涵养需要高站位和准定位。

高站位，我们的家国从哪里来，现在走在哪里，未来要到哪里去，这些问题教师应该思考和了解。我们处在怎样的世界，这样的世界对我们的发展有哪些优势和劣势，这些也是身为教师需要知晓的。教师要了解国家的历史和文化，要关心国家大事，不断学习与提高，始终与时代的脉搏共振。教师要着眼未来，放眼世界。眼界要宽，眼光要远，要有家国担当和责任使命。因为我们要培养祖国未来的建设者。

准定位，《礼记·大学》提出："古之欲明明德于天下者，先治其国；欲治其国者，先齐其家；欲齐其家者，先修其身。"修身齐家治国平天下，是儒家思想的核心要义。这句话也道出了中国传统知识分子的人格成就路径和人生价值实现路径。教师肩负了国家使命和社会责任，教师怎样准确定位自己的职责？"师者，所以传道受业解惑也。"由此，"修身"和"传道"是涵养教师家国情怀的必由之路。为师，需要严格自律，在丰富的学养中成就自我。为师，应该成为学生的心灵导师，引导学生的精神成长。亦如习近平总书记所言："希望广大教师认清肩负的使命和责任，教育和引导学生热爱祖国、热爱人民、热爱中国共产党，教育和引导学生心中要有国家和民族、意识到肩负的责任，牢固树立为祖国服务、为人民服务的意识，立志成为党和人民需要的人才。"

（二）高雅之趣

"学为人师，行为世范"，教师对学生的影响是全方位、浸泡式的。教师的性格修养、兴趣爱好，都会对学生成长产生影响。教师不仅需要以大爱之心滋养学生，更需要以"趣"吸引学生，多才多艺而幽默风趣的教师最受学生喜爱。

1. 传递健康与快乐

"活力四射"的教师能够感染青年学生，热爱运动是保持"活力"的重要渠道。生活在校园里，许多教师喜欢和学生一起跑步、做操、参加课外活动，也有些教师坚持在工作之余参加体育锻炼。健康的体魄是开心工作的前提，积极的生活态度是引领学生热爱生活的发酵剂，能够跟学生"玩儿"在一起的教师，总是被学生包围着。

也有的老师不喜欢身体的运动，但是他们喜爱智力"运动"。他们总是以各种方式启迪学生的智慧，乐于跟学生玩儿"智力游戏"。学生们称他们是"聪明的老师"、"有趣的老师"。传递健康与快乐的教师，必定收获美好与幸福。

自然，教师的生活也有烦恼与痛苦，也有逆境与挫折。只是有修养的教师只要一踏进校园，一走近学生，即进入愉快的工作状态，承担起育人的重要职责。自己生活中的些许不愉悦，他能够智慧地转化为引导学生认识生活，养育学生美好心灵的课程材料。优秀的教师，一定是滋养学生灵魂的工程师。

2. 拥抱艺术之美

"弘美教育"的价值观是传播爱、弘扬美。艺术教育承载着"弘美"的重要职责。有品位的教师，一定具有高雅的审美情趣，从艺术修养到形象气质，再到言谈举止、穿着打扮，由内到外的散发着感染力和高雅之气。

努力激活自身的艺术细胞。每个人的兴趣爱好不同，教师也不可能都成为艺术家。但是，身为教师我们需要努力激活我们自身的艺术细胞。琴棋书画，诗词歌赋，舞蹈话剧，服装搭配，抑或园艺设计……所有这些，都能陶冶性情，提升审美修养。当每一位教师都散发着"美"的气质，"弘美文化"才会浸润每一位学生。

3. 涵养生动有趣的灵魂

跟孩子们在一起，"有趣"自然是"吸粉"的重要因素。这里说的"有趣"，至少包含知识广博、眼界开阔、头脑灵活、幽默风趣、情商高手等因素。试想，一位富有童心、充满创造力、生动而智慧的教师，孩子们怎么会不喜欢呢？

读万卷书，行万里路。教师如果以开阔的眼界、开放的态度、宽广的胸怀、深刻而独立的思想触动学生的灵魂，教师的高品位自然包含其中了。

当然，涵养生动有趣的灵魂，离不开对事业的热爱，对学生发自内心的喜欢，在教育工作中享受积极而富有创意的生活。

（三）儒雅之气

"儒雅"一词，《现代汉语规范词典》的解释是：形容学识渊博，气度雍容文雅。教师的形象气质是学校师德师风建设的折射，成为内儒外雅的高品位教师，是"弘美教育"对"魅力教师"的目标定位。内涵博雅，谈吐文雅，举止典雅，外表优雅的"儒雅"之师，才能更好地培养"依于仁、志于学、游于艺"的俊美学子。

1. 谈吐儒雅

教师工作靠的是言语，"儒雅"之师注重语言表达艺术，课堂语言精练机智，声声入耳，能让学生充分感知教师的尊重和激励。即使是对学生批评性的语言，也能让学生体会教师的严慈相济，进而在自省自觉中改变自己。"老师知道你对自己有要求，但是这一次你的确没有做到位，认真反思，再遇到这种问题你一定做得很好。""老师相信如果你慎重思考过这件事，你一定不会这样冲动地解决问题，这件事一定要吸取教训。"教师的每句话都会在学生的心湖中激起涟漪，"儒雅"之师尤其注意拒绝性、批评性语言的表达艺术，始终站在尊重和激励学生的角度，斟酌每句话的"教育作用"。有时，无声的语言反会达到"无声胜有声"的效果。如果教师语言表达不够慎重，难免会造成对学生的"语言伤害"。因此，教育者需要格外重视表达的艺术，谈吐儒雅是基本要求。

2. 行为儒雅

优秀教师一颦一笑，一个眼神都能得到学生的心灵感应，师生沟通的"胜境"便是默契的"心领神会"。教师行为的儒雅，一定是"礼"字为先，一举一动都体现着对教师对学生人格的充分尊重。倾听时的俯身弯腰，交流时的真诚目光，鼓励时的热情掌声，都体现着教师高雅的文化气质和儒雅的文化风度。学生遇到困境时，教师适时鼓励的轻轻拍打，会给予学生莫大的鼓舞；学生成长进步时，教师竖起拇指点赞，是对学生极大的肯定。"儒雅"之师坚决杜绝对学生的"行为伤害"，杜绝对学生的体罚和变相体罚。行为儒雅是良好师德师风的崇高体现。

3. 外表儒雅

教师的工作过程每天都在学生众目睽睽之下，教师的外貌气质和衣着装扮都是教师职业形象的体现。教师的衣着应该做到"三不"：不俗、不露、不随意。不俗，即不着艳俗、低俗等不符合教师职业身份的服装，着装要优雅大方。不露，教师不着无领无袖的服装，不着"透露"服装，着装要庄重朴实。不随意，教师不着不符合职业身份的"生活装"，不着短裤、拖鞋进校园，着装要有职业感。教师的衣着装扮是教师审美素养和学识修养的综合体现，应该透露着教育者的儒雅之美。教师形象给人的感觉应该是干干净净，清清爽爽，利利索索。女教师端庄大方，男教师绅士风度。散发着浓浓的书卷气，折射着深厚的学识学养。教师务求把最美的形象呈现在课堂上，呈现在校园中。

弘美教育理念，需要有学问、有品位的"魅力教师"加以弘扬和践行。弘美校园里的每一位教师都努力提升自己，成为学生心目中璀璨耀眼的"魅力教师"。

第二节　魅力教师研修路径

首都师大二附中秉持"弘美教育"理念，以"立仁弘美"为核心价值观，旨在培养"依于仁、志于学、游于艺"的俊美学子，将学校打造成"传播爱的书院，弘扬美的花园"。在"弘美教育"理念下，首都师大二附中正在力争打造智美课堂、培养俊美学子、成就有学问有品位的"魅力教师"。

成就有学问、有品位的"魅力教师",开展多层级、多元化的校本研修是最重要的渠道。首都师大二附中教师校本研修分为专业研修和非专业研修两种路径,教师的专业研修着重教师"有学问"的问题;教师的非专业研修,侧重教师在"休闲状态"下,全面提升个人修养,进而提升教师的"品位"。

一、专业研修

"魅力教师"专业研修以学校"弘美教育"理念、"三三三弘美课程体系"构建、"智美课堂"建设、教研活动与课题研究等具体研修内容为抓手,搭建多层级、多元化的研修平台,完善以教研组为单元的研修机制,开发以课程建设为任务驱动的研修模式,提出了课题式研修的创新模式,探索形成了分类别、分层级、针对性强的教师校本专业研修路径。

(一)搭建多层级、多元化的研修平台

教师专业校本研修,贵在搭建平台、精心组织,开展多层次、多元化、立体性研修,营造良好的研修文化和研修氛围。

1. 成立教师发展中心,制定教师发展规划

教师成长是一个综合系列的发展过程。学校为此专门成立学科专家小组,对教师不同发展阶段进行评估。同时,学校研发工作流程、工作标准、过程活动手册和效果评估指标,建立完善的反馈、评估、评价制度,做到科学督促、依法评估,确保工作质量和品质。

首都师范大学二附中"魅力教师"研修平台是一个整合、开发、利用市、区、学校教育资源服务教师专业成长的学习平台与业务支持平台,其中包括两个部分:一是提供教师专业学习课程的学习平台,二是在教师教育教学实践中可获取专业服务的支持平台。学校为此专门成立教师发展中心,为教师搭建成长平台。

2.开展教师发展研究,满足教师发展需求

教师的发展决定了学校和学生的发展,学校要打造出一支有学问、有品位,并勇于开拓创新、颇具教育情怀的教师队伍,从而形成首都师大二附中"弘美教育"理念下的教师文化。学校搭建平台、确定教师发展方向和培养计划,同时也要有相应举措发掘教师的内驱力,确立教师主动发展与学校培养相结合的教师发展环境。教师要成长、要发展,内驱力、实践能力是关键。因此,在2017年李颖、石文英、王淑艳组成的"教师发展研究小组"就此开展问卷调查,了解教师的需求和兴趣点,力争使教师培训工作高效而有趣。

3.成立青年教师研究会,实施青年教师培养计划

青年教师发展研究会成立于2014年5月,是一个经学校认可、青年教师自发成立的组织。研究会成员有明晰的专业发展方向,也有较为深刻的专业领悟。按照《首都师范大学二附中青年教师发展研究会章程》里的规定,研究会成员需"力争成为业务精良、师德高尚的学习型、科研型、智慧型教师",并努力"向学者型、专家型教师迈进"。

青年教师研究会经常开展各类研修活动,进行校级、区级岗位能手和区级"青年文明号"颁奖活动。比如,开展一次座谈(资深教师谈成长);精读一本专著;研究一个专题(例:如何提问更有效?如何提高学生的学习兴趣?);撰写一篇教学论文(根据专题研究)。研究会还开展青年教师课堂基本功展示活动,开展以"团队给我力量,创新实现梦想"为主题的培训活动。通过撰写教学设计、观察分析课堂、对学生学习情况进行评价、板书板画与语言表达等基本功的展示,追求青年教师专业化发展。

为突出青年教师群体专业发展的特殊性与重视程度,学校每学期都会制定并实施"青年教师培养计划",并为青年教师配备师父教师,为新教师和成长期教师进行实时指导。学校还邀请朱旭东教授等人与青年教师交流讲座;通过开设汇报课、公开课、研究课,进行演讲比赛、板书展示、答题比赛等活动，夯实教师基本功；通过听课、评课活动加强教师对教材的理解程度，让青年教师尽快熟悉教材、熟悉考试，要求成长期教师深入教材、总结实践经验、深入贯彻学科思想。

针对适应期的青年教师，学校安排的研修活动有：组织学校第二届"青年教职工专业技能大赛"，为青年教师搭建学习和展示的平台；组织新任教师基本功比赛，包括：中高考试题测试、微课展示、单元卷达标等活动；为新教师配师父，并制订听课、评课等具体量化指标；请专家进行专业基本技能训练和多媒体、信息网络应用能力的培训。

针对成长期教师，学校安排的研修活动有：聘请专家听课、评课，进行专业知识及专业技能的指导和训练；指导教师撰写经验总结或者教学论文，鼓励参加各级各类教学比赛活动；鼓励参与教科研活动，尝试做专项研究；请专家进行教学心理、学生心理讲座，解决实际问题。

4.制定成熟期教师发展规划，培养名师、专家

对于成熟期教师，学校采取两大鼓励措施。一是鼓励成熟期教师参评市区级学科带头人与学科骨干。申报过程既是一种经验梳理与总结，有利于教师的自我反思与素养提升，也是一种目标激励的学习法，鼓励大家在专业道路上不断攀升。二是鼓励成熟教师结合自己的兴趣爱好，出小课题，做研究汇报，在研究成果中收获职业幸福感。

5.创新德育管理机制，培养优秀德育队伍

以"立德树人"为根本任务，以培养"依于仁、志于学、游于艺的俊美学子"为育人目标，创设科研引领、行政推动、实践带动、专家指导的德育工作格局，培养以年级组长、班主任、心理教师、团委干部及德育辅导员为主体的德育骨干队伍，以课堂和班级活动为主阵地，培养具有社会责任感、全面发展并学有特长的高素质学生。

（1）班主任基本功研修

通过召开班主任例会、年级组长会进行讨论式研修；组织青年班主任沙龙"成长在路上"；通过推送"如何开好家长会"等资料以及各类书籍，

促进班主任专业研修。通过布置寒暑假班主任研修作业任务，要求自主完成班级建设计划、主题班会设计、班级教育案例等形式，进行班主任工作的反思与创新。组织开展班主任说课比赛。围绕"培育和践行社会主义核心价值观"这一核心主题，分别从学生诚信做人、集体主义培养、班级团队建设、做好人生规划、学生交往等多角度进行班会设计，评委进行总结与点评。组织班主任教师参加海淀区中学班主任研修与展示（主题班会设计）活动。听取专家迟希新《中学活动育人的理念与有效实施》、肖艳丽《怎样说班会》、谢春风《从真实情境和两难冲突中理解社会主义核心价值观的道德意蕴》等讲座。

（2）设置班主任节，弘扬班主任精神

从 2014 年 11 月 27 日始，每年 11 月的第 4 个周四（即感恩节）都是首都师范大学二附中的班主任节。学校德育处策划并组织了班主任节系列活动，先后召开了学生会主席团和全体成员会议、各班班长和宣传委员会议等，为同学们能够充分表达对教师的感恩之情提供思路和机会。接下来，就由各位学生干部与班级同学们一起研究讨论，用感恩教育主题班会、书写感恩寄语、送祝福、班主任风采摄影等多种形式来感谢师恩。

（3）组织参评优秀班主任，倡导班主任专业化

组织教师参加市、区两级的中学"紫禁杯"优秀班主任参评工作；组织班主任教师参加年度北京市中小学"学生喜爱的班主任"评选工作，其中雷晓春教师被评为 2017 年第五届"学生喜爱的班主任"；组织教师参加北京市班主任基本功比赛，李蕊芳教师在海淀区比赛中获得一等奖，由海淀区教委选派参加北京市教委组织的比赛，获得二等奖。

6.组织名师专家团队，深入指导教学与科研

专家指导与帮助是教师学术成长的关键要素。关注教师专业成长的学校一定会组建服务于本校教师发展的专家团队。师父不仅要领进门，还要扶上马，送一程。

（1）组织指导团队

名师、专家的指导要具有针对性和实效性。学校为每个学科配备 1 位名师，每月上 1 次观摩课，每月参加 1 次教研组、备课组研讨，每月做 1 次主题报告，每月指导 1 次课题研究，使教师们在名师身边成长为名师。

（2）观摩名师课堂

2016 年 12 月 16 日，学校邀请了十一学校的市级英语骨干教师侯敏华、全国语文特级教师史建筑到校献课。之后就两位教师的课进行了研修后的反馈收集，教师们这样评价：侯敏华老师的课如春风化雨，润物细无声，娓娓道来，循循善诱，把对学生思维的训练贯彻到教学的每个活动中；史建筑老师钻研深透，精准高位，启迪思维，开阔眼界，为教师们如何理解语文学科核心素养指明方向。听课教师对课的总体满意度 95.7%，说明学校请的两位教师的课非常精彩，得到教师们的高度认可。教师们对这种形式的培训活动很满意率为 36.7%，满意率为 53.3%，总体满意率为 90%。同时，这次经历也让教师们认识到，在平时的教学过程中，教师应多给学生创设深度思考、发表个人观点、交流的机会。

（3）专家学者讲座

学校邀请清华大学高云峰教授通过现场动手实验和微课方式，生动直观地讲述了什么是创造力以及创造力要素的培养方式，并以卡魅创客空间为例，讲述了如何在 STEAM 课程中通过学科融合来培养学生的创造力。

心理学专家赵明教授通过角色扮演和小组案例研讨等方式，从温暖自己——教师的情绪管理；照耀他人——换个视角看学生；小组案例实践与演练；成果分享等内容着手，带给大家一场别开生面的心理学培训——"做阳光味道的教师"，给学校教师提供了温暖自己并照耀他人的强大心理学支撑，强调正确认识情绪、换个视角看待学生，让自己和世界更加和谐地相处。

积极心理学专家王薇华《做幸福的教育人》讲座，引导教师用"爱"唤醒"爱"，用真诚付出获得教育的幸福感。

仅2015—2018年学校就邀请著名专家36人进校讲座，为教师全面发展开启智慧模式。

（4）学科专业研修

学校组织在本校任教的所有学科教师参加区里安排的中学教学专业必修课程。学校将区里分学科开设的研修课程纳入研修体系，例如，语文学科开设"整本书阅读"教学设计与实施、初中数学开设基于学科教学关键问题解决的教学设计、高中数学开设基于数学核心素养的教学设计及实施能力提升、初中英语开设听说教学课例研究、信息技术开设基于信息技术学科核心素养的教学设计与实施能力提升等。李美茹等一大批骨干教师都在参加区里研修之后将研修的收获感受通过与组内成员分享的方式，进行传播学习。

7.加强信息技术培训，提高信息技术应用能力

学校积极组织教师们参与市区校级教师信息技术应用培训，改变教授方式，提升教师对现代技术应用的熟练程度，提高创造性思维能力，顺应"互联网＋"时代的要求，创新教育模式、教学方式，推进现代技术与教育教学的深度融合。

（二）建设以教研组为单元的研修机制

首都师范大学二附中建设以教研组为单元的研修机制，主要基于三点考虑。一是教研组原本是同一学科教师协同开展教学研讨的组织，如何强化教研组、备课组这一教研职能，本身可以促进教师在教育教学现场学习，有利于实践问题的解决与创新。二是学校正在开展的创新育人模式亟须在各年级组层面、各学科课程领域进行全面细化的研究与实施。教研组需要为此担负起开发课程资源，通过协同研究，打造一支能在新形势、新框架下育人的精兵强将。三是国家深化教育体制改革、课程改革的各种新

理念、新举措，都需要第一时间到达教师、到达课堂，这就需要减少学校行政的中间层级，强化教研组在课程改革、参与学校整体改革中的核心功能，建设以教研组为单元的魅力教师研修机制。

1. 强化教研组的研修职能

为强化教研组的研修职能，学校第一，给予充分的时间保证，专门辟出集体教研时间，由各教研组带领本组教师及专家研究课堂及学科智美课堂观察量表，助力教师成长，促进教师在课堂教学中收获职业成就感。第二，学校鼓励各教研组通过申报专项获取经费支持，如果没有专项支持，也会在公用经费预算中优先满足教研组的需求。第三，将促进教师成长作为重要评价指标，纳入到优秀教研组、优秀备课组的评选标准之中。第四，大力鼓励各教研组申报区级学科教研基地，壮大专业研修的能力。第五，开展"一师一优课"晒课活动，鼓励教师将优质课晒到网上，扩大研讨参与范围。

（1）"魅力教师"研修成为教研组主导工作

为充分发挥教研组在"魅力教师"研修中的重要作用，学校制订《首都师大二附中教研组基本职能》，明确教研组有五大职能，分别为：一是学科教研。开展学科研讨，推动教学研究，掌握学科核心知识和核心能力，开发并管理学科教学资源。二是课程建设。研究学科课程的内涵和外延，做好国家课程校本化实施与校本课程开发的工作。三是备课组管理。制订教学计划，开展学情分析和学习内容的分析，进行教学分析。四是队伍建设。做好新教师的培养工作，安排好对优秀教师的使用，提升教师学科素养。五是质量监控。建立健全学科教学质量监控制度，做好教学评价工作。

许多教研组纷纷发挥主体功能，专门制订适合各组发展方向及特色的各类教研活动制度。《首都师大二附中化学教研组主题教研活动制度》便明确教研工作目标为提高教研组的工作效率和教师的专业水平。该制度提出基本要求，要求"每次主题教研活动在学期初定主题、定主讲人、定时间、定地点、定基本活动程序。教师提前一周准备每一次集体教研活动，并通过微信或校内通在组内初步交流。每次活动有明确的主题，参加教研组活动时，应积极参与交流研讨活动，各抒己见。活动后，由主讲教师或备课组负责梳理总结，形成本次备课活动的心得或成果"。同时，制度规定"每周三下午 13：40—14：20 为本组主题教研活动时间"。

各教研组还设定常规活动，将"魅力教师"研修引向常规化、制度化、日常化。通常的做法有：①每学期开学前两周内各备课组组长交本学期工作计划；每学期结束时，做出本学期工作总结。②每学期组织教师出去外出参观、学习两次。③在第二学期第一个月开展学科节活动和组织学科社团活动。④每学年第一学期开展以教师个人为主体的个性化主题教研活动，根据每位教师的个性特长，由教师自己拟定主题，设计教研的形式，为教师提供展示自己的平台，也为组内的教师们提供学习的机会。⑤每学年第二学期开展以备课组为单位的主题教研活动，每个备课组根据平时备课活动中的思考和心得确定集体教研活动的主题与全组分享。⑥教研组每位教师每学期出一节校级及以上公开课。"魅力教师"研修成为教研组主导工作，成为教研组组长领导教研组工作的指导思想，这常常直接反映在各教研组的工作计划与总结之中。

由于教研组内部联系紧密，坚持教学质量成为共同的事业追求，相互合作、相互促进蔚然成风，由此形成的专业共同体文化氛围也就越来越浓厚。化学组在教研组组长马雪芹教师和首席教师孙家栋教师的带领下，拟定了创建工作规划，在三年建设目标和工作规划的基础上，制订了详细的阶段工作行事历，对工作过程实施精细化高效管理，规范教研组的各项活动，提升教研品质。借力区学科教研基地建设，全体化学教师扎实工作，积极组织校际教研活动，分别和十一学校、育英学校等学校的化学组交流，带领学生参观污水处理厂和北京师范大学化学实验室等，开展丰富多彩的"身边的化学"学科节活动，着力培养学生的学科兴趣与素养。在备课组组长李丽、李海芸、韩建丰和袁斌教师组织下，每学期每位教师开设 1 节校级公开课，在研磨课堂教学过程中，青年教师得到了快速成长，中年教师重唤教研激情，积极破解教学难题，团队合作意识增强，用团队力量促教师个体发展，在校内发挥了很好的引领示范作用。

（2）大教研组活动的研修模式

大教研组联合教研有两种形式：以教研组为单位的专题教研和以备课组为单位的集体备课。① 以教研组为单位的专题教研，定主题、定地点、轮流组织，每学期不少于 3 次，其中本部组织 1—2 次，一分校和二附中各组织 1 次。具体教研安排由联合教研负责人负责，轮值到某校时，由该校教研组组长牵头，开学初提交教研计划，经学校教学部门批准后认真组织实施。② 以备课组为单位的集体备课，中高考科目应分年级、分学科进行，非中高考科目可以不同年级共同备课。三校相关学科备课组长共同研究制订并提交集体备课计划，原则上每两周一次，三校备课组组长轮流组织，任课教师要全员参加。

联合教研立足于"三课"（课堂教学、课程建设、课题研究）确立研究主题，根据学校的总体教学安排，教研主题包括：① 高效课堂的实践与思考。② 社会主义核心价值观与课程建设。③ "2+4"培养模式专题研讨。联合教研负责人不仅要求具有较高的教育教学水平及学科素养，具备较高的教研活动组织、指导、服务能力，开展持续、系统的研究活动，而且要重视学科组队伍建设，对本组教师专业发展起到指导、引领的作用，每学年重点关注一个备课组。

（3）强化学科教研基地建设

学校非常重视教研组专业建设和文化建设，积极为各教研组创设条件申报海淀区高中学科教研基地。2015 年 10 月 23 日，学校专门隆重召开了学科教研基地建设启动大会。学校教学干部、所有学科教研组组长及化学学科全体教师参会，会议由化学教研组组长马雪芹教师主持，首席教师全面阐述申报的目的和教研基地建设规划，阮翠莲校长和梅务岚副校长以及特聘专家任宝华老师到会发言并成立了学校创建工作领导小组，内蒙古自治区呼和浩特市教研室的教师参加、观摩会议。创建小组组长由阮翠莲校长担任，副组长由教学副校长梅务岚和化学教研组组长马雪芹共同担任。在集体拟定的《首都师大二附中高中化学学科教研基地建设方案》框架下，化学组的教师们集思广益、反复研究，拟定了阶段性工作的具体行事历，将每一项预期工作明确到人、明确时间、地点、效果预期，力求规范化、精细化管理。为发挥团队优势，加强学科教研组的教学研究交流活动，教研组拟定学科教研基地《集体教研活动规范》《考核评价制度》，使教研交流活动系统化、制度化、规范化，每次活动有主题、有过程设计、有成果交流。交流内容在整体的研究框架内可以灵活多样，根据主题展示的教师特长而定，可以是课堂观摩、可以是教育或专业主题讲座、可以是案例研究、可以分享自己的某些思考或读书心得，甚至可以抛出自己的困惑与大家探讨等。交流的形式也可以灵活多样，如利用学校统一的集体备课和教研活动时间交流，利用微信组内成员交流，利用教研微信圈关注同伴的研究心得，彼此之间交流教学研究和实践的感受等。

《规范》明确在学科教研基地建设过程中每位成员的常规工作及具体要求，明确学校高中化学学科区级教研基地建设的工作目标、总目标并指导学科组成员确定个人的研究方向和内容，以及明确活动常规：第一，教师们要保留好自己常规教学、研究工作中有价值的第一手资料，如教案、课件、导学案、课后反思等。第二，在每次主题教研活动中，主讲教师保留相关材料并上传。第三，确定交流的基本原则：建议大家在评课时认真思考提炼同事们的优点，这一点是主要的，发挥团队的力量就要取"杂种优势"，让每一位成员说起自己同伴的优点时如数家珍，这一点是交流最主要的方面。另外，科学就是科学，针对成员在教学中认为不够的地方，要中肯地提出自己的建议，这也同样是对学科组建设的贡献，也是形成良好组风的必要条件。《规范》还要求教研组成员教师各自制订自己的研究计划，计划分为如下几个简明的模块。

表 3-1 学科教研基地建设教研常规

常规	教师们将自己平时在教学中的思考、心得，读书的体会等在微信圈内与大家交流分享，内容比较自由，可以是自己上课的快乐瞬间、学生们的学习瞬间、学科组也积累第一手资料。
月常规	1. 安排两次主题教研活动，轮流由组内教师主讲。 2. 安排一次集中的参观学习活动。参加先进学校的学科组建设情况，根据自己的研究内容有针对性的进班听课学习。
学期常规	1. 校聘专家教师针对我校的学科教研基地的建设情况至少做两次全方位的跟踪指导。 2. 学科组成员写一份研究心得或论文并交流讨论。

表 3-2 教研组成员个人研究计划模板

研究内容	
研究方法	
结果呈现	
交流分享	

（4）建设首席教师制度

随着教研组建设的进程，2016 年的下半年，在各教研组进行项目申报时，开始提出设置首席教师。首席教师一般由组内的高级教师担任，通常不由组长兼任，要求有较高的教研水平，注重名师和青年教师的培养，能在学科建设和教师专业发展方面起核心带头作用。

首席教师的职责包括：①负责学科组教研微信圈（便于日常教学工作的协调交流，分享思考、资源等）、网络平台（基于学校内网，发布学科基地建设的大型活动等）的建设和日常管理，及时发布学科教研组建设简报，整理研究资料。②及时协调学科教研组建设的各项工作。③立足教学本职，以日常"备、讲、批、辅、考"为抓手，做好思考和研究工作并注意原始资料的规范和积累。④每学期组织一次主题教研活动，并上传相关材料到网络平台。⑤每学期写一份研究心得或论文。⑥每周在学科组教研微信平台上讨论交流，并及时上传相关资料。

（5）教研组文化建设

学校为各教研组辟有专门的学科组活动室，方便进行学科组的文化建设（如学科组的相关制度上墙），营造学术式的、温馨的家的氛围，也方便安排专门的纸质档案存放专柜。无论是学科组还是每位教师的个人成长，记录成长痕迹都利于积淀和反思，电子档案和纸质档案的保存，有利于团队传承与成长。

政治教研组几年来一直坚持创办自己的期刊《导航》，寒假一期，暑假一期，一年两本，借此引导教师们把这一学期做的各种工作进行梳理，并长期保存电子版。将教研组活动以及每位教师的材料进行分类，如学习类、教学类、实践活动类、各类反思等，既体现过程性管理，更是一种团队文化的积累与呈现。

2.教研组的团队研究与团体学习

作为一种团体学习单位，教研组的功能不仅仅在于促进每一位教师的专业成长，它还能产生一种团体学习的力量，从而达到整体的学习效能高于每一个个体学习效果的总和。因此，首都师范大学二附中鼓励每个教研组要拥有一个属于团队的研究项目。这个项目来自教师们在教学过程中的需求、困惑还有学生的需求。设立项目，针对某一个项目做深入的系列的研讨，要求每个教研组都要确立起一个项目研究的目标，从而在项目研究的过程中，逐步实现与教研组建设目标的协调同步。

政治教研组从 2015 年 3 月起致力于"基于学生'政治学科核心能力提升'的课堂教学研究"项目，组长常燕婕任项目负责人，全组教师作为成员。项目成果以学生政治认同、理性精神、法治意识、公共参与这些学科核心素养和培养背景，重心落在素养形成及其评价中外显出的核心能力。

（1）围绕核心能力开发课程体系。针对不同学段学生的具体能力发展的阶段性要求，细化为不同教育阶段的培养目标，突出子课题的层次性。

（2）围绕核心能力改进教学方法。借助真实而复杂且不确定的教学情境的创设，通过议题的引入，有梯度地设计任务，在讨论与辨析活动中，达成知识的活化理解，思维及其实践能力的提升。运用所学知识与技能、学科思想与观念来应对挑战，发现问题、确认问题、思考问题、解决问题，表现出参与社会生活的关键能力和品格。进行活动型学科课程的教学设计，推进开放互动的教学方式与合作探究的学习方式。学生学习主体地位应得到尊重，评价的聚焦点是学生的能力与素养表现。

（3）提升教师核心能力，加强教师培训，使教师具备必需的技能和资源，根据学生核心能力培育的要求，重新建构教师培训的目标、课程、模式等。

（4）利用"魅力教师"研修与行动研究法，通过评价改革推进学生核心能力培育。评价重点需要由分科知识的评价转向基于核心能力素养领域的评价，评价方法技术则要求多元化（通过定性与定量相互结合的办法）。在项目的带动下，政治教研组整支教师队伍快速成长。

政治组的项目成果通过教研组《导航》工作简报共 15 期刊载，校内网持续两年发表 10 余个系列的新闻报道已经固化为主要载体。部分成果在区名师工作站组织的区团队研课展示活动中传播示范。组内 3 位区兼职教研员，在区进修期间也不断把教师们的收获体会与区内教师分享。

3. 教研组组长会议与跨组研修

学校重视教研组组长自身能力建设，为组长们购买《六国教育目标与政策》等研修书籍，并经常召开教研组组长会议，开展专题研讨活动。2017 年 6 月，学校专门召开教研组组长会，主题是"教研组工作中有利于教师成长的三点做法"。在教研组组长发言之后，由外请专家首都师范大学教育学院教育学副教授刘秀江提问回应，促进更多思考与对话。

2017 年 7 月，在新老高三和新老初三交流会上，2017 届毕业年级教师团队毫无保留地将成功的经验分享给新一届初三、高三。在跨组研修中，各职能部门、年级组、教研组纷纷组建分会场，总结学年工作，盘点可喜收成，分享实践经验，固化已有成果，分析痛点难点，谋求持续发展……由梅务岚教学副校长亲自主持的优秀教研组、备课组提名发言充分展示了团队的运作机制和协作方式，用实际行动和成绩诠释了优秀团队是怎样炼成的。大家热情不减，议程顺利推进。专注的神情、敬业的精神、动人的画面，如涓涓细流，似缕缕清风，冲淡了酷夏的燥热，诠释着有梦想、有追求的教育家精神。

（三）以课程建设为任务驱动的研修模式

学校教育教学实践现场是教师专业发展中最重要的场所，结合学校改革与发展的中心工作来开展研修，既是"魅力教师"专业发展的重要内容，更是提升专业品质、累积专业经验与专业素养的重要路径。首都师范大学二附中近来一直致力于"弘美课程体系"的构建，这一项工程既关切于全体学生的课程体验与课程收益，又与广大教师的专业实践紧密关联。

1. 参与"弘美课程体系"的整体构建

从魅力教师研修有别于一般研修的意义上讲，"魅力教师"研修就具有在极强的学校教育本位实践工作中研究修习的味道。而多版本升级，本身便具有双重丰富的学习价值。第一重学习价值在于对学校"弘美教育"理念的学习与认同过程，而且随着研修的进展，它还是对"弘美教育"理念的不断深化、细化的过程，带有很强的创造性。第二重学习价值在于它必须要对学校现有的课程体系、不同的课程门类以及不同课程在实施过程中的种种表现予以反思、判断与审定，这种反思、判断与审定有着极强的研修学习价值，它对每一位教师专业品质提升有着极大的促进作用。

"弘美课程体系"构建完成之后，2017年7月，梅务岚副校长作了题为《首都师大二附中"弘美教育"视域下的课程建设和实施》的专题讲座，给教师们带来了最新的高考动向，并从课改背景、"弘美课程"建设的发展历程以及"弘美教育"视域下的课程建设与实践等方面，第一次完善而详尽地对学校"三三三弘美课程体系"进行了全面阐述：从首都师范大学二附中的课程发展简史到三核三维三层金字塔式的体系模型构想，其中包含着丰富的课程观念以及对学校课程开发与实施现状的反思。

全校所有教师全部参加了这次研修活动，它既是一次学校课程体系结构与理念的宣讲，也是对学校课程历史与现状的比较分析与反思性学习，既有利于从教研组层面去理解每一个学科课程群在这一体系里的位置、结构以及它与其他学科课程群之间的关系，也有利于每一位教师从自身教育教学实践出发理解自己负责的课程的定位、目标、功能以及它与其他不同课程之间的区别与关联。

2. 研究学科课程群落结构

一方面，在学期之内，各教研组利用集体研修时间或另找可行时间进行集体商议讨论；另一方面，利用假期集体研修的空闲时间，初高中各年级、各教研组纷纷召开课程方案研讨会。结合学校的"弘美课程"，要打造出一个什么样的课堂？我们叫"弘美课程"，有什么评价和要求？围绕着这些问题，各教研组开展研讨活动，每个教研组要拿出自己的课程标准来。因为不同的学科，学科特点不一样，学科要求的核心与方向不一样，所以不同的教研组之间往往会有碰撞。这些碰撞又反过来促进了教师们对本学科独特价值与特殊属性的思考与理解。

开展学科课程群落结构的研究与设计，有助于教师们进一步理解现实课程所存在的问题，从而积累起更多的课程知识。从学校的课程理念、育人目标，到学科课程目标，再到课程的内部分类，必修和选修，学校各个教研组都在组织大家梳理分析。以语文组为例，从必修一到必修五，再到选修一、选修二的国家课程，学校语文组内部开发的选修课程以及进阶融合课程，这就存在着如何进行结构划分、时间配置、关系协调的问题，如何从课程价值创设与价值激发的角度出发来进行课程模块开发设计的问题，如何协调学校育人目标、学科课程目标与课程体系搭建之间的统一。

化学教研组在学科课程建设的第一年主要侧重于建构基于教师的校本选修课程，即先考虑"我们能给学生什么？"主要基于学科组教师的特长为学生提供较高质量的课程资源。但是，通过参与课程体系的构建以及对本学科课程群落的研究，大家意识到：下一步我们应该换个角度，不是从教师出发，而是从学生的素养结构出发，应该更多地考虑学生的个性化需求，建构基于学生兴趣、特长、志趣的个性化选修课程系统。另外，我们将以往做得比较成功的学科活动，如化学学科社团、学科节活动等纳入到课程系统中使之规范化、系统化，提炼整理成自己学科组的校本课程，避免随意性。

学科课程群落结构大体有两种类型，一类是内生的，主要出于学科基本思想、概念框架的内在逻辑以及学生学习的心理规律推衍而成；另一类是外溯的，主要是由于外部制度的调整或环境的变化而对学科课程群落结构的一种影响与干预。《生物科学探索》校本课程建设便是后一类的典型，它是顺应北京市新的穿越学段边界的培养模式改革——"1+3 培养模式"，"以改革带动发展"，即通过创新机制，打通考试招生关键环节，重组育人要素，力图实现整体育人而生发出来的一次实践探索。依照变革设定一种"2+1+2"生物教学五年连贯系统。为顺利打通初高中学段，学校在这一年创设《生物科学探索》的生物科学精品课堂，编写校本课程资源，为学生生物学科素养的发展奠定基础。

这里的"魅力教师"研修内容包括以下五个方面。①学习并领会当前教育体制改革的精神，并与学科课程的开发与实践紧密结合。打通初高中学段，重新进行课程布局，实现整体育人的目标。②需要教师们重新整理并完善自身专业结构，同时要求统筹兼顾学生在不同学段生物学习心理需求，这本身便是一次复合度、灵活度很好的专业实践能力拓展运动。③该课程以"科学实验"为主，一方面，实验是学好生物学的基础，是培养学生科学素养的重要途径，也是生物学研究的精髓之一；另一方面，探究实验能力是高中生物教学的重难点，同时也将会是新高考的重要选拔方式。所以注重加强生物学科的实验教学意识、提升实验教学能力是非常必要的专业研修内容。④大量的理论学习与参考读物学习，有利于直接增加教师的专业知识储备。如大家通过研读浙江教育出版社出版的《科学探索者》

《科学发现者——生命的动力》等系列教材，从中精选出合适的内容，共拟定了 20 个实验主题，并按学生思维由浅入深的模式进行归类教学，从中获益很大。⑤学生在课堂上充分进行观察、思考、设计与实践，并在课上或课后完成实验报告。这就需要重新思考教育评价问题，并力求评价方式的创新。目前的评价方式分为：过程性评价 70%+ 终结性评价 30%，过程性评价主要由课前准备、实验操作、研究报告等组成，终结性评价为期中、期末考试。

首都师大二附中物理组基于学生自主探究的开放式实验课程的开发与建设，其背景和依据也是宏观社会发展与教育发展的一种需求，更是对物理学科课程群落的一种重要补充。《北京市"十二五"时期教育改革和发展规划》提出注重学思结合，倡导启发式、探究式、讨论式、参与式学习方式，帮助学生学会学习、学会思考、学会创新。探究创新是人们涉猎信息、认识世界、发展思维、理性实践的重要途径。良好的探究习惯、能力有助于提升学生的学习能力、思考能力、创新能力。物理实验创新课程建设重在培养学生通过实验研究、开发、制作、修正等环节的学习和探究，提升学生提出问题、动脑动手、参与思考、创新拓展的能力和视野，配合课堂学习，提升学生综合素养。因此，它有利于进一步探索适应学生发展、教育教学需求的物理学科课程体系，探索实验教学创新模式，激发教师尝试开发新的实验领域、开发新的实验方法，为学生提供实验研究的课程资源，逐步建立起配合国家课程、拓展国家课程的物理课程体系，使学生在物理知识、物理原理，提高分析问题解决问题能力的同时，培养学生创新探究的意识和能力。物理实验创新课程是培养学生探究创新的课程，也是对学校课程体系的有力补充。

课程开发项目组聘请骨干教师、清华教授通过讲座指导形成探究课题；聘请专家评审指导学生论文、对仪器进行评价，购买创新实验所需材料，进行创新实验仪器的组装、调试、演示，打印资料及展架等；聘请专家指导修改成果、汇总展示并将这一操作方式固化。课程开发项目引导广大教师和学生从事科学研究，培养学生创新意识和动手能力，培养学生科学素养，提高学生学习的自主性，从而为参与课程开发的教师带来丰厚的专业提升价值。

3. 开发校本课程的研修与学习

首都师大二附中的教师们在长期的教学实践和探索过程中，开展了许多基于教师个性特长并深受学生们欢迎的选修课。教师们充分运用集体智慧，在继承的基础上，根据学生的特点、兴趣倾向进行整理、系统固化，逐步形成我们自己的校本课程系统。这一过程交织着广大教师的专业反思、合作、对话与研究，还经常会通过邀请不同专家学者参与校本课程的开发过程而获得直接的启发与指导。

高中地理组正举全组之力开发《中华旅游景观赏析（下）》校本课程，在此之前已经编写好《中华旅游景观赏析（上）》并已开课，因此有一定的校本课程开发的经验，并积累了很多有效的方法。他们经常举行活动时会：①收集资料，编写校本教材，教师培训；外请专家指导，地理教研组教师交流合作编写校本教材；②校本课程的实践，组织学生实践活动，外请专家讲座和指导；③完善校本课程资源，撰写论文心得；④地理教研组教师交流心得体会，外请专家指导，学生实践活动成果展示与交流。

校本课程开发所包含的"魅力教师"研修内容有：①这些共同研究的活动，既有利于工作的开展，又使得地理教研组老中青三代教师有许多交流对话、相互学习的机会，增加地理专业知识和教学经验，同时感受着大家充沛的活力和开拓创新的探索精神。②由于校本课程需要在地理专业教室里进行，如何更好地使用专业教具与地理相关学习工具，使用先进的多媒体技术，都成为丰富、重要的研修内容。③依靠、借助首都师范大学旅研学院的师资和资源，还有本课程建设所需要的各类资源，包括教材资源、书籍资料、电子资源、社会资源等等，都为教师专业发展提供丰富的学习资源。④ 2010 年教育部发布的《国家中长期教育改革和发展规划纲要（2010—2020年）》明确提出"全面提高普通高中学生综合素质。深入推进课程改革，全面落实课程方案，保证学生全面完成国家规定的文理等各门课程的学习。创造条件开设丰富多彩的选修课，提高课程的选择性，促进学生全面而有个性的发展。积极开展研究性学习、社区服务和社会实践"。教育部在《基础教育课程改革纲要（试行）》指出："高中以分科课程为主。为使学生在普遍达到基本要求的前提下实现有个性的发展，课程标准应有不同水平的要求，在开设必修课的同时，设置丰富多样的选修课程，开设技术类课程。积极试行学分制管理。"积极参与学科选修课程的开发，本身还是对教育改革政策理念的学习与实践。

首都师大二附中语文组正在着力进行中华优秀传统文化课程建设，通过组织教师进行人文文化、地域文化、民族文化、礼制文化、姓氏文化等方面的学习，更好地向我校学生传达中华优秀传统文化的精髓，促进学生德智体美劳全面发展。在这一课程建设的过程中，语文组不仅申请学校的支持，寻求首都师范大学的专业支持和专家指导，还组成一支强大的外聘专家队伍，他们由中央民族大学文学院石新民教授、原曹学会会长李明新、著名作家川妮组成，海淀作家协会也为语文组提供大量的文学文化资源。他们既是课程开发的重要资源，也是教师们专业提升的学习资源。

首都师范大学二附中的校本选修课程非常丰富，它有力地支撑起一条富有特色的"魅力教师"研修路径。任何一个学科教研组都在自觉申报并在努力探索着这些课程的开发与建设，有些课程还打破学科边界、教研组的界限，形成了全校合力研讨的良好氛围。比如冰雪运动课程便被纳入学校发展规划和年度工作计划并严格执行。学校建立了在校长领导下，教学处、教务处、德育处和体育组等有关部门共同参加的学校冰雪运动工作领导小组，具体指导本校冰雪运动工作的开展。领导小组每学期至少研究一次校园冰雪运动工作。学校制订校园冰雪运动工作组织实施、教学管理、课余训练和竞赛、运动安全防范、师资培训、专项经费、检查督导等方面的规章制度和具体实施方案，并且不断完善。学校还向外开发体育场馆的课程资源，如首体滑冰馆、紫竹院露天滑冰场、五棵松万事达体育中心、国家体育总局冬季项目管理中心，与首都体育学院及附近滑雪场也建立起良好的合作关系。在发挥各自的资源优势基础上，学校积极投入人力、物力、财力，创造必要条件，为校园冰雪活动的开展提供保障和服务。因此，初中、高中年级都开设冰雪运动选修课和寒、暑假的学生冰雪运动课外体验活动，实施适合学生年龄特点的冰雪运动教学和课外活动。初中、高中学生在校期间至少选修 18 课时。学校还将此课程横向延展，增设校园小记者，开展冰雪运动的宣传报道工作，同时在学校大屏幕和网站上定期发布学校冰雪活动近况、展示特色成果。学校为学生阅览室增订《冰雪运动》杂志，宣传有关冰雪运动的科学知识，使越来越多的同学了解并爱上冰雪运动，期待在我国举办冬奥时尽上自己的一分努力。目前，学校正打算成立初中、高中冰雪运动项目代表队，代表学校参加各级赛事，同时聘请专业教练员引入先进的理念进行指导，使学生们获得更多的比赛机会和宝贵经历，进一步提升我校冰雪运动水平。

此外，学校还有专门的社团课程。学生合唱团从建团以来，连续获得九届北京市中小学生合唱节初中组比赛一等奖。校园舞蹈团，自建团以来曾 4 次获得北京市中小学生艺术节群舞比赛二等奖；集体舞比赛一等奖，并参与过多次校内外演出，以及许多重要的艺术活动。民乐团多次参加北京市、海淀区比赛，荣获优异成绩。目前正在开展首都师范大学第二附属中学"五彩中国梦——传承少数民族音乐传统艺术"项目研究活动，以求进一步丰富学生的课外文化生活，培养学生在民乐、声乐、合唱等艺术方面的基本技能和审美情趣，激发潜在的艺术素养和表现力，促使学生在艺术活动中身心得以健康发展，传承和发扬我国少数民族地区极富特色和保留相对完整的艺术及音乐表演形式，让学生们通过学习民族乐器，了解民族音乐，培养爱国情怀。这些努力与探索背后无疑都有教师们对所教专业的不竭钻研与刻苦训练。

（四）探索开展课题式"魅力教师"研修新模式

帮助促进教师向研究者转型，是首都师大二附中魅力教师研修活动的真正目标。因此，无论是研修平台的搭建、教研组的功能激发，还是课程体系的建设，无一不强调激发广大教师对教育教学实践不同层面问题的研究兴趣与研究品质，从而沉淀为优秀的教育理论与教育实践智慧。课题式魅力教师研修便是以上三条路径的进一步延伸，是将研究意识、研究态度与研究方法向研修工作的注入，也是将以上三条路径联结统一在一起的一个抓手。其基本做法如下。

1.开展魅力教师研修的课题化管理

原来的学校教科室只是负责市区层级的课题申报与管理工作，但将魅力教师研修与课题管理相结合，就意味着教科室有责任引导更多的教师以课题研究的态度来开展更多的教育教学问题探索，从而从有计划、有步骤地将魅力教师研修引向教师的自主探究与自主发展。首都师大二附中的做法有两种：一是将学校已经在研或申请在研的市、区级课题化整为零，让更多的教师参与其中，从某一项、某一方面的小领域切入，开展课题研究；二是学校内部单设校级课题，开发出适合学校实际与教师发展的校内课题，以便引导更多的教师开展课题研究。这便是课题式魅力教师研修模式。

开展魅力教师研修的课题化管理主要强调四个方面。第一个方面是突出研究性。就是把教学实践当中的问题同课题研究的科学性、计划性、实效性结合起来，提高研究层次，即把我们教育教学当中所遇到的现实问题用课题研究的方式来解决，以课题研究的方式来要求，以课题研究的方式来管理。第二个方面是注重过程性。课题式魅力教师研修的根本用意在于研修，而不完全是课题的研究结果。因为随着教师自身的成长，对某一项研究的设想、方法以至于所获得的结果也往往在不断推进与变化之中，只有按照课题研究的要求，逐步深入地聚焦问题、探索问题、分析问题、解决问题。这一切都建立在课题研究的过程之上，这样的过程也是教师专业成长的最重要凭借。因此，要更多地强调解决实际问题的过程，凸显研究的过程性。第三个方面是注重课题研究的阶段性特征。长期以来，一般意义上的魅力教师研修总是依照主题的逻辑来进行，虽然也可以进行主题的分列与递进设置，但毕竟很难进行明确的阶段性划分。教师专业发展更是如此，尤其是对于职后教师的成熟度，往往只能以一些个人成长的标志性事件来衡量，以简单的年龄、教龄来差别化对待，无法进行清晰的阶段性引导。但课题研究毕竟是一项具有很强理性设计与运算的工作，它具有较强的阶段性时间管理特征，也就要求每一项课题都必须以一定的成果形式来证明研究所处的阶段。这在客观上有力地推进了研究工作的效率，保障了研究的质量。同时，也给广大参与课题研究的教师以及时的成果反馈，因为学校内布置的各级论文的参评，以及各级学术成果的参评是非常多的，尤其在海淀区这样一个全国教育改革先行区域，学校每年都要完成一定数量的课题的申报，都需要有前期的成果作为申报的基础。这些又都反过来激发起教师们更大的研究热情，从而形成滚动式发展的有利态势，推进学校与教师的可持续发展。第四个方面是集体性与骨干作用。魅力教师研修的一个重要特征在于同伴互助与专业引领，课题研究要求具备一定的研究素养与能力，是需要借助团队的力量通过集体研究、实施、采集数据、分析数据、讨论批判等环节来推进的。这就需要各教研组和备课组当中的教育教学干部、教研组组长、备课组组长、特级教师、骨干教师作为核心人员带动起来，让他们组建课题研究团队，在课题研究过程中专业互助、团队学习，以课题研究的实际收获来帮助教师解决现实生活当中的教育教学问题，同时提高大家的专业素养。

2.课题研究的任务分解与直接引领

课题研究的团队学习与魅力教师研修的共同体构建是完全一体的，同伴互促、互助、互补，可以相互激发、碰撞出创新性的分析问题、解决问题的思维火花，也可以聚合更多的不同经验，更加全面与深入地认识、理解、判断、剖析问题，从而达成问题的解决和教师专业发展需求的满足，联合互动，形成一种以任务驱动、资源共享、相互借鉴、协同研究、共同发展的团队协作研修模式。因此，课题研究的任务分解与直接引领便显得格外重要。近年学校整个班子的团队研修就一直围绕着"弘美教育"办学理念的课题研究来展开，由校长带领中层干部、特级教师和骨干教师来一起开展，每个人都有分工，每个时间段都有汇报与交流。这种对任务的分解要求每一位负责的教师开展自主探究，不断反思整理，并接受来自不同角度的同伴意见。这样的过程既有自主研修的成分，也有专业对话的成分，更有课题负责人的直接引领、指导与督促的成分。

这种课题的任务分解不仅体现在学校层面向中层延伸、向教研组延伸，更体现在教研组层面所申请的课题向教研组内部每位教师的延伸。比如，政治教研组组长常燕婕领衔开展的区级重点课题，重点课题下就分设了学习迁移策略研究、基于问题的学习与学生探究能力发展的研究等若干个子课题，一些没有参加子课题的年轻教师又在子课题之下或交叉地申请了校内课题。用常燕婕老师的话讲，就是采取了一个"母课题带子课题"的方式，也就是先界定了主要研究问题的一些基本方面，然后让教师们自主确认想研究什么，那么每位教师都会研究。有的教师想研究表达能力，有的想借助思维导图就思维能力做一些东西，有的教师想研究社会参与能力，有的教师想研究怎么提升学生的认知能力，有的教师想研究高三学生的新情境迁移能力。这便是通过子课题的任务分解过程，促成教师自主地参与到问题的研究之中。

课题的任务分解涵盖了阶段性成果与过程性活动的责任分解，从而有利于形成督促与效率要求。由于强调课题式魅力教师研修的过程性，承担课题的教研组会在一开始便有明确的分工阶段成果计划汇总，即分担子课题的教师在他的开题报告中预计成果是什么样的？做了哪些调查？通过什么方法获得的数据？想以什么样阶段的成果来展现？成果展现必须按阶段划分，有具体的活动与任务，有不同形式的阶段性成果要求，都列出来，由子课题教师去选择。在每一个学期结束的时候，或者专门的节点，或学期的总结活动时就把这张表拿出来，对照检查进程情况、完成情况、差异情况。通过系统归总，在整个过程中做好整体的规划与实施。然后进行一些针对性的指导，帮助开展一些研讨。

这种每个人带着子课题一起研究问题，既有合作、对话的层面，也有自主、探究的层面，是一种效果很好的校本研修模式。随着母课题的开题报告出来的时候，常燕婕教师说："教师们都模仿我写一个简短的子课题，所以他们也会开题了。于是我们会看到2015年到2018年这几年里面，初中的教师自主脱离教研组，开展综合实践主题活动、完成任务设计案例研究。到了2016年我们又申请了区级的重点课题。这仅仅是思想品德课的课题研究，其他具体的科目就不说了。总而言之，初中年轻教师自发地开始申报课题，有区级的有市级的，同时又跟着我一起做子课题。"

这不仅有利于对课题目标的反复聚焦、深入研究，而且有利于凝聚团队共识，尤其是对课题研究的对象达成一个相对集中的专业共识，从而有利于打造一支强有力的专业队伍。如，语文教研组组长郝霖领衔开展的整本书阅读教学的研究，不仅有大教研组内部的任务分解，还包括了小教研组内部的任务分解，并进一步在备课组层面进行分工与协作。可见，课题研究的任务分解与直接引领是一个完全合一的过程，是在团队核心、骨干教师直接引领之下的任务分解，也是指向统一的问题解决目标的任务分解，是教育教学实际问题的持续研讨与探索，是在引领与协作、互助与对话基础之上的自主研修。

3. 推出校本研究课题指南

为了推出校本研究课题指南，学校科研室兼取自上而下和自下而上的办法，统筹兼顾，既要尽量遵循教育科研课题指南的一般做法，又要尽量从首都师大二附中教师发展的实际需求出发，从教师发展的各种契机出发设置校级课题。自上而下，是指科研室牵头，协调教研组组长共同研究，了解现阶段的教师的研究意向，充分考虑国家、北京市的教育改革方略以及学校发展的需要。自下而上，就是充分听取教师们的研究兴趣，考虑教师们的研究基础与发展方向，由教师们自行组织研究团队。科研室的校本研究课题指南涵盖面很广，包括七个方面的内容：学校发展研究、教学研究、德育研究、课程研究、学科研究、职业研究以及教师专业发展。自下而上有对广大教师提出的，但往往更集中在课程研究、学科研究、教学研究、德育研究等方面。既要不失于专业引导的功能，又要充分考虑自主发展的选择性与基础性，这才最能体现校本研究课程指南的研修价值。

同时，自上而下与自下而上的课题征集与发布，本身也具有较强的专业研修意义。对自上而下的课题指南的读解，本身蕴含着一种宏观教育发展意识的培养与学习。而自下而上的过程，学校则通过一套课题提出的规范化结构来强化其背后的问题聚焦与明确，从而有意识地培养教师研究问题、分析问题的能力。教研室的课题征集表包括了要研究的课题名称、拟解决的问题，虽并不要求用大量的篇幅去陈述它，但必须详细地说明研究思路设想、研究的活动次数、预期的研究效果、预期的教学成果。强调研究的活动次数，本身便具有极强的研修意味。强调思路与效果，便是希望这种魅力教师研修是一种问题明确、路径清晰的专业发展过程，以追求研修效果最大化。

从魅力教师研修的角度看，自下而上有利于锤炼教师总结专业经验，而自上而下则有利于让教师更好地开展理论学习与政策学习。许多教师不了解为什么自己积累了很多经验，但总觉得理性认识与分析总是不足，归根结底在于理论学习不够。课题式魅力教师研修在一定程度上要求教师补上理论学习的短板。是否有理论支撑，就是现在最前沿的教学理论是什么，你先依据什么理论，做的什么样的分析，应该怎么书写，这对开题报告、论文撰写都非常重要。另外，由于是课题研究的过程，实际上在不断地尝试着各种理论，用实践的数据去验证着各种理论。比如，迁移理论应用到具体教学中，就可以借助迁移理论中的辨识提升，它对概念的理解能力怎么通过图形法来帮助迁移，怎么通过编织结构法来提升迁移的基础，怎么提升思维水平，怎么关注顺向迁移法、逆向迁移法，怎么创设情境引发的迁移，怎么引导学生通过动手实践的过程去实现能力的迁移。作为校本研究课题的实施过程，会收集到很多学生的资料和素材，这是一个不断学习理论、检验理论，进一步理解理论、丰富理论的过程，可以很好地促进一位教师的理论素养。

4.倡导自主开展课题研究

课题式魅力教师研修力求把研修与扎扎实实地解决教学实际问题联系起来，调动了一大批教师的科研积极性。学校不断成功申报新的市、区级课题，搭建起了骨干引领、教师成长的研究平台，在研究中提升专业技能和水平。学校这两年的获奖人次都有大幅度的提升，市级课题在研率和参研率非常高，连续三年，每年都有十几个课题的立项和区级优秀成果。如果说第一阶段的课题式魅力教师研修所着力提升的依然是专业理论素养和实践能力的话，那么随着学校科研氛围的浓郁，第二个阶段的课题式魅力教师研修的目标便要更加指向科研素养，提升课题研究本身的质量与创新性。

比如，卢菡、李静、刘冬梅、陈继贺 4 位教师在 2015 年 6 月到 2017 年 6 月间所做的课题"史料教学对高中生历史逻辑思维能力的培养研究"，最初也是先进行了教师团队的学习，主要学习有关专业知识，由团队聘请专家给全体研究人员分析背景介绍研究方法，并推荐了相关书籍。但随着研究的进行，各个核心成员对研究内容进行了细化，采用相关的研究工具开展研究，大家对这一课题的认识有了很大的飞跃。近年来，各种关于教学中史料运用和历史思维能力培养的文章逐渐增多，也逐步深入，既借鉴了英美等国家先进的研究成果，又更加贴近校本教学实际，不再仅仅是针对史料运用和历史思维能力培养的内涵、原则、方法等方面的泛泛而谈。但仍存在一些不足：首先，史料作为培养学生思维能力的工具，虽然受到历史教育工作者的欢迎和重视，但是如何运用史料培养学生历史逻辑思维能力还有待进一步研究和实践。其次，运用史料培养学生历史逻辑思维能力的研究及其实践多停留在表层的、零散的层面，再加上各方面条件旳限制，这些做法对学生的历史逻辑思维产生实质性影响，因学生群体的特点不同，效果也大不一样。最后，对运用史料培养学生思维能力和学生的心理特点的结合不够密切；对学校教学不同课型中史料的运用缺乏针对性的研究。

因此，卢菡等人深入分析了高中历史教学中"史料"的类型及使用，结合高中生思维能力的特点，探讨高中"史料教学"在培养学生历史逻辑思维能力方面的规律。提出要减轻学生和教师的负担，必须精简史料的量，教师在课堂上只是对该课的重难点知识概念进行史料补充，不仅拓宽了学生的知识面，提升了学生分析史料、解决问题的历史逻辑思维能力，同时也有利于学生对重难点的掌握，深化对重难点的认识。史料教学应该为整个课程目标而服务，教师不应该只是为史料教学而进行史料教学，被史料教学所奴役，成为其奴隶。

可见，课题式魅力教师研修有助于将魅力教师研修的内容引向深化，有助于促进教师从一般性的业务能力研修、问题发现与解决的能力研修，引向规范、严谨、科学、创新的科研意识的逐步确立与科研能力的提升。

（五）教师在研修中成长

自 2014 年 3 月至 2019 年 12 月，首都师大二附中作为海淀区一所普通完全中学，先后有刘丹旸、单晓利、李蕊芳 3 位教师在北京市中学教师教学和班主任基本功比赛中获得一、二等奖。先后有 12 位教师在北京市中学学科教学研讨会上执教观摩课。一位教师在国家级教学研讨会执教观摩课。先后 30 多位教师在海淀区级教学研讨会上执教观摩课。多位教师在海淀区中学教师基本功比赛中获奖。

2016 年 1 月—2019 年 12 月四年来，教师论文获奖及参与课题研究总人次分别为：2016 年 262 人次，2017 年 366 人次，2018 年 555 人次，

2019年445人次。市级及以上论文获奖、论文发表、研究课题总人次分别为：2016年79人次，2017年103人次，2018年182人次，2019年77人次。四年来论文获市级一等奖获奖数量40篇。文章发表三年来共90篇，包含国家级核心期刊7篇，国家级权威核心1篇。申报和参与市级科研课题数量8个。教师的学术发展意识被激发，教学研究意识日益浓厚。学校的教育教学业绩也越来越好。教师成长也极大地促进了学校的发展。

由于教师校本专业研修的扎实推进，首都师大二附中教育教学业绩快速提升，社会满意度评价高，办学口碑好，2019年经市区两级教育主管部门批准，首都师大二附中全体教师中高级职称评审比例享受市级示范校标准。这既是对中青年教师鼓励，也为教师发展搭建了更高的平台。

二、非专业研修

教师的非专业研修与专业研修最大的区别在于：非专业研修着重在"休闲状态"下开展，目的在于缓解工作压力，发展兴趣爱好，提升个人修养和精神境界，体验职业幸福感。

中学教师群体工作时间长，工作强度大，职业压力显著，职业倦怠情况普遍存在。加之近年来全社会存在的"教育焦虑"，无形中更加重了教师的"焦虑感"。首都师大二附中自2014年起步入快速发展期，尽管教职工都被一种"向上"的氛围包围着、牵引着，但教师工作的确强度加大、标准更高、成绩与压力并存。因此，教师校内非专业研修同样十分重要。学校教师越是工作强度大，学校越应该重视教师的非专业研修。教师成长不仅需要精进其学问，更需要砥砺其精神。

开展教师非专业研修，学校提出"引领—互助"路径，学校加强规划与引领，同时鼓励教师自组织互助实施。

（一）多组织协同开展

为更好引领教师非专业研修的开展，学校多组织、多层级协同做好研修规划，规划实施过程中多部门协同，设计开发了丰富多彩的校园活动。

组织参与部门：学校党总支与各党支部、学校工会、教师发展中心、青年教师发展研究会、德育处。以 2018—2019 年第一学期为例，各部门组织活动规划如表 3-3 所示。

表 3-3　首都师大二附中 2018—2019 年第一学期教师非专业研修安排表

组织部门	活动时间及内容安排					负责人
	9 月	10 月	11 月	12 月	次年 1 月	
工会	找寻我爱的社团	走进大自然：我与秋天有个约会	玉渊潭环湖竞走	教师才艺展示——"艺象弘美"节目初选	与党总支合作组织期末教职工文艺联欢会	工会主席
教师发展中心	教师阅读工程书目研讨与推荐	小组读书交流活动	外地参观学习	外出学习交流会	读书交流会	教师发展中心主任
青年教师发展研究会	青年教师演讲	—	青年教师才艺达人秀		青年教师沙龙	青教研主任
德育处	秋季运动会	师生戏剧展演	"艺象弘美"新年演出季		—	德育副校长
党总支	教师节庆祝活动	京郊红色之旅	"美在身边"教职工摄影大赛	志愿者之歌——党员志愿服务总结	与工会合作组织期末教职工文艺联欢会	党总支书记

（二）建设校园栖息地

教职工紧张的工作之余，需要调节工作节奏，需要暂时的放松与休息，首都师大二附中创造条件，着力为教师打造了两处"校园栖息地"——

咖啡屋、教师休闲阅读空间。

咖啡屋设在校园里教职工最方便到达的地方，精心装修设计：休闲桌椅，墙面艺术画，室内花草点缀，温馨舒适，饮品丰富。最重要的是配备一位合适的管理人员。首都师大二附中校园咖啡屋是教职工勤于光顾、留恋心怡之处。或在课后，或在午后，教师们泡杯红茶，冲杯咖啡，释放工作的辛劳，缓解工作压力，在温馨美好的"栖息地"调试身心，为高品质工作蓄力。

教师休闲阅读空间设在校园安静之隅，宽敞的阅读空间书香四溢，洁净的休闲沙发舒适而富有美感，一角的茶艺空间茶香弥漫，唯美的室内布置为教师们提供放空自我，美化内心的"心灵栖息之所"。教师们走进阅读空间，或阅读，或备课，或查阅资料，忙碌的工作间隙也能体会生活的美好。

除此之外，校园所有运动场馆及科技艺术类专业教室定期向教职工开放，校园不仅是教职工的工作之所，也是教职工提升自我、涵养精神、美化内心之所。

（三）鼓励兴趣社团活动

教师群体是一个注重个人修养、多才多艺、综合素质很高的群体。学校大力支持教师自组社团，发展个人兴趣爱好，提升审美品位。学校各科学有专长的教师自觉承担起社团辅导教师的任务，自定时间开展社团活动。瑜伽、舞蹈、书法、绘画、服装设计、球类运动等社团活动深得教师们青睐。学校聘请瑜伽教练来校辅导练习，聘请服装设计师讲授服装搭配知识，聘请非遗民间艺术教师来校传授技艺。同时，鼓励教师担任各类学生社团指导教师。首都师大二附中有40多个活跃的学生社团，其中大部分由本校教师担任辅导老师，近10个社团长期聘请高水平专业人员担任辅导教师，有兴趣爱好的校内教师自愿参与。

教师非专业研修活动的开展，首先，丰富了教师的校园生活，促进教师身心健康发展；其次，培养教师兴趣爱好，提升教师审美品位；再次，提高教师人文素养，提升职业幸福感；最后，激发教师爱校意识，增强团队凝聚力。

第三节　魅力教师评价与激励

为保持教师发展的可持续性和长期性，教师评价与激励策略不可或缺，评价与激励制度建设是最好的保障。以评价促提升，以激励促成长，以文化铸就师风是首都师大二附中教师发展的成功密码。

一、以评价促提升

为促进教师专业发展的制度化与持久性，学校制订了《首都师大二附中优秀教研组、优秀备课组评选方案》《首都师大二附中教师教学综合评价方案》，以激励先进，鼓励创新，实现优劳优酬。

（一）优秀教研组、优秀备课组评选

备课组是学校最小的教学业务合作单位，是影响学校教育教学质量的最小细胞，努力优化每一个最小的教育细胞，学校的整体育人质量自然会健康优质发展。教研组是学科教学研究的基层组织，教研组建设的高下，直接影响一所学校的学术建设质量。因此，"弘美教育"教师文化建设特别注重优秀教研组、优秀备课组建设。自 2015 年起，学校每学年末组织优秀教研组、优秀备课组评选。获奖优秀教研组、优秀备课组的每一位教师都会得到学校奖励，并在全体教职工大会上颁奖。

优秀教研组、优秀备课组评奖激发了教研组、备课组优质发展的主动性、积极性和荣誉感，为学校整体学术能力提升及"魅力教师"培养发挥

了很好的促进作用。

表 3-4 优秀教研组评比项目表

项目	集体教研情况	教师队伍发展情况	校本课程	学科活动与特色社团	评教评学	科研成果	互评	评审小组意见
分数	20分	20分	20分	10分	10分	5分	10分	5分
内容	1.围绕学科教研主题开展教研活动 2.有完整过程记录	1.名师、骨干、青年教师成长情况 2.学科教师梯队建设 3.区、市、国家级公开课开设情况	1.开设校本选修课程情况（10分） 2.校本课程精品化情况（10分）	1.在教研组组长的带领下，开展跨年级学科活动 2.利用课外时间，有组织地开展跨年级学科、社团活动 3.有活动方案、记录和成果呈现	计算申报的教研组教师评教评学的平均分，第一名得10分，第二名得8分，第三名得6分，其他得5分	1.科研成果 2.教师获奖情况 3.学生学科竞赛获奖情况	初评通过的教研组向全体教师汇报学科建设情况，全体教师评选，得票第一名10分，第二名8分，第三名6分	1.审材料 2.听汇报 3.集中评议、评选

评比流程：

（1）教研组自主申报，填写申报表和自评表。

（2）评审小组根据评比项目和申报材料，统计前六项，初评出 2—3 个教研组。

（3）初评通过的教研组围绕评比项目汇报申报理由。

（4）评审小组评审，将结果上报校务会通过。

（5）校内公示结果。

（6）颁奖。

表 3-5 优秀备课组评比项目表

项目	集体备课情况	公开课	学科活动和社团	特色校本课程	评教评学	教师成长	教学成绩	互评	初审小组意见
分数	20分	10分	10分	10分	10分	10分	15分	10分	5分
内容	1.每周集体备课没有缺勤 2.教师教案齐全 3.有完整过程记录 4.教研氛围好，学科发展好，备课有成效	80%以上教师开校级公开课，得10分；有区、市级公开课，得10分，80%以下教师开校级公开课，得5分；没有开公开课不得分	1.开展年级学生参与的学科活动和社团活动 2.有活动方案设计、活动总结以及成果呈现	1.国家课程校本化，有备课组的校本资源集（5分） 2.在年级组开设学科精品课（5分）	计算备课组教师评教评学平均分，第一名得10分，第二名得8分，第三名得6分，其他得5分	1.教师科研课题成果 2.教师学术论文发表、获奖 3.教学专题发言 4.电子教学资料及时分享到学科资源库	参考统考、会考、中高考、学生学科竞赛成绩	初评通过的备课组向全体教师汇报展示，全体教师评选，得票第一名得10分，第二名得8分，第三名得6分，其他得5分	1.审材料 2.听汇报 3.集中评议、评选

评比流程：

（1）备课组申报，填写申报表。

（2）评审小组根据评比项目和申报材料，统计前七项，初评出2—3个备课组。

（3）初评通过的备课组围绕评比项目汇报申报理由。

（4）评审小组评审，将结果上报校务会通过。

（5）校内公示结果。

（6）颁奖。

（二）教师教学综合评价

学校管理如何调动教师的工作积极性、主动性，是每一所学校面临的最重要的问题。教师发展的质量直接决定着一所学校发展的总体质量。"魅力教师"成长需要哪些评价维度？每个维度在教师综合评价中占有怎样的比重？经过学校教师反复研讨，教师代表大会表决通过《首都师大二附中教师教学综合评价方案》。该方案规定，每学年在教师教学综合评价中位居前 20 的教师可以上浮一级绩效工资，中级教师可以享受高级教师待遇，初级教师可以享受中级教师待遇，教师综合得分一学年一评价。这一评价方案的实施，激励教师全面发展，鼓励教师既要有优异的教学业绩，也要勇于承担重要工作；既激励教师用研究的方式工作，同时也鼓励教师不断创新工作方式，促进学校全面创新发展。

二、以激励促成长

教师评价的目的在于驱动。既要充分考虑如何驱动、以什么驱动的问题，还要考虑如何激励、以什么激励的问题。同时应该考虑教师专业成长的内在动力与外部激励保障制度之间的平衡，确保教师的可持续发展。教师评价与激励是一对孪生姐妹，二者相依相成才能充分发挥内部激发与外部激励的相互作用。"弘美教育"特别重视激励策略的实施。

（一）学习作为激励手段

打铁还需自身硬，专业厚度决定研究的高度。作为教师，扎实的专业功底是教学研究的根本保障。没有专业自信就不会有课堂上的自信。学习本身就可以给教师带来自信，带来力量，带来激励。高中化学组的老师们把学习放在第一位，建设学习型组织，打造学术型团队，共同学习和提高。围绕学科组的内涵发展需要，他们提出应该学习的几个方面，如学科前沿的最新动态、学科基础理论、教育学基础理论、化学与时事等，具体书籍可以自选。在提出整体要求的基础上，老师们自行制订读书计划，让读书成为自己教育生活不可缺少的一部分。同时，他们在互联网、微信上搭建交流平台，互通互补，共同提高。在这一过程中，老师们创造条件"请进来"、"走出去"，开阔眼界和教育格局。

学校专门列预算为各学科组购买部分书籍，满足老师们学习需求。仅2018—2019学年，老师们就学习了《裴斯泰洛齐与当代教育》、《苏霍姆林斯基选集（第一卷）》、《中国课堂的奇迹》、《教师学生和家长焦点难题解决方案》等著作并作了读书笔记。学校还为教师创设各种外出学习和亲近名师、专家的学习机会，将学习作为激励教师积极上进的利器。

（二）发展作为激励手段

自身素质的不断提升是职业幸福感的源泉。学校会创设各种机会，为教师成长搭建平台，让教师感受到自身成长所带来的愉悦，从而激励教师自主研修，促进发展。一方面，学校搭建的校本研修平台可以为教师提供诸多机会和舞台促进其专业成长；另一方面，学校会积极承接市、区各级各类教育教学研讨活动，给年轻教师挑担子的机会，给年长教师总结并发表经验观念的机会。同时，学校还积极利用首都师大附中教育集团、首都师范大学的资源，为教师发展提供更加广阔的平台。教师在各种教育教学研讨活动以及与外校合作研讨活动上的专业课展示与教育教学演讲，本身既是校本研修活动的一部分，同时，更是一种以发展为动力的激励手段，鼓励广大教师再上台阶。在2018年5月19日全校教研专题会上，青年骨干教师韩建丰就动情地作了《团队发展与个人成长》的专题报告，作为学校的典型案例与其他教研组分享。

从这一点来说，在校本研修中形成自身发展的动力，即获得成就感、幸福感和对教育教学工作的热情至关重要。因为只有形成内部的驱动力而不是受制于外在的强制力，教师才能真正激发出自己的潜能，不断突破自己，寻找自己的生长点进而实现自己的专业成长。在这一点上，学校作为校本研修的主要组织者和管理者，很好的权衡了外力和内力的关系：在需要搭建平台和制度保障时不遗余力，并在这一过程中注重激发教师的内在动力。当教师拥有内驱力时，学校及时转变了自己的身份，由启发者和引导者转变为支持者和保障者，把更大的自主性和空间交还给老师，让他们在专业领域里自由发展和成长。

（三）成果作为激励手段

无论是参与校本研修课程开发建设的具体任务布置，还是课题式校本研修的模式创新，研修成果都成为一项具体的要求与导向。教师校本研修的成果不仅包括了每一次公开课、观摩课的实践活动，还包括了具体的课程方案、课程资料、课程实施的具体设计以及课程创新感想，同时还包括了课题式校本研修的研究报告、研究论文等等。这些成果又为下一步的研讨、打磨提供了研修内容，它促进了校本研修的深入持续进行，同时，又让教师体会到"三年磨一剑"的精品成果意识。最重要的是，这些成果的出现，有力地鼓励了教师参与校本研修的热情与干劲，从而将校本研修的外部任务驱动转化为内部的兴趣驱动与创造力驱动。

（四）反馈作为激励手段

任何人的发展都离不开外部的有效反馈，校本研修同样需要反馈。专家的点拨、同事的讨论无一不起到积极反馈的作用。丰富的研修活动可以拓宽老师们的教育视野和格局。而教育者的视野和格局往往决定着教育的高度，也决定着学生能达到的程度。对于老师来说，这些研修内容无不起到内在激励的效果。

反馈作为激励手段，不仅体现在校本研修过程中的直接反馈，还体现在校本研修活动成果的实践反馈之中。高中课程改革中的主题整合不仅要求教师关注并结合学科素养，更要关注学生学情起点并开展些微研究。校本研修中针对课堂的微研究，有助于发现学生的个体差异，从而有梯度的去培养学生。比如说孩子闷，上台都特胆小，不爱表达，没有逻辑，就要强调情景导入，学生先以倾听为主，然后到了第二学期必修二的时候，再让他来讲，然后去参与到后面学生小组合作讲，然后去评论批判其他小组，在这个过程中培养他的思维能力与表达能力。有时老师还会专门在课堂上培养审题立意表征的能力，通过小组合作参与，来逐步影响并培养学生。因此，教师可以直接在学生由一个不爱说、不敢说到最后能够会说会写会认的转变过程中获得对校本教研的积极反馈。

因此，课题式校本研修不是为了做课题而做课题，而是真真正正在研修状态中解决教育教学中的实际问题，这需要调动广大教师，调动不同年龄段、不同学力层次的教师积极参与到校本研修中来。正是这些校本研修中的微研究对课堂实效性、对学生发展的直接促进作用，给予教师以极大的激发与激励。

（五）奖励也是一种激励手段

首都师大二附中校本研修制度除了规范化，还非常人性化，致力于为不同专业成长阶段的教师提供适切的引导。对于教育教学热情高涨且成就感强的老师，学校更多的为其提供支持和保障，满足其专业成长的需求，而对于热情和成就感低的教师，则更多的借助于组织的力量，通过任务参与的形式激发其专业成长的动力。同时，学校也在薪酬制度、绩效工资制度上进行改革。积极投身校本研修、投身课程改革与课堂优化的教师，可以获得更多的直接的薪酬奖励。让能够干、活干得多的人，能够在工资等方面有所体现。首都师大二附中教职工的奖惩制度（奖励广大教师参与教研、科研、学科竞赛、论文发表等），通过计量分数的形式，形成外部激励制度，有效维护学校教师专业发展中的学术导向。

三、以文化铸就师风

良好的教师文化需要学校管理者主动营造。为激励广大教师以魅力教师的标准成长发展，学校每学期举行"魅力教师"评选，每学年为优秀班主任、年级组长举办"魅力教育人"教育思想研讨会。党总支每学期评选"魅力教育之星"。

（一）魅力教师评选

魅力教师评选的目的在于：①在教师队伍中形成积极进取、乐于奉献、认真工作的文化氛围，发挥优秀教师的榜样引领作用，营造良好的文化生态。②通过评选表彰，让优秀教师得到尊重，感受工作的成就感和幸福感。为此学校制订"魅力教师"评选方案，组织全校教职工参与评选，表彰宣传"魅力教师"的先进事迹。

（二）召开"魅力教育人"教育思想研讨会

年级组长、班主任队伍是学校办学理念落实的重点人群，一批教育信念坚定、学识素养好，充满教育智慧的"教育人"，是学校快速稳定发展的巨大推力。为表彰年级组长、班主任在学校教育教学工作中的突出贡献。学校每学年召开"魅力教育人"教育思想研讨会。每学年在全校范围内推选2—3名优秀班主任、年级组长，由学校为之举办教育思想研讨会。

研讨会首先由"魅力教育人"宣讲自己的育人理念，分享其育人故事，然后分别由学生、家长、同事介绍其育人思想对学生和同事的深刻影响。后期是学校组织的宣传表彰。

（三）教职工选定"工作文化十条"

2018年寒假放假前夕，学校组织教师讨论并选定学校"工作文化十条"。先期学校行政会讨论拟定 15 条候选内容，教师在 15 条中选择 10 条作为教职工人人遵守的学校"工作文化十条"。

附：

首都师大二附中工作文化十条

（2018 年 1 月全体教职工选定）

1. 热爱国家，热爱学校，热爱学生，幸福工作在"立仁书院"。

2. 敬畏制度，规范管理；对岗位负责，就是对自己负责。

3. 关心学生，细致入微；教师应该主动承担起建立良好师生关系的责任。

4. 在对学生严格要求的同时，必须通过恰当的方式让学生感受到老师对他的关爱。

5. 要靠人格和学识赢得学生的尊重和热爱。

6. 受一次挑战，就是一次成长的契机；相信办法总比困难多，懂得解决问题才能进步的道理。

7. 注重沟通、交流，任何事情都是可以沟通交流的。

8. 关心同事，传递赞美，为别人的进步成长高兴喝彩。

9. 包容不同的个性，原谅尚有的缺憾；减少抱怨，以阳光的心态待人处事。

10. 把学校办成传播爱的书院，弘扬美的花园。

2016—2019 年，首都师大二附中参与了海淀区高中新品牌学校建设，三年多的时间里，专家指导学校品牌创建，走进学校视察体验品牌化建设的方方面面。2018 年 12 月，学校面向海淀区成功举办新品牌学校建设展示活动。"弘美教育"办学理念及实践探索受到领导专家的一致赞誉，学校也在新品牌学校建设评估中名列前茅。更加重要的是，在学校品牌化建设发展过程中，一大批教师苏醒、追赶、体验成长与成功，获得职业发展的成就感、幸福感。"魅力教师"成长永远在路上。

第四章　培育俊美学子

习近平总书记说过："教育兴则国家兴。"实现中华民族伟大复兴的中国梦，必须把教育事业放在优先位置，落实"立德树人"根本任务，办好人民满意的教育。"一年之计，莫如树谷；十年之计，莫如树木；终身之计，莫如树人。"教育无论怎样改革始终关注的是"培养什么样的人"。本书第一章也提到，办一所怎样的学校，学校怎样发展？培养什么人？用什么样的方式培养人？这是非常重要的问题。的确，一所好的学校，一定有其独特的精神追求体系，有着全校师生共同的发展愿景，有着"属我性"的校园文化。任何文化都是蕴含价值观的文化，价值观是文化的内核，因此，有何种文化，就有相应的价值观。德育就是进行价值观的教育，培养什么人，就意味着德育在学校教育中居于首要地位，这既是坚持社会主义办学性质的要求，也是推进素质教育，促进学生全面发展的需要。

可见，学校要以德育为中心开展学校教育教学工作，通过德育引导学生建立正确的人生观和世界观，发挥德育教育的支柱作用，从而协调、激励其他各种教育的正确发展。那么，优质的德育理念就是学校的核心灵魂，是学校的精神坚守阵地，也是学校的办学初心。通过坚守学校的德育理念，把学校德育特色的精神以各种形式融进师生的心灵深处，能培养积极向上的精神品质，激励并促进学生的全面发展。因此，创建并彰显德育特色是学校教育改革的突破口，也是教学质量内涵式发展的需要。

第一节　俊美学子培养目标

一、培养目标的制定依据

立德是树人的前提和基础，中华文明延续发展五千余年的历史，传统文化源远流长，积累沉淀了丰富的智慧和博大精深的思想体系。自古以来，历代教育家、思想家、哲学家关于"德"的思想源远流长，"德"在任何时代都占有十分重要的地位，如孝悌忠信、礼义廉耻、仁者爱人、自强不息等思想深深扎根在人们心中。并且，中国教育历来强调德育为先，《周易》有云："刚柔交错，天文也；文明以止，人文也。观乎天文，以察时变；观乎人文，以化成天下。"①"修身、齐家、治国、平天下"更是表明了人格修养的重要性。

《中国大百科全书·教育卷》释文："德育：教育者按照一定社会或阶级的要求，有目的、有计划、有组织地对教育者施加系统的影响，把一定的社会思想和道德转化为个体意识和道德品质的教育。"②

新中国成立后，一直坚持了德育首位论。1957 年，毛泽东同志在《关于正确处理人民内部矛盾的问题》中指出："我们的教育方针，应该使受教育者在德育、智育、体育几方面都得到发展，成为有社会主义觉悟的有文化的劳动者。"③

21 世纪以来，德育更是受到了前所未有的重视。2000 年 12 月 14 日，中共中央办公厅下发了《关于适应新形势进一步加强和改进中小学德育工作的意见》，强调"必须坚持把学校德育工作摆在素质教育的首要位置，树立育人为本的思想，将'思想政治素质是最重要的素质'的要求

---

① 李金龙主编：《周易全书》，辽海出版社 2015 年版，第 426 页。
② 《中国大百科全书·教育卷》，中国大百科全书出版社 1985 年版，第 59 页。
③ 《毛泽东文集》第七卷，人民出版社 1999 年版，第 226 页。

落实到教育工作中的各个环节"。党的十六大报告指出："全面贯彻党的教育方针，坚持教育为社会主义现代化建设服务，为人民服务，与生产劳动和社会实践相结合，培养德智体美全面发展的社会主义建设者和接班人。"

2010 年，《国家中长期教育改革和发展规划纲要（2010—2020 年）》提出坚持"德育为先，能力为重，全面发展"的战略主题，基于此，在党的十八大报告中把"立德树人"作为教育发展的根本任务。①

2017 年，教育部印发了《中小学德育工作指南》，成了中小学开展德育工作的基本遵循，同时也是各级教育行政部门管理、督导、评价中小学德育工作的重要依据。《指南》强调，应构建德育工作的"一个体系"。着力构建方向正确、内容完善、学段衔接、载体丰富、常态开展的德育工作体系，不断完善德育工作的长效机制，大力促进德育工作的专业化、规范化、实效化，全面提高中小学德育工作水平。深化德育工作的"两个结合"。根据德育工作的特点，坚持教育与生产劳动、社会实践相结合，学校教育与家庭教育、社会教育相结合，形成德育工作的合力。抓好德育工作的"三个关键点"。从学生的成长规律出发，德育工作要以培养学生良好思想品德和健全人格为根本，以促进学生形成良好行为习惯为重点，以落实中小学生守则为抓手。坚持德育工作的"四个基本原则"。一是坚持正确方向。加强党对学生的领导，全面贯彻党的教育方针，坚持社会主义办学方向，牢牢把握思想政治和德育工作的主导权。二是坚持遵循规律。要符合学生年龄特点、认知规律和教育规律，注重学段衔接和知行统一，强化道德实践、情感培育和行为习惯的养成，努力增强德育工作的吸引力、感染力和针对性、实效性。三是坚持协同配合。发挥学校主导作用，引导家庭、社会增强育人责任意识，提高对学生道德发展、成长成人的重视程度和参与度，形成学校、家庭、社会协调一致的育人合力。四是坚持

---

① 李翔：《〈公民道德建设实施纲要〉颁布以来的理论与实践评析》，《道德与文明》2014 年第 2 期。

常态开展。推进德育工作制度化常态化，创新途径和载体，将德育工作要求贯穿融入到学校各项日常工作当中，努力形成一以贯之、久久为功的德育工作长效机制。我们德育工作绝对不能仅仅限于德育课程，要发挥德育课程的主阵地作用，同时要形成全员育人、全方位育人，融入到学校教育教学的各方面工作当中去，落在细微之处。明确德育工作的"五项主要内容"。根据学生年龄特点、认知能力和教育规律，《指南》提出了分层次的德育目标，既强调德育工作的针对性，又突出德育工作的有机衔接和逐级递进。按照这样的目标设计，《指南》明确将理想信念教育、社会主义核心价值观教育、中华优秀传统文化教育、生态文明教育、心理健康教育作为德育的主要内容。

这一时期，伴随着各行各业的迅猛发展，国家和社会对人才的需求与日俱增，正如习近平总书记所说："当前我们国家比历史上任何时期都更加渴求人才。"而新时代背景下，"人才"有了新的时代内涵。党的十八大以来，以习近平总书记为代表的党中央多次强调教育要坚持"立德树人"，以德为先，更提出要把立德树人作为教育的根本任务，表明教育要为国家和社会培养出一批批德才兼备，德、智、体、美、劳全面发展的社会主义建设者和接班人。更加证明，德育至关重要，只有德才兼备、全面发展才是新时代社会主义事业发展真正需要的人才。

二、培养目标的形成过程

(一) 培养目标的历史沿袭

首都师大二附中有着五十多年的办学历史，在被承办之前的校训是"以学为本、树德立人、养新育智、创新发展"，也深含了德育底蕴和时代眼光，但是，从育人目标来说，稍显笼统且缺乏特色。因此，我们要从原有的文化印记中继续提炼育人特色，在后续不断的育人实践中打造有新气象的精神家园。

（二）培养目标的形成基础

1. 培养目标的提炼方向

一个好的培养目标，一定要有顶层设计。为社会培养什么样的人才，这是学校首先要解决的问题，也与学校自身定位息息相关。这些都要求教育管理者要认真梳理学校特色，整体把握校内外资源。

同时，教育既要面向现在，又要面向未来。世界时刻都在变化，教育也要随着国家发展的需要、社会发展的变化培养合适的人才。这就要求教育管理者要立足当前、展望未来，制定适当超前的人才发展目标和发展战略。通过这样的目标导向形成共同价值观基础，达到目标行为，让全校师生更加凝聚力量，产生强烈的责任感，引领全校师生朝着同一个目标共同努力奋斗。

提炼育人目标，还要注意实效性，理念不能停留在空中楼阁阶段，而是要贯彻落实到小处、细处。实践是检验真理的唯一标准，只有通过不断地实践，才能检验出是否符合实际情况，通过不断地检验修订形成正向反馈，从而产生工作实效。虽然育人理念有共性特点，但是不同学校有不同的发展历程和外在环境，最终形成具有本学校特色的培养目标。

2. 培养目标的文化基础

学校的文化建设为学校育人目标的提出提供了价值方向。习近平总书记曾指出"培养什么人，怎样培养人，为谁培养人"是根本性问题，办学理念首先要回答的是"培养什么人"，归根到底就是德育教育的问题，学校德育教育就是围绕这一根本性问题而开展。培养什么人直接关系到办什么样的学校，怎样培养人直接关系着怎样办学校，为谁培养人直接关系着学校的使命，这些问题指导着学校办学方向的制定，培养目标的确立，教学模式的形成，是一所学校的根本宗旨和灵魂。

同时，学校的文化建设为学校的育人目标提供了行动指引。设定育人目标和开展德育教育不能天马行空，随心所欲，而要在学校的整体价值观指导下开展。不同的学校有不同的文化氛围，不同价值引领就有不同的德育教育侧重点，也会形成不同的德育实践和德育特色，还能为德育特色的形成提供品牌支撑。德育特色的创建会推动学校办学质量的不断提高，学校质量的提高又会反过来不断凝练育人理念，又能进一步推动德育特色的形成和教学质量的特高，从而逐渐形成学校的办学品牌。

那么，俊美学子培养目标的形成，自然离不开我校的特色教育理念"弘美教育"。"弘美教育"提出的渊源，就是从学校办学实践线索切入，在尊重和延续首都师大二附中的历史和传统，不断裂、不隔断、不偏离及符合学校发展事实和文化实践的基础上，经过多方访谈、调研，采用倒推法，提出了"弘美教育"这一核心词。这样的文化理念不是外部赋予的，而是根植于学校、从实践中生长出来的、真正符合学校特点的。

首都师大二附中"弘美教育"是以"立仁弘美"为核心价值观，办学目标是立仁书院，弘美花园，立仁书院与依于仁、志于学相联系，弘美花园与游于艺密切相关。立仁书院表明"立德树人"的教育目的和弘美以树德为先的含义。弘美花园，弘扬美的花园，把花园村中学的回忆和历史勾连起来，回应学校的历史。

3.培养目标的形成过程

学校自 2014 年初被承办之后，多次组织干部、教师讨论办学核心理念问题。经过一年的磨合和北师大张东娇教授的助力，首都师大二附中学校文化建设方案出台，自此，学校文化建设步入了崭新轨道。

与此同时，育人目标的形成也经过了广泛征集—集中整合—分散讨论—修订确立这四阶段。第一阶段的"征集"分为学生线、教师线、家长线三条脉络，各班级召开班会，同学们发挥主体意识，谈出每个人心中认为最重要的发展品质，班级汇集出核心词汇；各年级组的教师积极讨论，谈一谈学校在此时这样的发展阶段，我们认为学校的育人目标该是什么；家长们建言献策，说一说希望学校把学生培养成什么样的人。有了全校师生和广大家长的建议后，德育处组织年级组长、班主任、部分教师做初步的建议梳理整合。整合后的目标进入行政会进行讨论，讨论后的文本再次返回到学生、教师、家长手中进行意见征集，最终由行政干部和专家团队确定。

（三）培养目标的最终确立

《论语》中，孔子与学生论述，"志于道，据于德，依于仁，游于艺"。"艺"指各种本领和技能，做多种解释，包括了艺术的、体育的、劳动的。"游于艺"以"志于道，据于德，依于仁"为前提条件，不然"艺"就缺乏根基，这恰好支持了美的前提是善。《礼记·中庸》记载，孔子对鲁哀公说："仁者人也，亲亲为大"。许氏说文依此解释："仁，亲也，从人从二"。段氏引郑康成注，以"人偶"释仁。人偶就是二人，因为一人不能成偶，偶则相亲，相关痛痒，所以仁字从人从二。人最亲近的就是父母，所以亲亲为大。把亲亲之道推到社会，则社会便有仁风。仁如果实的核仁，负有生生不已的使命，所以孔子教育以仁为本。第二个依据，孔子有言，"吾十五有志于学，三十而立，四十不惑，五十而知天命，六十耳顺，七十从心所欲，不逾矩"。

把两个依据相结合，重新组合，取己所需，就形成了学校的核心价值观和校训。保留"依于仁"，符合美即是善，也符合教育对德性的要求。从"十五有志于学"中提取"志于学"，形成"依于仁，志于学，游于艺"。德性、学问、技能全有了，符合教育目的要求。美以德性、学问和技能作为前提。

最终，学校的育人目标定为：培养"依于仁、志于学、游于艺"的俊美学子。"俊美"是"依于仁、志于学、游于艺"的结果呈现。"依于仁"重在价值观引领，心系家国天下，有着责任担当，奉献社会，关爱他人。"志于学"重在完善自身，学会学习是学生未来堪当大任的必要条件。"游于艺"重在实践技艺，德智体美劳全面发展，并且学有所长。"依于仁，志于学，游于艺"三个维度，依托于"弘美教育"理念，又共同支撑起"弘美教育"，既保留了原校训的大部分精髓，又使特色更加明显，是学校文化的一部分，符合学校的文化理念和价值追求。

具体操作来看，可分为"立仁"课程（思想品德类）、"志学"课程（学科知识类）、"游艺"课程（广义的艺，包含艺体、劳动、科技的多种技能，社会实践类也可纳入）。这是将文化的分类与三级课程管理的分类（国家、地方与校本课程）高度结合。课程名称与育人目标中三个定语的称谓及内涵具有一致性。

第二节　俊美学子成长路径

习近平总书记强调，一个国家、一个民族的强盛，总是以文化兴盛为支撑的。没有文明的继承和发展，没有文化的弘扬和繁荣，就没有中国梦的实现。可以说，德育就是在学生接受社会主流文化的过程中形成的，是个人接受社会规范、行为准则、价值观念等文化传统的社会性过程，也是文化从一代人传递到另一代人的潜移默化过程。因此，重视学生的德育，是学校教育的重要使命。

一、俊美学子成长路径的探索

（一）政策依据

《中小学德育工作指南》中提出创新德育工作的六个实施途径。一是课程育人。从严格落实德育课程、发挥其他课程德育功能、用好地方和学校课程等方面，强调发挥课堂教学在育人中的主渠道作用。二是文化育人。从优化校园环境、营造文化氛围、建设网络文化等方面加强校园文化建设，让校园处处成为育人的场所，发挥校园文化育人的作用。三是活动育人。利用节庆纪念日、仪式教育活动、校园节（会）、团队活动等，开展形式多样、主题鲜明的教育活动，以鲜明正确的价值导向引导学生。四是实践育人。通过开展各类主题实践、劳动实践、研学旅行、志愿服务等，增强学生的社会责任感、创新精神和实践能力。五是管理育人。推进学校治理现代化，从完善管理制度、明确岗位责任、加强师德师风建设、细化学生行为规范、关爱特殊群体等方面将中小学德育工作贯穿落实到学校管理的细节之中。六是协同育人。加强对家庭教育的指导，构建社会共育机制，争取家庭、社会共同参与和支持学校的德育工作。

（二）理论支撑

1.德育管理

管理是为达到一定目标对一个系统的固有资源进行整合，通过计划、组织、协调、控制、评估等职能，注重绩效的一系列行为。关于德育管理，德育是比较复杂的一种社会活动，其复杂性要求对其进行管理才能保证德育的实效性。学者对德育管理的认识很多，有学者认为："学校德育管理是根据一定的德育目标，通过决策、计划、组织、指导和控制，有效利用德育的各种要素，以实现培育人的学校管理活动。"[1] 也有学者认为："中小学德育管理是学校管理者通过对学校德育各要素实施组织、协调、指挥、控制，以保持德育各要素的适度状态和良好地运转机能，从而有效地完成现代学校德育任务的活动。"[2]

根据对德育管理自身的分析，德育管理做如下界定：在一定的社会条件环境下，根据德育的目标和性质，通过决策、计划、组织、协调、控制、评价，有效地组织利用各种德育要素，形成德育合力，增强德育实效性，以实现育人目标的学校管理活动。在这一定义中，着重强调以

---

① 鲁洁、王逢贤主编：《德育新论》，江苏教育出版社 1994 年版，第 390 页。
② 屠大华：《中小学德育管理》，东北师范大学出版社 2000 年版，第 23 页。

下几方面内容：第一，德育管理是一种教育活动，是一个实现育人目标的过程，它不同于其他的社会实践活动；第二，德育管理是一种提高德育实效性的特殊的教育管理活动，它以一定的目标为导向，对德育工作进行决策、计划、组织、协调、控制、评价，利用诸多要素形成德育合力的实践活动。

2.人本化德育

从古希腊时期，苏格拉底创立了"苏格拉底法"，他的"助产术"突出体现了学生是教育主体的人本思想。到 20 世纪中叶西方国家开始从"人本主义"（人本化）的视角来研究德育，一些著名学者倡导人本主义德育，认为德育就是培养自我实现的完人，尊重人的需要、提倡个人价值的实现。比如，美国人本主义心理学家马斯洛提出需要层次由低到高，从最低级生理需要到最高级自我实现，目的是培养学生试图观照人的自由、促进学生的自我实现。罗杰斯认为，真正的德育应该"以学生为中心"，教师只是"促进者"，而不是权威，这样才能培养"完整的人"。[①] 日本设立"修身课"德育课程，内容涵盖个人修养、人际交往、社会公德这三个方面。后来以《学习指导要领》为基础通过整体教育活动进行全面主义德育，在"道德时间"进行德育指导，注重培养基础及个性、能力，在推进德育上谋求贯彻"德育实践指导"。到后来修订为关爱他人及贡献社会的精神、培养个人尊严、自律、自我控制，注重个性发展，与他人共存、宽容异己等方面的内容。[②]

从德育的本质上讲，人本化的德育是本真意义上的德育，即以现实的人为出发点、以人文关怀为主旋律、以提升人的德性为落脚点的德育。[③]陈范华的《德育的人性化》认为尊重主体的地位，承认个人存在的教育价值观，让每一个个体在教育中都能受到充分的尊重和有自主抉择的可

① 车文博：《人本主义心理学》，浙江教育出版社 2003 年版，第 449 页。
② 朱永新：《日本教育的问题与前瞻》，《外国教育研究》1993 年第 1 期。
③ 黄向阳：《德育原理》，华东师范大学出版社 2000 年版，第 11 页。

能性。① 班华教授在《"主体——发展性德育"的命题》一文中，对人的主体性进行分析后，认为："现代德育是以人为本的德育，就是要突出人，突出主体，突出主体的发展，促进人的革命"②。王建敏教授在《道德学习论》一书中提出了"德育人本化"的概念，认为德育人本化"作为一种教育理念，它正在引领着当前整个学校德育改革的潮流"③。"人本化"德育以促进人的全面发展为最终目的，以培养出符合现代道德标准的人为宗旨，以"人本化"为理念贯穿于整个德育过程之中。强调以学生实际需求为基础，注重学生的实践性，以学生为主体，采用灵活多样的教学方法的德育。罗利建在《人本教育》一书中提到以人为本的教育就是要把人真正当人，确立以人为本的目的教育，只有这种教育，才能使人的潜能的开发、能力的发展和个性的张扬作为教育的根本目标。④

综上所述，我们可以看出人本化德育的基本内涵包括：以人为中心，顺应人性，尊重人，关心人和发展人的教育；以培养出符合现代道德标准的人为宗旨；以人本化的方式教育学生，以培养道德健全的学生；以学生为主体，全面开发学生的潜能，为学生提供有德育价值的服务与指导。那么，人本化德育管理就强调人文关怀，重视激发人的潜能培养，尊重学生的个体差异。

3. 多元智能理论

美国哈佛大学的加德纳博士于 1979 年参与了该校教育研究学院的"零点方案"，并在之后撰写了《智能的结构》一书，在该书中加德纳博士首次提出了"多元智能理论"这一概念。该理论指出人类的智能不是单一的，而是多元化的，由语言、逻辑—数学、音乐、空间、身体—动觉、人际、自我认知、自然智能在内的八种智能构成。强调智能平等观、

① 陈范华、何再见：《德育的人性化——以德育人的有效途径探索》，《西南民族大学学报（人文社科版）》2003 年第 7 期。
② 班华主编：《现代德育论》，安徽人民出版社 2004 年版，第 67 页。
③ 王健敏：《道德学习论》，浙江教育出版社 2002 年版，第 205 页。
④ 罗利建：《人本教育》，中国经济出版社 2004 年版，第 23 页。

差异观和发展观，应该关注谁在某个领域、某个方面更擅长或这个人的智能组合更优化，最有效的培养学生的方法是为他提供一个可以尽情施展其优势智能和智能组合的方式，让他获得自信和快乐。帮助学生发现自己的智能强项，并创造机会让学生的强项智能去带动学生的弱项智能的发展，在这个扬长带短的过程中，让学生不断寻找自己继续发展的信心，建立完善的人格品质。在此过程中，每个学生都知道他自己的"闪光点"，并在学校中能够寻找到适合于自己的教育方式。要求教育者要以发展的眼光看待每个学生的智能，改变单一的评价方式，引入"多元评价"。

同时，多元智能理论强调情景观。加德纳写道："智能是取决于个体所存在的文化背景中已被认识或尚未被认识的潜能或取向。"[1]因此，智能的发展离不开个体的环境。这就需要学校在确定德育目标的时候，要根据学生年龄的特征进行分阶段设定，并且要在充分了解学生特点的情况下，结合德育目标，鼓励教师发挥自己特长开发出丰富多彩的课程，通过校本课程与国家课程的结合，对不同的学生做到因材施教，以此不断培养学生的"非智力因素"。并在不同的课程中，运用不同的教学方法，使得学生能在相关的情景中更容易获得成长。

由此可以看出，多元智能理论的运用，既是发展学生智能的过程，也是培养学生良好品德的过程，两者是不可分割的一个系统。人际交往、自我认识和真、善、美的教育不仅仅可以从德育的角度进行思考，还能从智能的角度进行分析。就像加德纳强调的，在发展学生人际交往智能的同时，要重视学生道德思维能力的培养，促进学生的道德发展。他认为应该结合学生的生活实际，从细微处发展学生尊重他人、互助友爱等良好品质。多元智能理论中智慧与道德的共生观点，为当今的德育管理提供了一个新的思路。

---

① ［美］霍华德·加德纳：《多元智能》，沈致隆译，新华出版社 2004 年版，第 236 页。

4.激励理论

激励理论属于管理心理学的范畴。它指的是通过特定的方法和管理体系，将组织成员对组织及其工作的承诺最大化的过程。早期的激励理论是关于如何满足人的各种需要、调动人的积极性的原则和方法的概括和总结，其代表是马斯洛的需要层次理论。当今激励理论的代表主要有赫茨伯格的双因素理论、亚当斯的公平理论、弗鲁姆的期望理论和目标设置理论等。激励理论的特点一方面是通过处理需要、动机、目标、行为的相互关系持续激发人的动机，充分发挥人的智力效应和情感效应，挖掘人的潜能；另一方面是以一定的行为规范和惩罚性措施，借助信息沟通，来激发、引导、保持和归化组织成员的行为，支配组织内成员的行为趋向于组织目标。它还告诉管理者为什么业绩评价能促进组织效率的提高，以及如何业绩评价，建构什么样的业绩评价机制才能提高组织管理效能。

德国教育家第斯多惠曾说："教育艺术的本质不在于传授的本领，而是激励、唤醒和鼓舞。"激励的德育价值体现在激励不仅能激发人的动机和积极性，增强人的自信心，帮助人们不断自我超越、奋发进取；激励也能帮助一个组织注入活力机制，形成一个共同体提高组织活动效率，因此，它也成为现代德育管理的有效原则。

（三）初步改变

自 2014 年初首都师大二附中被首都师大附中承办之后，阮翠莲校长对学校德育特别重视，由于坚定的教育理念和浓厚的教育情怀，校长特别希望每个学生都能成为更优秀的自己。同时，作为有着多年教学和德育工作经验的教师，校长对学校德育抱有很大的期望，也提出一些相对成熟的建议。

通过与之前学校德育工作经验的梳理和分析，我们总结出，学校前期德育工作的优势有：学校对德育工作重视程度很高；有责任心很强的班主任、任课教师队伍；学生认真踏实、积极向上、文明素养很高；校风良好，在区域内有很好的口碑。同时,德育工作也存在一些不足:顶层设计上缺少德育名片;没有固化的、全面的德育课程体系;以年级、班级开展的德育活动较为零散,从学校整体视角设计的、可传承的、有亮点的系列精彩活动不多。

接下来的两年时间里,我们主要以兴趣德育为切入点,大力开展学生活动。兴趣德育的原则就是把道理融进生动的活动中,把要求写进无限的兴趣里。仅以 2015 年为例,一年里,德育处共开展了百余项活动。活动主题明确、形式多样,极大地改变了以前德育活动不够丰富的情况。

每一个活动,都是部门人员集中头脑风暴进行前期策划,然后每人明确分工定位,参与过程实施,盯好每一个细节,活动结束后发布新闻,收集教师和同学意见进行总结和反思。虽然工作量加大了,大家更辛苦了,但是看到学生们脸上的笑脸,知道他们是那么喜欢在学科课程之外能够参加校园活动,听家长说学生每天特别爱来学校,觉得校园生活丰富多彩,我们感到特别欣慰。并且还有更多的学生在活动中展露出很多学科教师没见过的另一面,他们或在演讲时自信的侃侃而谈,或做出严谨的表格、精彩的视频,或当着志愿者充实地忙前忙后,或发挥商业天赋经营学生公司……如果我们真的心里有学生,以学生为本,就该做这样的德育教育,让每个学生都有机会在校园搭建的多彩舞台上盛放。

二、俊美学子成长路径的实施

时间走到 2016 年,《首都师大二附中学校文化建设方案》全面出台,学校核心价值观为"立仁弘美",办学目标是"立仁书院,弘美花园",意即传播爱的书院、弘扬美的花园。"弘美教育"成为首都师大二附中的文化标签。办学目标确立后,育人目标随之明确,培养"依于仁、志于学、游于艺"的俊美学子,我们开始着力打造"立仁弘美"德育课程体系。学校的育人目标根植于历史,继承于传统,提炼于集体,终究还要检验于实践。课程是教育运行的手段，没有课程，教育就缺少了用以传达信息、表达意义、说明价值的媒介。

（一）依托育人目标，打造德育课程体系

首先，德育处组织年级组长和班主任进行讨论，制定各年级育人培养目标，如表4-1所示。

表4-1　年级育人目标

年级	育人培养目标	德育主题词	德育活动要点
初一年级	身心健康、友善乐群、积极明理	自律	学生集体、责任意识培养。培养方法思路：指导学生认识自我，确定合理发展目标。
初二年级	自主自尊、乐观自信、坚毅会学	自主	学生自主、创新意识的培养。培养方法思路：指导学生同伴互助，为学生个性化发展搭建平台。
初三年级	自强自立、勤学好问、善于合作	自立	学生责任、目标、竞争意识的培养。培养方法思路：指导学生自我合理定位，开展学生间的良性竞争。
高一年级	品德高尚、思想通达、善学乐学	成长	学生集体、责任意识的培养。培养方法思路：指导学生认识自我，确定合理发展目标。
高二年级	有礼、有德、有能；乐争、乐艰、乐学	成熟	学生自主、创新意识的培养。培养方法思路：指导学生同伴互助，为学生个性化发展搭建平台。
高三年级	实现梦想、成功走向未来	成功	学生责任、目标、竞争意识的培养。培养方法思路：指导学生自我合理定位，开展学生间的良性竞争。

随后，德育处成立了"立仁课程"开发工作组，成员为年级组长、班主任、学生代表、家长代表、艺术体育科技教研组等，筹备课程实施管理机制，围绕年级育人培养目标，综合前几年的德育实践活动经验，初步搭建德育"立仁课程"体系。力求从学校角度进行整体设计，按照德育目标分类，分为"规则与修养""意志与责任""智慧与创新"三大类，贯通各

年级实践课程。

2017年，经过领导干部、全校班主任的几轮讨论之后，我们认为，德育课程不能仅是实践课程，它更应该是"学生文化"发展目标体系、学生培养体系和发展实践体系的综合，应突出学生社会主义核心价值观的培养，努力使学生发展成为富有仁爱之心、家国情怀、志向远大、学业精湛、全面发展的俊美青年，使育人目标落地生根。

所以接下来我们聚焦学生发展核心素养，充实了俊美内涵，从原来的"规则与修养""意志与责任""智慧与创新"三大类拓展为理想信念、品格养成、文化求知、身心健康、责任担当五大类，这五方面就分别对应了"志美""行美""学美""心美""立美"的俊美内涵。每一种内涵都有核心词和释义词，分别选取了符合寓意的花语。建立适宜学生发展的课程实施资源库，增强学生创新精神和实践能力。并设计基础通修课程、拓展延伸课程、融合进阶课程三级课程实践体系，分级落实学生发展目标。同时，每一级课程都对应了校园行为评价标准，紧密结合了"校园之星"的选拔和表彰。

"立仁弘美"的德育课程，紧密围绕学校办学理念和育人目标，立足本校资源和教育环境，以核心德育课程和不同模块课程进行模块化组合设计，为学生发展提供了多样化的选择。同时把德育特色课程开发作为德育特色创建的突破口，从而形成学校德育建设的特色。

（二）引入管理策略，健全绿色评价体系

学校的全员德育意味着德育不是一部分人的事，人人都是德育工作者，德育应成为每个教育工作者的自觉行为。并且，教育过程中处处有德育，德育无处不在，德育无处不为，那么有序的德育管理就非常必要。

《国家中长期教育改革和发展规划纲要（2010—2020年）》也提出，学校对学生的培养不能单一，应该更加的多样化，不同特长的学生都能在学校中找到适合他的发展，学校要创造适合创新型人才成长的环境。学校

的教育应符合不同阶段学生的心理特质，通过不断创新教育与教学的方法，建立多元的评价方式，最终形成每一个学生的潜能都被激发的局面。

所以我们从管理育人的角度，着手健全学生、教师、班级等多维度的绿色评价指标体系，强化过程动态评价，发挥评价的正确导向作用。

2017—2018年这两年时间，我们完善了德育课程和一系列评价体系，学校的德育建设井然有序、蒸蒸日上。学生们自主管理能力强，自我发展需求高，在学习、艺术体育科技特长以及志愿服务工作等多方面都取得了傲人成绩；班主任团队业务精湛、责任心强，教育理念与时俱进，人人都在向教育家的方向努力，也涌现出了有独特个人魅力和带班方法的优秀班主任代表；学校里的任课教师们觉得现今的学校德育教育主题明确、内容广泛、形式新颖，他们也非常愿意参与其中；家长们对学校的赞美更是不胜枚举，认为学校从普通的传统校发展至今，抓住了教育的上升期和飞跃点，用几年时间变成区域热点名校，赞不绝口……德育人尝到了变革和进步的"甜头"，在这条路上越走越有"滋味"了！

三、俊美学子成长路径的完善

（一）注重协同育人，拓展德育空间

在学校的德育工作中，除了学生和教师，还有一个极其重要的群体就是家长。苏霍姆林斯基就曾说过："教育的完善，并不意味着家庭作用的削弱，而是意味着家庭作用的加强，只有在这样的条件下才能实现和谐的全面发展。"[①]

首都师大二附中的德育工作一向重视家校协同育人，坚持"以同向为目标"的原则，充分发挥学校在家庭教育中的优质作用，利用学校主阵地

---

① [苏] 苏霍姆林斯基：《教育的艺术》，肖勇译，湖南教育出版社1983年版，第127页。

和主课堂，努力开创家庭教育新局面。在家长学校工作中，采取"开放、民主、主体、创新、生活化、个性化"的新模式，在目标上尊重个体差异，内容上重视民主法制精神教育、心理健康教育和环境道德教育，方法上注重更新家庭教育观念，构建民主平等的亲子关系，尊重学生家长，着重培养家长的育人能力。从目标、内容、途径、方法上加大改革的力度，家长学会培养学生独立、自主、健全的个性和自我管理能力，充分尊重和信任学生。同时还经常开展家庭教育的体验活动，使家长、学生愉悦地获取知识，并通过角色体验，唤醒学生的自我意识，培养学生的实践和创新能力，激发其内在潜能，促进家庭教育不断发展。

我们的协同育人工作特色就是多种要素有机结合，构建家庭教育网络，拓展德育空间。

1. 在家委会制度方面，充分发挥家长委员会的职能和作用

（1）家长委员会协调、参与学校管理，商讨家庭教育指导的措施和方案。听取学校工作情况，了解各项规章制度，督促学校教育教学的规范运作，向学校提出合理化意见和建议，商讨问题解决的方法，加强沟通和交流。

（2）利用多种渠道，传授家教知识。请富有家教经验的家长现身说法，介绍家庭教育经验，交流教育信息，使家庭教育与学校教育同步协调，形成合力。在学校校园网开设《家长论坛》，约请在家庭教育方面卓有成效的家长撰写文章，交流教育经验，互相借鉴探讨，共同提高家庭教育指导水平。

（3）关心校园安全，共建防范体系。家长委员会将定期、不定期地检查学校各项安全防范措施的落实情况，及时向学校反馈安全隐患以及可采取的措施，并尽可能为校园安全提供必要的帮助。

（4）监督依法办学。家委会可对学校下列工作的实施加以监督：办学方向、教育理念、办学章程、教育教学行为、规范收费、招生入学以及后勤服务等，确保学校办学公平、公正、公开。

（5）搭建沟通平台。建立了家校工作建议箱，该箱由学校制作，由家长委员会负责，及时将建议和意见加以汇总。针对性提出建议，提请校方予以考虑；而教师需要家长配合的建议和意见也加以汇总提请家委会加以考虑、配合。

（6）参与学校文化活动。家长委员会尽可能组织学生家长积极参与学校举行的校园文化活动，并在可能条件下为学校开展活动提供帮助与支持，如文化艺术节、体育运动会等重大活动。

2. 在实施方面，我们坚持专家讲座、课堂教学、实践活动多种形式并举，努力做到"六结合"

（1）家庭教育与校园文化活动相结合。开展丰富多彩的活动，寓教于乐，提高家长对家庭教育知识的兴趣和学习的积极性。一方面，充分运用学校家庭教育园地、健康教育园地、班级宣传角、橱窗、墙报、标语、主题班会；另一方面，进行校园开放日活动，请家长走进校园亲身参与学校各项活动，有力地促进了家校合作的进行。如开展"感恩节"家长、学生互动表演活动，以及整合家长资源，组织学生进行社会调查，引导学生自行组织各种活动和社团。

（2）家庭教育与课堂文化教育相结合。把家庭教育内容列入学校教育计划，作为家长必修课内容。每月上一次家教知识课，同时将家庭教育内容渗透到常规的家长会中，例如，小升初衔接教育之《走进初中，与青春期孩子共学习共成长》；青春期教育之《青春期亲子沟通与情绪管理》；高考毕业励志教育之《绘制蓝图，脚踏实地，科学助考》等。

（3）家庭教育与法制教育相结合。一方面，把法制教育融入到学生的日常行为规范教育中，使学生在日常行为中接受法制教育。另一方面，聘请法律专家为家长和学生上法制课，制定各种规章制度，开展法制专题讲座。把家庭教育工作纳入到法律的轨道上来。

（4）家庭教育与心理健康教育相结合。心理健康教育和青春期教育是培养健全人格的现代教育的重要内容。学校开设心理健康专题讲座，聘请心理健康专家讲座，每学期每年级组织家长、学生的心理讲座不少于 2 次。如初二年级开展了主题为《如何与孩子建立亲密关系》的家长心理讲座，带动家长从了解青春期的思想变化开始，逐步明确为什么孩子进入青春期后，会在行为、举止上以及与家长的相处上有如此大的变化。与此同时，引导家长了解构建亲子关系的密码，从而协助学生顺利地度过青春期。初一年级开展了主题为《初一新生面临的挑战及学业应对》的家长心理讲座。专家从初中生需要培养的能力、了解青春期的特点、如何提高专注力、如何与学生沟通学习问题等各个方面为家长提供了广泛与专业的指导。

（5）家庭教育与师德教育相结合。我们在教师中努力创新家教理念，创建家教机制，营造学习家庭教育知识氛围，建立学习网络。建立健全《教师家庭教育档案》，对家庭教育情况进行跟踪考核随时掌握教师水平、发展方向等方面的基本情况，产生的思想问题。

（6）家庭教育与环境教育相结合。现代家庭教育的范畴从人与人、人与社会的关系拓展到人与自然的关系，进行环境家庭教育是学校家庭教育的新的内容。每年结合植树节、地球日、世界环境日和世界无烟日开展活动，创设家庭教育情境，使学生受到教育和熏陶。如世界环境日，我们请环保部门的专家到校作报告、观看环境教育录像片，并邀请家长一起参加，唤醒人们的环境保护意识。我们组织学生，进行环境调查，特别是家庭教育环境的调查，增强家长、学生的环境意识。世界无烟日，我们召开"吸烟有害健康"主题班会，使学生认识到吸烟对健康和环境的危害性。并邀请家长与学生合力制作环境手抄报、插花、手工艺品等，使学生在亲身实践中，进一步认识人类与自然的关系，提高学生与家长的相互监督、督促作用。创设好的家庭教育情景，营造浓厚的家庭教育氛围，使学生在良好的家庭环境中受到熏陶。

以 2018—2019 学年度开展的讲座主题为例，可以看出讲座主题丰富，结合完备：尊重学生发展的独特性——关于开发学生优势智力领域的话题；独立的人，才能自立于社会——关于培养学生独立性的话题；你选择了诚信，成功就会选择你——关于培养学生诚信品质的话题；宽阔的胸怀是魅力的源泉——关于培养学生大气气质的话题；垒实学生道德的基石——关于培养学生同情心、爱心的话题；用无声的语言沟通人心——关于培养学生礼仪素养的话题；学会"渔"比拥有"鱼"更重要——关于培养学生学习能力的话题；健康的心理是成才的保证——关于培养学生健康心理的话题；知"性"的学生懂生活——关于培养学生性健康的话题；为学生的成长保驾护航——关于培养学生安全防范能力的话题；教育氛围无声胜有声——关于学生成长环境营造的话题；民主、平等、尊重、欣赏——关于建立和谐亲子关系的话题。

同时，随着现代科技的发展，我校致力于开发各种线上资源，如利用微信公众号等媒介开展家校育人的新举措，在原有基础上完善家校育人的途径和方法，以提升教育品质和教育效果。2018 年，我们与佐心家长学习中心心连心手牵手，共同开展主题为"基于学生核心素养发展的家长学习项目"。合作项目包括学生心理测评、家长以及教师群体的调研；针对青少年高效学习与核心素养发展过程中的关键问题，为家长和教师提供线上直播课，解答家长在家庭教育中的困惑；为家长、学生和教师进行现场专题培训。力争通过合作与培训学习，将心理学技术与方法应用在班级管理过程与目标达成中，让班主任掌握心理学巧妙运用于教育教学中的技术，辅助实现工作目标。

通过构建系统的模块化家长教育体系，将家长教育以及家校协同育人工作纳入到学校教育发展体系中去，系统的提供家长在参与教育学生学习与成长过程中需要掌握的科学知识、科学理念、基本方法以及常见学生学习与成长问题的解决方法。从而提高家长教育的理论水平与实践技能，形成家校育人合力的目标。

（二）梳理活动特色，锻造德育名片

回顾学校取得新发展后这六年来的德育历程，也是走过了一条从摸索改变到成长提升的道路。所有的经验都来源于德育实践，目前可以说已经取得了不错的成效，形成了一定的德育特色。

1. 人本化：坚持人本化德育，以人为本，主体内化

正确认识德育教育的行为对象关系，坚持学生为德育主体，充分发挥学生德育主体作用。德育实践活动管理需要实现自主化，通过活动培养学生的自主意识，引领学生的主动参与和主动体验，促进学生德育活动自主管理常态化。只有学生充分发挥主观能动性，积极参与体验，才能把德育的各种规范要求转换为个人的内在要求，才能发自内心地理解认同各种德育规范并付诸行动，正确积极的价值观和健康向上的情感态度会塑造学生优秀品格，为未来的社会生活奠定坚实基础。

2. 内涵化：依托学校文化，挖掘内涵发展

学校"立仁弘美"的办学理念，就像灯塔指引着学校各方面的发展方向，"弘美"是学校的灵魂，是学校内涵发展的本质所在，真正代表着学校的生命和教育价值。德育育人目标正是依托学校文化，培养"依于仁、志于学、游于艺"的俊美学子，培养学生形成良好的价值观，心系家国天下，有责任担当，奉献社会，关爱他人；积极完善自身，学会学习；注重实践技艺，德智体美劳全面发展，并且学有特长。

3. 实践化：注重活动育人、实践育人，促进学生多元发展

知行合一，德育充分重视活动育人和实践育人。利用节庆纪念日、仪式教育活动、校园节、团队活动等，开展了多种形式多样、主题鲜明的教育活动，以鲜明正确的价值导向引导学生。通过开展各类主题实践、劳动实践、研学旅行、志愿服务等，增强学生的社会责任感、创新精神和实践能力。鲜活生动的项目具有生命力和感染力，能让学生在情景中领会德育教育理念，并在实际活动中收获感悟和反思，有效促进学生形成正确的人生观、价值观和世界观。把学生个性不同当作一种资源来加以开发，全面分析每个学生的特点，善于发现每个学生的发光点，善于调动每个学生的创造力和积极性，让每一个学生都能自信全面地成长和发展。

4.品牌化：打造精品项目，传承品牌发展

总结几年来的德育经验，在各项活动和制度中寻找主题可持续发展的、形式有亮点的、传承有价值的精品项目，予以固化和再开发，为学生的可持续发展积累经验。

第三节　俊美学子俊美形象

一、俊美学子的精彩群像

（一）志愿服务团队

学校办学理念的内涵即传播爱的书院、弘扬美的花园，那么在德育工作中我们更是紧紧围绕"仁""爱""美"，始终把学生志愿服务活动作为学生思想政治教育和未成年人思想道德建设的重要内容，在教育引导和推进开展等方面取得了良好成效。

为确保各项志愿服务工作落到实处，加强组织，加大宣传力度。每次由专人负责，通过升旗仪式、集会、广播、电子屏、宣传栏等多种途径和载体，进行广泛的思想动员，为深入开展志愿服务活动营造浓郁的氛围。

推进志愿服务规范化，规范志愿者招募环节，加强志愿者培训管理，建立志愿服务记录制度，健全志愿服务的激励机制，对优秀志愿者进行表彰，授予荣誉称号。

推动志愿服务常态化。将服务融入学生学习、生活各环节，融入校园文化建设全过程，引导广大学生主动参与到志愿服务活动中来。形成了我校三大志愿服务品牌"文明交通志愿服务队""文艺体育志愿服务队""爱心奉献志愿服务队"。"文明交通志愿服务队"每天清晨在校门前引导学生、家长和社会人士守法、自律、文明驾驶，纠正了各种不文明交通行为，有力的推动大家遵守交通规则，为学校周边创造安全、畅通的交通环境做出了积极贡献。"文艺体育志愿服务队"在每个大型展演或活动中，或化身晚会导演制片，幕后"一站式"服务；或化身科技天才，给予技术支持；或化身专业助教，负责标准评判。这些有才华的志愿者们在学校的大舞台上尽情闪耀。"爱心奉献志愿服务队"定期组织爱心义卖捐款、慰问聋哑儿童、为边疆学生捐书、为贫困地区捐献物资等活动，弘扬善、弘扬美，让每名学生都能真切体会"赠人玫瑰、手有余香"的充实和感动。

我们可以从一次"爱心义卖活动"来看一看志愿服务活动的成效。

爱是一种精神

——记首都师大二附中红十字会理事会换届大会暨爱心义卖、博爱募捐活动

6月2日，首都师范大学第二附属中学举行"红十字会理事会换届大会暨爱心义卖、博爱募捐活动"。首都师大二附中一直把红十字工作列入学校德育工作的重点内容，践行"人道筑梦"的目标，力求更好地传承红十字文化，将"人道、博爱、奉献"的红十字精神融入学校德育教育的全过程。北京市红十字会志愿服务部副处调研员、市学工委李胜华副秘书长，海淀区学工委秘书长、办公室刘东冬主任，海淀区甘家口街道办事处公共关系管理科程峰，海淀区书法教研员耿国华以及学校初一年级全体同学和部分家长、教师参加了活动。

在换届大会上，由海淀区红十字会学工委秘书长、办公室主任刘东冬为学校授红十字会会旗，校红十字会会长阮翠莲校长宣布新一届理事会成员，并向副会长韩伟、秘书长蔡彤鑫颁发聘书。阮校长在讲话中提道："首都师大二附中倡导'弘美教育'，要培养的就是'依于仁、志于学、游于艺'的俊美学子。'立仁弘美'是学校的价值观。仁，就是富有仁爱之心，美，前提条件

就是善。学校的育人目标与红十字精神相融相符。希望同学们都能够用爱心去温暖整个世界!"

接下来同学们认真观看了海淀红十字会学工委的近期活动短片,深深感受到了红十字会的力量,它帮助了海淀区那么多师生,让他们从绝境中找到希望,点燃生活下去的勇气,同学们的心灵都受到了爱的震撼!爱心义卖环节,学校采用了"拍卖会"形式开展,进行拍卖的 33 件书画作品,都是学校初中同学利用美术课、选修课、社团活动创作的。反映了青春少年真实的思想和生活,所描绘的形象对周围的人和社会具有积极的意义和影响。现场还有一位特殊的嘉宾,她就是首都师范大学美术学院的马宝霞老师,同时也是首师大二附中初一 13 班的一位同学家长。她也带着自己的 3 幅画作来到了现场,希望为海淀区教育系统做出一份贡献。在严肃而又活跃的现场竞拍过程之后,同学们自愿将拍卖所得款项以校红十字会名义捐献给海淀区红十字会博爱募捐账号,善款用于我区教育系统因重病致使生活困难的师生人道救助事业。市区红会领导为拍卖成功的同学们颁发了"爱心大使"证书。拍卖活动中,学校的书法社团、绘画社团、现场书法秀、歌舞,以及初一 10 班全体同学也用手绘文化衫表演等艺术形式宣传了红十字精神,将博爱的力量传递到每一个师生的心中。

市红十字会学工委李胜华秘书长向同学们介绍了红十字会的起源和历史,对学校换届选举表示祝贺,并对学校此次活动的形式和意义表示高度肯定,他认为每一个人的成长都离不开爱与被爱,期望同学们能够充满爱的责任感!

区红十字会学工委刘东冬秘书长赞扬了在场的每一位同学、家长和老师,认为二附中每一位学生都能在爱的氛围中快乐成长,是一件特别幸福的事!认为此次活动走在了海淀区学校红十字会工作的前列，希望以后学校能够把这样的活动常态化、传承化，让爱传播得更久、更远！

艺术作品也许有价，但爱心无价！这是一次美的体验，这是一次美的创造，这更是一次美的奉献！在这阳光灿烂的初夏，首师大二附中莘莘学子的奉献之情感动了所有人，涓涓细流，汇聚成海，虽然同学们只是在尽自己微薄的力量，但他们相信每个人每一次的奉献终将汇集成为更加广博的大爱！他们的爱心捐助一定会让更多需要的人受益。首师大二附中师生成了"人道、博爱、奉献"精神的宣传者、传播者和践行者。

（二）学生干部团队

评价一所学校最重要的指标就是培养出了什么样的学生，所以在开展德育教育时，激发学生的自主管理、自我发展是非常重要的。德育处、团委从 2013 年秋季学期开始，着力建设一支素质过硬的学生干部队伍，学生们的变化和成长非常显著。总结一下，这支队伍有如下特点。

1. 参与性强

我们试图激发学生的主体意识，培养学生的主人翁意识，帮助他们提升能力，就要多给学生可发挥的平台。随着学校办学理念和育人目标的明确，我们把越来越多的活动主题计划和策划设计交给了这支队伍，比如开学典礼、毕业典礼、成人仪式、艺术节、班主任节等校级大型活动。学生自行开会，做前期策划方案，征求同学和教师的意见，讨论环节可行性，再与德育、团委教师商量研究。并且，活动全程参与，结束后进行反思总结，期待下一次的历练。

2. 创新性高

随着新媒体、自媒体时代的发展，学生干部们从多种途径习得知识、拓宽能力。我校学生会于 2014 年创办学生会公众平台，面对全校师生、家长进行活动的组织和宣传，是校园公众号大流行的前瞻者。2015 年，学生会创办学生公司，学生公司全部运营由学生会负责，换届时进行工作汇报。

3.能力提升迅速

在学生会招新伊始，我们就做出了定位。第一考核要素是积极性，热衷于为别人服务，同时提升自身能力。第二要素是责任心，事事有回信，踏实肯干，心怀集体。我们当然欢迎品学兼优的同学们加入学生会的大家庭，但是这个家庭绝对不是仅仅只吸纳品学兼优的学生，我们还欢迎一切有想法的、肯行动的学生们。秉承着这样的培养理念，学生会团队人才济济，大家各显神通。每名学生会干部都依据自身工作特点带领了一只最适合他的队伍，各部门百花齐放。同学们在这个大家庭里不断进步，感受付出的喜悦，收获自信的甜蜜。

我们来听听这些学生干部们的心声吧。

2013—2015年校学生会主席杨湛宁：

在校学生会担任主席的三年时光，对于我而言不仅是十分宝贵的经历，更是一种能力的锻炼、一次成长，令我怀念至今，感激至今。

学生组织是为学生工作、帮助同学解决问题的组织。在能力方面，担任学生干部启发了我的思维：在一次次完成学生工作、处理问题的同时锻炼出自己全面、多角度思考问题的思维逻辑能力。同时，担任学生干部也提升了我的统筹安排的能力，能够抓住重点，分析分化问题、合理安排时间提高效率，不仅仅是完成学生工作，对于自己学习与生活时间的统筹也有很大裨益。在各种学生工作的处理与完成中，我的写作、视频剪辑等能力也在提升，不断的接触新事物提高了我的综合素质。在性格方面，担任学生干部使我养成了积极承担责任、认真高效地完成工作的态度，也让我懂得把握机会，证明自己。这些能力即便在毕业后，在我高中、大学的学生工作与学习中依然发挥了极大的作用，成为我成长的石梯，以此为基础更好地认识自己，发展自己。

学生组织也是一个小团体、小家庭。在这里，大家是一起完成工作的同事，是互相勉励加油的朋友，是无话不说的伙伴。担任学生干部、在这个小团体中度过三年，完成各种工作、不断认识新的朋友教会了我如何与人相处、与人合作，如何表达自己的观点、与人交流。同时，每一次完成工作时的满足感与自豪感也让我爱上这种指定目标、完成目标的习惯。这样的习惯渗透在我学习与生活的其他方面，不断激励和引领着我成为更好的自己。

初中三年担任学生干部的经历对我而言是一种改变，塑造我的性格，提升我的能力，让我能够不断努力，不断进步。现在回想起来，三年时间的改变使我受益匪浅，而改变的开始，就在我加入学生会的那天！

2015—2018 年校学生会主席邵海涛：

我一直都为自己在高中时期能够加入校学生会，并担任了重要职务而感到十分幸运，对于我来说那是一段非常宝贵且重要的经验。我在小学和初中期间虽然也担任过学生干部的职位，但相比于高中这段经历所带给我的，只能说是冰山一角。

在我参与校学生会的这段时间，作为我们学生会的主要负责人，德育处的老师们给予了我们很多的帮助，为我们的学生公司提供场地、积极鼓励我们参与各类校际交流活动等。正是在德育处老师们的帮助下，我们的学生会得到了进一步的发展，人员也进一步壮大，同时也帮助了包括我在内的许多学生，在学习之余强化其自身的交际、工作等能力。

如今，进入大学的我也在学院的学生会中做着贡献，这一切都离不开我高中三年期间在学生会的历练，正是因为有了那段忙碌但开心的岁月，使我有了如今的工作能力。相信在未来我的岗位工作之中，德育老师们所带给我的经验也将帮助我更好地收获未来。

2018—2020年校学生会主席王锦涵：

做学生干部的这几年，给我最大的感受就是从各类活动中学到了很多在课堂上不会涉及的东西，让我在做事时重视责任感，完成事情后拥有成就感。

在学生会里，我学到的很多都是实践性的经验，和听讲座或者听培训得来的知识是不同的，学习的方式也不一样。我需要到现场去发现问题，思考用什么方式快速解决。例如新年快递，礼物交换的时候各个学校在现场容易混乱，经常发生两个学校相互找不到，还有交通原因造成的礼物运送延迟等等，这些需要我在现场做出调整。在这个过程中，我的应变能力、紧急机动能力和事前预先方案准备的能力都大有长进。

不仅于此，在这段时间里，我也有很多与其他人沟通的机会。我本来不是一个特别擅长与别人交流的人，平日里也不喜欢和不熟的人说话，但是在学生会的工作中，我会遇到各种各样的人，我需要去和他们协商、讨论。和自己学校的同学，和外校的学生会成员，甚至是一些愿意为我们提供帮助的校外机构。在和不同的人打交道时，我慢慢地琢磨出了和别人交流时让对方舒服的一种方式，学会了与人沟通的技巧。

刚开始加入学生会时也会担心自己是否能够持续调动自己的积极性，能不能在学习之余把事情做好，在真正开始做事的时候这些担心就不在了，心想的就是怎么把事做好，学习上也更有劲头。

学生会带给我的回忆是美好的、充实的，相信在以后的日子里回想起高中生活，这些经历也会萦绕心头。

2019 年至今校学生会主席高佳怡：

时间是一只藏在黑暗中的温柔的手，在你一出神一恍惚之间，千回百转。初入学生会时眼底尽是懵懂，从未接触过，只在小说中见过。想来也是稚嫩的，但心里也着实是欢喜的。记得初次开会时主席对我们说的话，那句话也是她初次进入学生会时当时的主席跟她说的，她希望能将这句话一直传递下去。在她说出来的那瞬间，一种强烈的不知从何而来的使命感油然而生，也成了一路走来的动力，可能这就是传说中的信念感吧！

班主任节的师生祝福，是我第一次正式以学生会成员的身份，站在主席台上，面对全校师生。至今我都不曾忘记，天边的缈云近乎透明，冷风啸过却依旧微红的脸颊，以及那颗铿锵有力炽热的心。

从开始到现在，我尝试过在舞台之下、灯光不及之处隐匿在黑暗中的幕后策划者，也当过站在荧幕之上手拿话筒的执行者。从最初的跌撞的雏鸟一路磨炼，虽不是雄鹰但也可凯歌一方，不是夸大，而是奔赴过沙场归来时的底气与自信。

笔锋提、黑字展，回溯到报名的起点，未知的旅途犹如一张空白的试卷。不为别的只需清楚，答案交给时间来寻觅，初心萌动，未来随时带上阳光。

2019 年至今校学生会副主席张峻恺：

刚进入初中的我很早就听说了学生会，在了解到学生会既可以增长才干也可以帮助学校完成工作后，便激动地报名并成功通过了面试。最初的我还不太适应，在新同学新环境中，还找不到自己的定位，但是通过进入了舞台技术的团队，并且成了一名初来乍到的技术总监，参与了大大小小许多场演出，从最开始的生疏变得轻车熟路。也因此得到了许多老师的信任与熟知，同时更多地参与进了学生会的工作里，从帮助学生公司进货、参与志愿服务到能够带领其他骨干成员进行新年快递活动，从部长成为副主席，都因为学生会的历练而增长了我的勇气和才干，三年的工作经历也使得我成长了许多，比如学会团队如何合作、如何解决突发事件、如何带领团队、如何将任务完成得最好等等。这些宝贵的经验使我受益颇丰，对我今后的发展一定大有裨益！

二、俊美学子的优秀代表

榜样的作用在我们的文化中受到很大的重视，教育领域尤为如此。榜样是影响自我效能感的重要变量，恰当的榜样策略能提高学生的自我效能感，从而提升学生能力。法国作家卢梭也说过："榜样！没有榜样，你永远不能成功地教给儿童以任何东西。"榜样通过三种不同的方式影响自我效能感：示范、激励、社会对比。

德育处每一学年度都开展"校园青春榜样""校长奖学金""俊美学子"等评选活动，年度表彰人次达到全校人数的四分之一，实施精神培育与弘扬计划，对学生发展中涌现出的先进典型人物和典型事迹，进行广泛宣传。候选人全部从学生中而来，经过展示、宣讲、投票等多个环节，极好的塑造了校园正能量，激发了全体同学求真向善的积极氛围。

以"校园青春榜样评选"为例，主题是"榜样无处不在，优秀引领发展"，引导学生发现和学习身边的榜样，激励学生做"依于仁、志于学、游于艺"的俊美学子，做社会主义核心价值观的积极践行者。立足普及，重在参与。面向全体学生开展参选和评选活动，鼓励学生正面积极寻找身边榜样。重在育人，展示成果。坚持先进文化导向，通过学生风采等宣传展示活动，弘扬校园文化。

表 4-2　校园青春榜样评选标准

评选项目	评选标准
文明守纪之星	模范遵守学校各项规章制度，在同学中起表率作用；尊师敬长；言谈举止文明礼貌，待人接物真诚友善。
活力艺体之星	积极参加艺术、体育相关活动，在合唱节、运动会以及代表学校参加的各级各类比赛中，取得优异成绩。
科技创新之星	积极参加科技、学科竞赛相关活动，代表班级或学校参加各级各类比赛，取得优异成绩。
勤奋好学之星	学习态度端正，有良好学习习惯；学习积极主动，勤学好问，刻苦钻研，学习成绩优异。
志愿服务之星	积极参加班级、学校志愿服务活动，能够体现奉献、友爱、互助、进步的志愿精神，在活动中做出贡献或有较大影响。

评选采用班级—年级—校级层层选拔的方式，依据候选同学个人事迹展示，全校学生进行投票选举，按照非本年级得票率评选出初中、高中每个项目各一名校级"校园青春榜样之星"，共计 10 名。班级推选出来的同学，获得该项目"校园青春榜样"提名奖；年级各项目投票率高的同学获得该项目"校园青春榜样"称号；"校园青春榜样"获得者统一参加校级评选后，初中、高中各 5 名同学获得"校园青春榜样之星"称号，并于12 月底召开校级表彰大会，对"校园青春榜样"及"校园青春榜样之星"获奖同学进行表彰。学生会、团委会组织同学开展"发现身边的美"海报等宣传工作，利用校园网站、微信公众平台等途径进行广泛宣传。这样，无论是竞选过程、表彰过程还是在宣传过程中，都体现了榜样的力量。

学校德育建设，坚持培养"依于仁、志于学、游于艺"的俊美学子，做走进学生心里的德育，让每个学生都成为更优秀的自己。有效整合了学校、家庭、社会、学生的教育资源，构建起各层次、多领域的立体交互式的德育管理体系，将德育课程、学科教学与实践活动课程并建，形成了德育新局面。

第五章　构建弘美课程体系

"弘美教育"办学理念要在课程实施过程中具体落实。课程是学校为实现育人目标而选择的教育内容及其进程的总和，它包括学校教师所教授的各门学科和有目的、有计划的教育活动。课程是教育目标实现的金色渡船。

为实现"弘美教育"培养"依于仁、志于学、游于艺"的俊美学子的育人目标，2016—2017学年度学校全面梳理国家课程、地方课程和校本课程，在"弘美教育"理念之下，重新审视和厘清学校课程建设脉络，整体搭建"三三三弘美课程体系"。

第一节　弘美课程体系建构

学校课程由国家课程、地方课程、校本课程组成，结合学校发展具体情况，课程实施过程中校本课程不断开发与丰富，国家课程、地方课程校本化实施更加突出了不同学校的课程特色。首都师大二附中在国家课程改革的实践中不断探索，为"三三三弘美课程体系"搭建创造了丰实的基础。

一、学校课程建设发展脉络

自2007年上一轮高中课改起，学校不断搭建平台、整合资源、创新发展，推进课程建设和实施，走过了一条从无为到有为、从线性到立体、从忐忑到自信的课程建设之路，大致经历了如下三个阶段。

（一）缺什么，补什么

这个阶段的重点是以人文教育为基础的校本课程群的建设和实施。对学生的需求和缺项进行科学评估，从学校现有条件出发，依据教育方针，利用社区和学校的课程资源，建设和实施基于学生全面发展的缺项问题解决的"学生缺什么，补什么"的学校课程群。

1. 开设以提升人文素养为主的校本选修课程群

例如，民乐演奏、音乐与戏剧表演、皮影制作与表演、摄影艺术、书法艺术、中国旅游资源鉴赏、诗歌朗诵的技巧、英语影视欣赏入门、银行理财、保险、徽州文化、晋商文化等。

2. 开发学生人文素养培育项目

学校于2006年成立了"学生人文素养培育"项目。如依托高中三个年级的文科班，组建高中学生人文素养培育实验项目，构建校本实验课程。如明十三陵园课程、故宫博物院课程、鲁迅文学馆课程等；桃花故里沐文风——徽州文化之旅、商道佛风，大同世界——山西文化探寻、走进齐鲁大地，品儒学——山东文化之旅等研学课程。

3. 学生社团活动营造校园人文气息

由于学校的大力支持，学生社团快速发展，每学期有10余个社团组建，学生自主成立的书法社、读书社、戏剧社、演讲社、辩论社、武术社、街舞社等，坚持下来的学生社团有20余个，每年组织学生社团活动成果展示，在活动中展示学生人文情怀，营造校园人文气息。

（二）有什么，供什么

这个阶段的重点是以人文教育为基础，以提升科学素养为特色的校本课程群的建设和实施。在重点补充人文教育类校本课程之后，学校开始关注人文与科技并重问题。为了进一步提升学生科学探究实践操作能力和思维品质，把科学素养提升融入到科技和研究性学习中，与学校文化相融合，教师的学生观、课程观与教育观在改变。

1. 在学科教中提升学生科学素养

学校引领教师把对学生的科学态度、研究方法的培养渗透到课堂教学中，引导学生科学性的探究、创新，注重培养学生学科实践能力和研究创新能力。这一时期，生物组培、化学中的魔术等实验课程得以实施，物理学科也开发了系列"做中学"校本实验课程。

2. 开发以科学素养培育为特色的校本选修课程群

舌尖上的化学、生物科学与社会、细胞生物学的发展、科学"解密"——思维过程的四个阶段；趣味物理——电子小实验制作、Edius 视频剪辑、Photoshop 图片处理等课程实施，着力培育学生的科学素养。

3. 完善"学科节""科技节"等科技教育活动

落实"科学素养与教育技术结合、科学素养与人文素养结合"的原则，注重实践活动课程的整体性，有效地营造校园科技文化氛围。

4. 研究性学习学科的开设，激活学生科学研究的意识

研究性学习课程在综合实践活动中，结合学科教学，引领学生开展课题研究。例如，高中学生在教师指导下，开展的"关于PM2.5成因调查""关于按摩产品的研究""北京市居民电池使用及回收调查"等科技类课题研究，其研究报告获海淀区学生课题研究一等奖，激发了学生做科研的兴趣和自信心。

（三）课程建设快速发展期

自2014年新一轮高中课改至今，随着政府加大中小学课程开发资金投入，我校课程开发进入快速发展期。自主开发课程、对外购买课程、社会大课堂课程等纷纷进入校园，学校课程建设进入全面、立体、系统性构建阶段。

二、弘美课程体系的多版本升级

2014 年 3 月，学校加入首都师大附中教育集团，从此，学校步入新的发展时期。新教育资源的注入，更高的教育标准的提出，推动学校更好地发展。2015—2016 学年度，学校"弘美教育"办学理念和实践体系搭建完成，在"弘美教育"理念引领下，"弘美课程体系"的构建成为学校发展历程中迫切需要解决的问题。

我校课程实施方案执行国家、地方、学校三级课程管理模式，依此要求开足、开齐国家规定课程，选择性开设地方性课程，自行开发校本课程资源。由此，我校开始课程开发多版本升级之旅。多版本升级，本身便具有丰富的学习价值。第一重学习价值在于对学校"弘美教育"理念的学习与认同过程。不管是随着研修的进展，还是"弘美教育"理念不断深化、细化的过程，都带有很强的创造性；第二重学习价值在于必须对学校现有的课程体系、不同的课程门类以及不同课程在实施过程中的种种表现予以反思、判断与审定，这种反思、判断与审定有着极强的研修学习价值，它对每一位教师专业品质提升有着极大的促进作用。

（一）借用"四修课程"名称对学校课程进行归类

我校办学理念和实践体系尚未形成之时，曾用首都师大附中的"四修课程"分类，即"基础通修 + 兴趣选修 + 专业精修 + 自主研修"，把首都师大二附中已有课程进行归类，初中学段引入首都师大附中的博识课。自2015 年起，在区教委专项预算中申请了博识课开发专项资金，保障课程的高水平开展。

（二）"弘美文化"视域下对核心元素"仁、学、艺"进行提炼

2015 年底，随着我校"弘美教育"理念及实践体系阐释与建设方案的不断完善，为了矫正校本课程设置系统性不强，课程建设持续性欠缺，

初高中课程体系连续性不突出等问题，课程体系的构建变得尤为紧迫，需要学校在"弘美教育"理念之下，整体统筹规划和开发，提高广大教师的课程领导力。

基于国家及地方课程方案，根据我校培养"依于仁、志于学、游于艺"的俊美学子的育人目标，依据学校建设"立仁书院，弘美花园"的办学目标，厘清已有课程建设脉络。如何将"弘美教育"办学理念落实于学校课程体系之中，是全校教师的一项重大课题。

学校课程体系搭建过程，也是全校教师围绕课程开发实施校本研修的过程。全校教师以教研组为单位研究课程目标、了解课程设置与结构、解读课程管理与实施策略、制订课程评价方案。在一次又一次的研讨会、辩论会、润稿会，一次又一次的方案修改，一次又一次的细节完善中，大家先尝试把学校课程按照"德、学、艺"进行分类，又进一步按照"仁、学、艺"进行核心元素的提炼。

（三）"弘美课程体系"雏形

经过多轮研讨、论证和多版本升级，研究小组得出如下结论：

（1）课程体系直接命名为"弘美课程体系"，简称"弘美课程"。

（2）不再借用"四修课程"体系，保留其中有益的部分，用于"弘美课程"分类当中。对"弘美课程"进行文化分类，使其真正具有学校文化特色，只有一个逻辑起点。按照核心价值观，分为"德"课程（思想品德类）、"学"课程（学科知识类）、"艺"课程（广义的艺，包含艺体、劳动、科技的多种技能，社会实践类也可纳入）。将文化的分类（"德"课程、"学"课程与"艺"课程）与三级课程管理的分类（国家、地方与校本课程）结合起来，形成一个课程分类表。这样每类之下包括哪些课程、哪些课程体现学校文化特色就会非常清晰。

（3）课程的丰富性和多样化是下一阶段中小学课程改革的趋势，首都师大二附中要继续探索，提供丰富的校本课程，学生才会有课程选择余地。学校可以和在京高校及部分国家重点实验室联合起来，还可以借助社区和家长的力量，共同开发富有学校特色的高端课程。

（4）追求校本课程精品化。首都师大二附中艺术教育成绩骄人，艺术科技社团在市区范围内卓有影响。合唱、民乐、舞蹈、书法、机器人等社团表现不俗，学校课程体系建设要在"艺"课程开发方面下足功夫，既让学校课程保持优势，又要补齐课程短板，更要形成课程特色，为培养"依于仁、志于学、游于艺"的俊美学子打下坚实的课程基础。

（5）"弘美教育"要突出"美"的特色，学校面向全体学生开设舞蹈形体课程。开设舞蹈形体课程后，女生体态更优美，男生形体更俊朗。与此同时，美离不开身体的健康，学校需要开发丰富的实践课程，如远足、研学等，既能强健学生体魄，又能开阔学生眼界，让"美"在特色课程中得以具体落实。

2017 年 7 月，首都师大二附中"三三三弘美课程体系"框架搭建完成，这在学校发展历程中具有里程碑式的重大意义。

三、"三三三弘美课程体系"解读

"三三三"的具体含义是什么？"弘美课程体系"的具体构成是什么？"弘美课程体系"是怎样构建的？下面的内容将给予详细解读。

（一）基础概念与基本问题

1.弘美教育
首都师大二附中弘美教育是以"立仁弘美"为核心价值观，培养"依于仁、志于学、游于艺"的俊美学子的教育。

2.弘美课程
"弘美课程"是既体现国家教育方针和素质教育要求，符合社会主义核心价值观，重视中华优秀传统文化教育，又符合首都师大二附中历史、发展现状、地域环境和师生需求，能清晰表达、准确体现学校文化个性，培养"依于仁、志于学、游于艺"的俊美学子的学校课程。

3.弘美课程体系

"弘美课程体系"是指在国家教育方针及学校核心价值理念指导下，基于学校"弘美教育"的发展愿景，建构科学合理的课程结构，系统整合各类课程资源，对国家课程与校本课程进行科学规划、建设与实施，使各个课程要素在动态过程中统一指向课程体系目标实现的系统。

4.需要回答和解决的两个问题

一个是"弘美课程体系"如何搭建？另一个是"弘美课程"是如何实践的？

为了问题研究的可操作性，我们把第一个问题细化为 4 个子问题：①学校课程体系搭建的指导思想是什么？②课程体系搭建的背景是什么？③学校课程建设的理念与愿景是什么？④学校课程体系搭建的思路与结构是什么？

第二个问题细化为 4 个子问题：①"弘美课程"是如何实施的？②如何进行资源的选择与使用？③如何对课程实施进行评价？④"弘美课程"实施的保障条件是什么？

2017 年 7 月 11 日，首都师大二附中在云浮度假村举办校本研修大会，教学副校长作了题为《首都师大二附中"弘美教育"视域下的课程建设和实施》专题讲座，首次详尽地对学校"三三三弘美课程体系"进行阐述。这既是一次学校课程体系结构与理念的宣讲，也是对学校课程历史与现状的比较分析与反思性学习；既有利于教研组层面理解每个学科课程群在这一体系中的位置结构，也有利于每一位教师从自身教育教学实践出发，理解学科课程的目标定位，以及其在学校课题体系中的位置和联系。

（二）基础目标与特色目标

学校课程体系搭建，以"立德树人"为根本教育原则，以培养社会主义核心价值观和学生的核心素养为根本任务，创造条件开设丰富多彩的选修课，为学生提供更多选择，促进学生全面而有个性的发展。坚持教育教学与生产劳动、社会实践相结合，开发实践课程和活动课程，增强学生科学实验、生产实习和技能实训的成效。倡导启发式、探究式、讨论式、参与式教学，帮助学生学会学习。营造独立思考、自由探索、勇于创新的良好环境。按照市新课程改革方案推进固定班级分层分类走班教学制、学分制、学科发展和生涯规划指导制、过程性评价和综合素质评价制等教学管理制度改革。

以学校的办学理念和育人目标为核心，对国家、地方和学校课程进行校本化重组，实现各类课程在学校层面的一体化和整体性，实现课程多维立体构建目标，发挥课程育人、环境育人的功能和教育价值。

1. 基础目标

在学校教育中，以培养"全面发展的人"为核心，从文化基础、自主发展、社会参与三个方面，综合提升人文底蕴、科学精神、学会学习、健康生活、责任担当、实践创新六大素养。

六大素养既涵盖了学生终身发展和社会发展所需的品格与能力，又体现了核心素养"最关键、最必要"这一重要特征。六大素养之间相互联系、互相补充、相互促进，在不同情境中整体发挥作用。

2. 特色目标

"弘美课程"是学校文化的一部分，培养"依于仁、志于学、游于艺"的俊美学子是我校课程实施的一级特色目标。

"弘美课程"依据"立仁弘美"这一核心价值观，对学校课程进行了逻辑一致的文化分类。"弘美课程"分为立仁课程（思想品德类）、志学课程（学科知识类）、游艺课程（广义的艺，包含艺体、劳动、科技的多种技能，社会实践类也可纳入）。"弘美课程"将文化的分类与三级课程管理的分类（国家、地方与校本课程）高度融合。

（三）学校课程体系搭建的思路与结构

1.课程目标同育人目标、办学目标相辅相成

核心价值追求：立仁弘美

育人目标：培养"依于仁、志于学、游于艺"的俊美学子

课程目标：

立仁课程——学会做人（爱心、责任、家国情怀）

志学课程——学会学习（人文、科学、学习能力）

游艺课程——学会生活（健康、审美、创新实践）

2.结构分类

一级特色目标为学校育人目标，二级特色目标为分类课程目标，依据功能导向、能力导向、目标导向和学习领域导向进行横向分类。

立仁课程，指立德树人类。旨在培育仁爱之心：爱人、爱物、爱社会、爱国家、爱世界，富有家国情怀（心的归属）。核心目标为爱心、责任、家国情怀，指向学会做人。

志学课程，指学科知识类。课程目标蕴涵人文底蕴，培养科学精神，提高自主学习能力和终身学习意识。核心目标为人文、科学、学习能力，指向学会学习。

游艺课程，指广义的艺，包含艺体、劳动、科技的多种技能，社会实践类也可纳入其中。课程目标要求学生学会一门或几门体育、技术和艺术项目，培养健康的生存和生活方式，在实践中培养技术素养、审美情趣和创新能力。核心目标为健康、审美、创新实践，指向学会生活。

立仁课程、志学课程、游艺课程将文化的分类与三级课程管理的分类（国家、地方与校本课程）高度融合。

3.内容分层

基础通修课程：面向全体学生普修的课程，包括国家、地方、校本必修课程和选择性必修课程。重在国家、地方课程校本化实施和针对我校学

生特点及育人目标的校本特色普修课程。

拓展选修课程：面向全体学生的选择性学习课程，包括选学的国家、地方、校本课程。重在发展学生的个性特长，提升自主发展能力。

进阶融合课程：面向全体学生的选择性学习的专业定向培养的课程和社会实践，旨在提供为学生进入高一级学校或融入社会的预备课程。突出其连续性、专业性和实践性，包括大学先修课程、竞赛课程、社会性课题、校外社团、职业体验课程、研学课程等。

必修和选修从知识维度划分为统一、分化、融合。学生维度是学生的基础发展与个性特长；社会维度是教育功能的学术性与职业性等。

必修：关注学生基本的科学文化素质，追求知识与技能的基础性、全面性、系统性、完整性——共同基础。

选修：必修的拓展与深化，学生的技能与特长——差异与特点（知识本身、学生、区域等），强化学校课程与知识世界的动态联系。

"弘美课程体系"由立仁、志学和游艺三类既独立又相互融合的课程群构成。每一个课程群又分为基础通修课程、拓展选修课程和进阶融合课

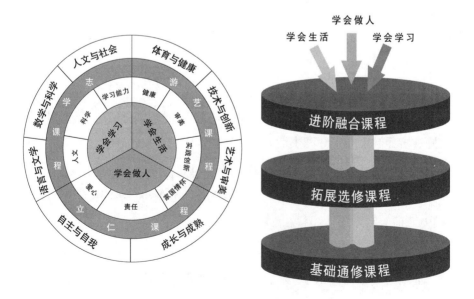

图 5-1　"弘美课程体系"模型

程三级，涉及语言与文字、数学与科学、人文与社会、技术与创新、艺术与审美、体育与健康、自主与自我、成长与成熟等八个领域。

课程体系中的三类三层三个目标之间是相互关联的，是以课程链、课程群的形式出现，为学生核心素养的发展提供课程保障。

"弘美课程"服务于学校育人目标的实现，三类课程既独立又相互融合，三层课程既注重基础性又体现递进性和选择性。居于中轴的相互交融的课程目标是课程设置的依据。图5-2为课程目标切面图，体现"立仁课程""志学课程""游艺课程"间的关系。既表现为不同类群中不同学科培育学生相同的课程目标，也能体现打破学科界限、学科间进行教学内容的整合。如戏剧课程包括戏剧通识认知、戏剧表演、戏剧专业（编剧、导演、剧务、表演等），是集立仁、志学、游艺课程目标于一体的特色课程。

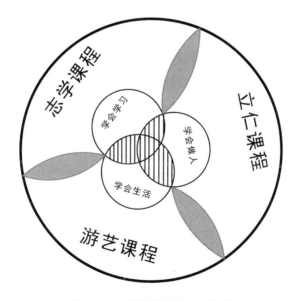

图5-2　三类课程的目标与关联

我校特色课程博识课，在一个活动中分学科完成多个任务，既有相同的核心素养的培育，又有其独特性。如参观颐和园长廊：语文完成名著整本书阅读的相关任务，美术欣赏长廊中的人物素描，数学调研木结构中几何图形的实际应用，德育完成中国传统园林中一池三山的构建模式体现出的"和"等，在学习内容上是跨学科的，学科小组教师共同完成课程实施。

每一类课程群分别由"基础通修课程""拓展选修课程""进阶融合课程"组成。基础通修课程面向全体，人人学习；拓展选修课程多元开展，同学依据兴趣特长进行选择，人人可选；进阶融合课程突出专业定向培养，按需供给。就某一课程群看，通修—选修—进阶，人数从全员参与到自主选择再到专业定向人群参与，人数递减呈现为圆的面积递减。但就整体看，课程模型中三层中的三个圆是等面积的，也就是说，每个学生都能够在"弘美课程体系"中，除全员参与"基础通修课程"之外，还能选择适合自己的"拓展选修课程"并参与"进阶融合课程"之中，既保障课程的连贯性，也符合我校的育人理念；既尊重个人选择，鼓励个性发展，不拘一格培养人才，又秉承人人成才的多样化人才观，为学生的终身学习和持续发展奠定基础。

第二节　弘美课程体系的实施

"弘美课程"及其体系的建设一直在路上，随着体系搭建完成，课程建设的重心落在了广大教师对课程的理解、领导和实践上。这既关切于全体学生的课程体验与课程收益，又与广大教师的专业实践紧密关联。因此，学校强调课程理解、课程开发与实施是教师专业素养的重要内容，也是教师专业职责的重要构成。近年来学校强化开展以课程建设为任务驱动的研修模式，不仅提升了教师专业品质，更是教师履行自身专业职责的一次次历练与研磨，也是学校课程构建和实施得到快速发展的有效策略之一。

如果将"三三三弘美课程体系"称为学校层面的宏观课程理念和模式，

那么向落实方向走，就需要教研组、部门（科技中心、学生发展中心和教师发展中心等）重构中观课程体系，教师团队或个人在微观层面开发实施多门类的"弘美课程"。

一、立仁课程的开发与实施

（一）重构立仁课程体系

围绕育人目标，搭建德育立仁课程体系，制订学生文化发展目标体系、学生培养体系和实践发展体系。突出社会主义核心价值观，培养富有仁爱之心、家国情怀、志向远大、学业精湛、全面发展的俊美青年，使育人目标落地生根。德育处成立了立仁课程开发工作组，成员为年级组长、班主任、学生代表、家长代表、艺术体育科技教师等。制订课程实施管理机制，聚焦学生发展核心素养，设计基础通修课程、拓展选修课程、进阶融合课程三级课程体系，分级落实学生发展目标（见表5-1）。

表5-1　首都师大二附中"立仁课程体系"

育人目标	俊美学子			
俊美素养	志美	行美	学美	心美
俊美内涵	理想信念	品格养成	文化求知	身心健康
课程类别	基础通修课程　拓展选修课程　进阶融合课程			

（二）学生发展指导课程的开发和实施

学生发展指导课程属于高中校本基础通修课程，一般以3—5学时为一个独立的专题单元组织教学，围绕我校育人目标，旨在提高中学生对自我、他人和社会的认知能力，提高自我领导力，为学生融入社会做好准备，帮助学生长成有常识、有见识、有胆识的社会人。以单元微型普修课的形式实施，按照行政班开展教学，排入学校课表，在高一、高二设置，每周 1 学时。

部分微修课程：学法指导课，包括初高中衔接和各学科的学法指导等，目的是让学生尽快适应高中的学习，找到适合自己的学习方法。研究性学习课，以学生自主探索学习为基础，从学生生活和社会生活中选择和确定研究专题，主要以小组合作的方式进行。通过实践体验、文献检索和信息筛选等获取直接经验，养成科学精神和科学态度，掌握基本的科学方法，提高综合运用所学知识解决实际问题的能力。在研究性学习中，教师是组织者、参与者和指导者，学生是设计者、研究者和成果拥有者。

生涯规划、学业指导、心理健康、生命教育、国际关系、国防课程、生态文明、中学生领导力课程等，目的在于指导学生规划人生，理性面对生活中的挫折，形成积极、乐观、向上的生活观。

课程实施：

（1）教材由教师自主编写，课程由学校统一组织管理。

（2）倡导教学民主，建立平等的师生关系。教师尊重学生，培养学生的探索精神、创新精神，营造崇尚真知、追求真理的氛围，促进学生自主学习、独立思考，为学生禀赋和潜能自由、充分地发展创造宽松的环境。

课程评价：课堂评价、作业质量、成果汇报三者结合，按一定的比例赋分，成绩合格的给予学分。

（三）"俊美学子"的培养实践

立仁课程围绕"立德树人"的总目标和俊美学子的五个内涵层面——理想信念、品格养成、文化求知、身心健康和责任担当，按照基础通修课程、拓展选修课程和进阶融合课程三个层级，逐渐形成了较为成熟的课程和实践体系，为学生"德"的涵养与发展奠定了坚实的基础。

二、志学课程的开发与实施

(一) 以学科组为单位重构志学类课程群落

从学校课程理念、育人目标，到学科课程目标，再到课程的内部分类，必修和选修，按照"三三三弘美课程体系"的基本结构，每个教研组认真梳理分析，每科学科课程都是学科课程群落，不包括国家课程，更要与拓展选修课程、进阶融合课程统筹结合，进行校本化重构。每位教师都承担起课程开发、创造的专业职责，在共同完成这一任务的过程中实现个人专业发展。这一任务分为两个部分：一是对学科课程群落结构的研究与设计；二是对每一门具体的校本课程的开发与建设。第一个任务需要在教研组层面协调合作，并以教研组为单位组织更多的专业力量参与进来，共同研究。它是团队学习、团队研修、团队共同设计的过程。

以语文组为例，从必修一到必修五，再到选修一、选修二的国家课程，学校语文组内部开发的选修课程以及进阶融合课程，这存在如何进行结构划分、时间配置、关系协调的问题，如何从课程价值创设与价值激发的角度出发来进行课程模块开发设计的问题，如何协调学校育人目标、学科课程目标与课程体系搭建之间的统一。

再如，化学组在第一年主要侧重于建构基于教师的校本选修课程，即先考虑"我们能给学生什么"，主要基于学科组教师的特长为学生提供较高质量的课程资源。通过参与课程体系的构建以及对本学科课程群落的研究，大家就意识到，下一步我们应该换个角度，不是从教师出发，而是从学生的素养结构出发，应该更多地考虑学生的个性化需求，建构基于学生兴趣、特长、志趣的个性化选修课程系统。同时，我们将以往做得比较成功的学科活动，如化学学科社团、学科节活动等纳入课程系统中使之规范化、系统化，提炼整理成我们自己的校本课程，避免随意性。

（二）"弘美课程"群视角之下的学科课程开发

认识、研究本学科的课程群落结构，不仅会对其结构进行自觉的调适，更多时候会直接对结构内部的相关课程进行调整或重构。比如，初中英语组的"初中英语外教课程开发与建设"项目，就是在对学科课程群落进行反思的背景下进行的课程调整与重构。初中英语教材主要根据话题设置单元。每个单元的第一课，即听说课，也是围绕话题进行。如果此课由外教进行教授，就话题与学生进行交流与探讨，不但对于学生的听说有帮助，而且会大大提高学生对于这一单元学习的兴趣。传统的外教课，学生不重视，没有合理系统的规划，达不到预期效果。此次申请的外教课，即随班、随堂外教课，是英语课的一部分。这次的外教课程，将践行"听说"的理念，与英语母语的人进行对话，既练习了听力，又锻炼了口语。计划在初一、初二两个年级开设外教课，共请2名外籍教师。项目具体实施过程：教师培训、进行分工；整理各个单元话题，制订教学目标；联系外教，备课，教师审查；听课，提出整改建议；话题进行汇总、整合，形成报告册；结合课堂反馈对本课程进行进一步完善。整个过程交织着对学科课程群落的思考以及对外教课程的重新构建，有力提升了教师们的专业实践能力。

思想政治学科组在常燕婕老师的带领下，申报了区级课题"思想政治校本课程开发与实践"，成立政治校本课程开发领导小组，确定课程开发的方案。通过教师调查、学生调查问卷等方式了解我校学生需求和教师特长优势，召开课题研讨会，有针对性、分阶段开发校本课程。明确课程开发的方案，固化课程开发整体框架，创设自上而下的开发体系：校领导的积极支持引导；创设横向的开发体系：组织各个教研组开展特色校本开发，定期进行研讨，借鉴他组成功经验和设想。创设纵向的开发体系：每届政治教师的校本成果的固化和传承与创新。

政治学科组开发校本课程成果如下：

（1）进阶融合系列：①初中备课组编订的衔接系列篇之小学思想品德与初中政治衔接教育《初中学习 ABC》。②高中教师编订的《开启智慧与幸福人生高中生与思想政治》——初高中衔接篇。③《思品课综合社会实践活动操作手册》——校内外融合初中博识课程。

（2）拓展选修系列：形成以必修四个模块为基础，结合我校学生实际，基于生活实际的"身边"系列选修课程。①高一上《我身边的经济学》校本选修课程。就是对必修 1 消费、就业、理财等相关内容的拓展延伸。②高一下《我身边的政治学》。③高二上《我身边的哲学与智慧》。④高二下《我身边的传统文化现象》。⑤高中《趣味经济学》《货币战争》《理财》《财富人生》《人民币的收藏与鉴赏》《我们身边的经济学之1、2》《生活中的经济与哲学》《心理健康活动课》《北京的文化》《政治学习方法与会考复习策略》《我们身边的政治学》《花语——纸艺制作技巧》。⑥初中《生活中的心理学》《汲取言辞之力》《国际问题沙龙》《思维导图伴我学之1—3系列》《纸模型制作》《我和法律有个约会》。

（3）基础通修系列：《会考指导》《高考自主复习指南》、微修《生命教育》。

（4）创新"1+3"年级基础通修系列：《实现我的梦、成就中国梦》《身边的经济学》《身边的民主与法治》《走进宣南博物馆》等。

方案实施后，对学生的评价：

（1）多元过程评价。指在学习过程中多种评价主体、采用多种评价方式，对相应的内容进行评定的方式。具体情况参见《高中政治课探究学习过程评价表》。

（2）项目评价。也叫专项评价，指对在政治课教学活动中采用的系统的可以独立立项的内容进行评价。可以是单一的内容，如课堂教学中的辩论赛。

（3）书面考试评价。如让学生参加社区民主管理调查，调查结果计入政治月考成绩。

（4）课外活动评价。政治课的学习并不局限于课堂，要促进学生的发展，还必须开展一定的课外活动。对于课外活动的评价，我们根据政治课课外活动的特点，将评价归纳为社会实践、课题研究、模拟活动和竞赛等类型。评价结果作为平时成绩的一部分，计入学期或学年总评。

（5）综合性评价。这种评价是在每一学期结束后进行的，以往被称为终结性评价或结果评价。评定的依据是期末书面考试的成绩与期中书面考试、平时作业成绩的综合，偏重于知识与技能。我们的综合评价由两部分组成：一是基础知识测试成绩和平时表现的评定；二是基础知识测试成绩以书面考试成绩为主。由学生自评小组根据《高中政治课探究学习过程评价表》评定情况后评出等级，两者的综合即为学期（学年）的总评成绩。

方案实施后，对教师的评价：

（1）在学校"弘美课程"方案的指导下，各学科各部门制定出相应的校本课程开发计划，并交由学校领导小组讨论、评估、审批。

（2）教师撰写教案教材。学科、部门的校本课程开发计划经学校领导小组审批后，各教师收集材料、编写教案和教材。

（3）校本课程成果的应用。校本课程的成果主要用于以下四个方面：①课堂教学资料。②知识讲座资料、宣传资料。③图书馆资料。④校园网的公开资料。

（4）成果评比及存档。每年的教研评比增设校本课程的评比项目，将校本课程开发评比列入学校正常的教研活动中，并将成果公布于学校校园网上和保存于学校的教学资源库中。

校本课程开发激发了学生学习政治兴趣。锻炼学生的综合实践能力，提高学生的学科素养，会考、高考成绩不断提升，会考首次实现100%通过率，74%优秀率。

三、游艺课程的开发与实施

（一）游艺课程概述

"游艺课程"旨在培养学生"学会生活"。首都师大二附中充分发挥北京市艺术教育示范校的传统优势和底蕴，打造出了门类齐全、丰富多彩、选择性强的艺体科技和实践课程，通过寓教于乐、"玩中学"的方式，使每个学生通晓一门或几门体育、科技、艺术项目，培养其健康生活、和谐发展的能力，提升其科技素养、审美情趣等，为学生将来优雅、有格调地生活做准备。

科技课程面向全体学生，以培养学生思考问题和解决问题的能力为设计理念，作为学校基础通修课在不同学段开展。同时学校也借助清华大学、中科院专家团队的支持，开设科技选修课。开课的同时，本校教师不断学习新知识，逐渐使外聘课程本土化，内化为学校自己的课程。科技课程共有30余门类，实现了初、高中学段的贯通，初中阶段注重学科教学的横向配合，高中阶段侧重科学创新与技术实践的跨学科探究活动。

博识、机器人、卡魅（后更名为极光创意）、研究性学习、生涯规划等综合实践类课程也获得了突飞猛进。学校与中科院联合开发的物联网课程、STEAM课程深受学生喜爱。创客空间"雲工坊"的落成极大丰富了二附中学生的创意生活。

学校民乐、合唱、舞蹈、健美操、书画等艺术社团多次在北京市艺术社团展演中斩获大奖。弘美戏剧课程中"话剧课程""曲艺课程""音乐剧课程"的开设，使学校普及型艺术教育水平更上一层楼。短短几年时间，学生排演了经典话剧《红岩》《茶馆》《雷雨》《罗密欧与朱丽叶》《秘密花园》《四世同堂》《咸亨酒店》、音乐剧《悲惨世界》《堂吉诃德》、校园原创剧《星期三之约》等深受师生、家长及戏剧专家好评。

表 5-2　首都师大二附中游艺课程框架（部分）

能力层级 ＼ 游艺课程群	科学技术	人文艺术	体育健康	综合实践
进阶融合	人工智能、智慧城市、VEX、FLL	民乐、合唱	田径、定向越野、无线电测向	创客研究所
拓展选修	天文观测、智慧校园、地理实践力、数码绘画、航天系列课程	流行舞、身体律动、非洲鼓、哑鼓、打击乐、电音、吟诵、剪纸、国画、油画、服装设计	高尔夫、啦啦操、田径、篮球、轮滑、地壶球、旱地冰球、定向越野、积极心理	音乐剧、戏剧表演、项目学习
基础通修	机器人、信息技术、电子技术、通用技术	美术、音乐、书法	体育、舞蹈	博识课、研究性学习、生涯规划

（二）以创新项目为载体的课程群建设

我校十分重视校本课程建设，特别是着力打造以创新项目为载体的课程群，实施途径以课程、活动和课题三种形式进行展开推进。其中科技课程面向全体学生，以培养学生思考问题和解决问题的能力为设计理念，既有开展十年以上非常有特色的校本科技课程，又有自己的校本教材，作为我校基础通修课在不同学段次第开展。同时我们也借助清华大学、中科院专家团队的支持，开设科技选修课并不断使外聘课程本土化、校本化。

以我校的特色校本课程——极光创意课程[①]为例，课程建设经历了课外兴趣小组—竞赛团队—选修课程—综合课程四个阶段。2014年，我校参加了海淀区"千人计划"，由本校教师带领10位学生参加"卡魅"课

---

① 极光创意课程，前身是清华大学高云峰教授开发的"卡魅"创意课程，于2017年9月正式更名为极光创意课程。

学生核心素养	品格修养　人文底蕴　科学精神　审美情趣				
学科素养	技术意识、工程思维、创新设计、图样表达、科学探究、物化能力				

课程系列		通用技术	信息技术	机器人	科学探索	创客创新课程
进阶整合		电子技术比赛	信息奥赛	FLL竞赛 VEX竞赛	学科竞赛	人工智能 IQ竞赛 智慧城市
		物联网	Arduino机器人		航天系列课程	卡魅创客 造城者 创客创新
拓展选修	选修 社团		E-Book 数码绘画 微电影 舞台编导	机器人	生命科学	卡魅创客
基础通修	课内		信息技术	机器人	研究性学习	通用技术
	课外	团体科技比赛	博识课		博识课 研究性学习	博识课 科技节活动

图 5-3　科技课程体系

程学习,每周由清华大学高云峰教授亲自指导。教师和学生共同参加培训,了解到这是一门基于激光切割技术,能够快速将"所想变所得"的课程,而且耗材较为廉价,雕刻速度快,设计者绘制好图纸后可以通过快速成型试错,再对图纸进行修正;能够制作的作品类型很多,既可以是平面作品也可以是拼接而成的立体作品,功用上既可以是工艺美术作品,也可以是实用物品。学校领导敏锐地感觉到这是一个很好的创新项目,于是在学校全力引导扶持下,首都师大二附中很快建立了自己的卡魅实验室,起初由校外教师授课,我校教师协助,同时也利用课余时间参与专门的技术培训,到最后完全由本校教师独立授课。在课程开发中教学相长,极光创意课程由初中物理教师张淼负责,结合学科教学带领学生开发教具、学具,让全体学生深切感受到技术为学习和生活带来的变革。

　　学生受众群体也由起初自发性规模小、参与人数较少的课外兴趣小组发展为校内选修课及优秀社团。2017 年,卡魅创意社团参加"海淀区少年科学院研究所"评审工作,成为首批"创客研究所",先后两位同学被评为"少年科学院小院士"。本学期参与小院士课题研究,在我校教师及中科院专家共同指导下完成课题研究——"智能教室""自动检测空气质量""自动开关窗""自动控制空气净化器运行"。

学生在参与社团活动中也有很多感触，在这里节选了两位学生的总结：

　　我初一第一学期就参加了极光创意社团，到现在已经有两年的时间了。现在我已经掌握了从绘图到激光切割的全部技术，在我学习激光切割技术的期间也认识了不少东西。

　　绘图这件事，想着简单做着难。不仅要考虑整体的效果，还要把细节处理精细。做出来的作品往往要经过好几番修改，这对耐心和细心都是不小的考验。虽然制作的过程很复杂，也会消耗大量的时间，但当作品真正完成的时候，自己的心里还是会感到非常的喜悦，当然成就感也少不了。毕竟这作品可算得上是全世界独一无二的啦！

　　从 2019 年 1 月到 8 月，我和同伴在张老师的指导下一起完成了一个作品，那是一个测反应的玩具。现在已经可以玩了！在这制作期间也遇到了不少问题，比如机器卡顿、稳定性不好、承重能力有限等。但在我们的努力下，这样复杂的机器还是制作成功了。平时社团里的同学也经常来挑战，大家玩得可开心了。总之，我认为做创客是一件很有趣的事，这两年我不仅学习了技术，同时也度过了一段愉快的时光。

　　　　　　　　　　　　　　　——2017 级 16 班学生　王玫婷

　　极光创意社团对我影响很大。我初次了解它，是因为社团的指导教师张老师得知我懂一点编程基础，于是邀请我一起讨论一个问题。这之后我对极光创意社团了解得越来越多，也加入了这个社团。其中有两个作品让我印象深刻，一个是测量瞬时速度的实验仪器，那是我第一次接触电焊，很有意思，让我想起了熔化和凝固。最终经过不断调试测量结果和理论的误差大约在 0.1m/s 左右，我觉得是传感器精度不够的问题，希望以后有机会可以换成激光传感器再试试。另一个是通过接住随机掉落的小球来测试人反应的游戏机，从上个寒假做到了这个暑假，这期间遇到了很多问题，机械结构的设计，稳定性改进，桌子的调节功能，程序上如何实现真随机，布线等等，我和其他社团成员以及张老师共同努力，逢山开路，遇水搭桥，解决了一个接一个的问题，最终成功地完成这个作品，大家玩得不亦乐乎。

参加社团这么久了，每次都活动到很晚，有时候甚至一整天都在学校，看上去比别人少了很多玩的时间，但是我的收获也不少。我从中明白了理论和实践是不同的，有些事情想起来挺简单，但是做起来却困难重重，但我喜欢这样克服困难的感觉，还有创造的感觉。作为一个创客我很自豪！

——2017 级 10 班学生　张宸铭

极光创意课最初是引进课程，随着在学校的实施，建立了完整的课程方案，并积累了大量校本资源，形成了自己的校本教材。课程初级阶段以平面制图为主，学生可以在课程中制作钥匙链、拼图玩具、相框等。熟悉 Auto CAD 软件的使用后，也可以和艺术社团合作，将剪纸社团的作品扫描修改为图纸，用激光切割机批量生产。起初剪纸作者有些委屈地说："我剪了很久的作品，这个机器竟然几分钟就能复刻出来，而且想要多少就有多少！"同学互相鼓励："你的创意是最重要的，能有更便捷的方式产出更多的作品，不是很好嘛？"很快同学们更多地体会到科技与艺术融合带来的震撼。这个平台也打开了课程融合的大门，单一的技术课程逐步和各学科领域课程融合，比如与信息技术课程结合制作的避障小车，与电子技术课程结合制作的随音乐变化闪亮的笔筒以及超声波测距仪。开启了科技创新课程的构建新历程——由原有的单一课程，以创新项目为载体，构建多学科融合的课程群。师生的研究热情越发高涨，兴趣选修课逐步走向进阶融合课程。

（三）弘美教育理念下的戏剧课程开发

2015 年 9 月，国务院办公厅正式发布《关于全面加强和改进学校美育工作的意见》，提出"各学校应增设音乐、舞蹈、戏剧等教学模块，提高学生良好的审美情趣和人文素养"，"义务教育阶段学校在开设音乐、美术课程的基础上，有条件地增设音乐、美术课程的基础上，有条件的要增设舞蹈、戏剧、戏曲等地方课程""普通高中在开设音乐、美术课程的基础上，要创造条件开设舞蹈、戏剧、戏曲、影视等教学模块"。戏剧教育成了学生文化素养的主要途径。

伴随着我校"弘美教育"理念和实践体系的落地，我们积极与多部门联合打造学校精品特色课程，即体现对学生核心素养中的一类或几类素养的联结关系及其集中体现学校整体课程中的地位与价值的课程。由教科研、语文组和艺术组联合开发和实施"弘美教育"之戏剧课程。与此同时，海淀区以区域推进戏剧教育，组建戏剧项目，确定四个研究领域包括发掘戏剧的育人功能、开发戏剧课程、探索戏剧教学法和建设戏剧社团以及 12 个研究方向：中小学戏剧教育课程的目标、实施方式、戏剧社团活动、戏剧教育教师培训、戏剧特色学校建设、戏剧教育成果展演、戏剧教学法在中小学学科教学中的应用、戏剧教育进校园、校园环境场所建设、戏剧育人、戏剧教育评估体系和戏剧教育课程资源开发等研究。弘美戏剧课程成为我校富有特色及实效性的精品课程之一，正式在不同年级开设戏剧课程。

1. 弘美戏剧课程是"游艺课程"的重要组成部分

依据"弘美教育"的阐释："正而有美德者谓之雅"，"美的教育"已有美的含义，再把德和智的含义也纳入，特别契合教育的本质与目的。首师大二附中倡导和追求的美，不是仅限于表面理解的美，而是"大美"即包含了德、智、体、美，包含了教育的本质特征。弘美戏剧课程设立于"弘美课程"体系之下，是"游艺课程"的重要组成部分。

2. 提升学生学科素养，关注发挥学科群的重要作用

在新一轮基础教育课程改革中，迎接课堂转型的挑战，难以绕过核心素养这一重要问题。我们深知，学校教育是面向未来的事业，国民核心素养的培育是至高无上的课题，核心素养指导并引领着中小学课程教学改革实践。没有核心素养，改革就缺了灵魂。

核心素养不是先天遗传，而是经过后天教育习得的。核心素养也不是各门学科知识的总和，它是支撑"有文化教养的健全公民"形象的心智修炼或精神支柱。决定这种核心素养形成的根本要素，在于教育思想的进步与教育制度的健全发展。

虽然学科不同，核心素养都有其共通的特征：

（1）独特性，即体现学科自身的本质特征，也就是学科的固有性。

（2）层级化，即学科教学目标按其权重形成序列。这种序列表明，学科教学的根本诉求是学科的素养或能力，而不是单纯知识点的堆积。

（3）学科群，即语文、外语学科或文史哲学科，它们之间承担着相同或相似的学力诉求，可以构成各自的学科群。

戏剧课程是一门整统的学科。在基础教育范围内设置戏剧教育要着力体现各学科交叉的综合性。可以发挥不同学科之间承担的相同或相似的学力诉求，即所构成各自的学科群的作用。学生能在戏剧活动中更好地使用他们的知识、技能，同时戏剧活动也能使他们了解更多。开展戏剧活动意味着要和谐地使用头脑、心灵和肢体，不同的技能得到了训练，其他学科也能获益。学生学习了文学，他们练习了与艺术、音乐、体育有关的技能，依靠戏剧活动，他们的外语能力、历史和政治知识也能得到提高。借助于戏剧活动，能丰富学生的个性特征和表达方式，进而提升学生的自我意识。通过团队合作和让学生承担责任的方式，能有效提升学生的社会意识，促进学生的精神成长。

3. 注重戏剧教育的美育功能，为培养"俊美学子"的育人目标服务

戏剧课程是美育课程的重要组成部分。戏剧传承历史文化，发展学生个性，是美育教育的一个重要载体，戏剧课程是一个能够调动思想、身体、意识、情感（德性、学问、技能）及多重感觉器官的教与学的形式。戏剧教育的活跃与否一定意义上体现了一个学校的精神风貌。我校着力强调戏剧课程的美育功能有以下三个方面。

（1）在情感上引起强烈的共鸣

戏剧艺术所引起的观众共鸣的程度，在所有艺术中位于前列，这在悲剧中尤其明显。戏剧通过美丑的强烈对比，激发审美主体（观众）的自我意识，使人们在客观世界和主体自身内看到美与丑，强化对美的事物的憧憬、追求和维护，对丑的事物的憎恶、嘲笑和鞭挞，并且赋予这种美丑之间的斗争以直接的行动性。也就是说，戏剧艺术在对观众产生审美同化作用的同时，还使观众在对美的强烈感受中形成审美价值定向，并付诸行动。戏剧艺术所产生的感情共鸣，虽比不上小说那样使读者深深沉浸在情感的领域里，但在观众所受到内心震撼程度上，则是有过之而无不及的。

（2）心灵的净化作用

古希腊美学家亚里士多德指出：悲剧具有使观众"恐惧"和"怜悯"这两种情感的"净化"作用——这是两种存在于人类天性中的软弱低劣的情感，通过悲剧中的崇高感对观众产生心灵净化作用，引导观众消除内心深处潜藏的那些低劣卑下的思想感情，而向往高尚、伟大的精神品格，从而充实和完善了观众的人格。

（3）促进审美全面提高

戏剧促进审美主体艺术修养和审美素质的全面提高。戏剧属综合艺术的一种，它综合了文学、绘画、雕塑、音乐、舞蹈等姊妹艺术的元素，集中了编剧、导演、演员、美术设计、音响效果等各类专门人才的智慧和才能。戏剧艺术所创造的形象是时间和空间、视觉和听觉、直观和想象等紧密结合在一起的复合影像，而且是运动着的直观形象。因而，欣赏戏剧艺术，等于同时集中而又广泛地接触了高水平、高质量的各种艺术，其美育的功用是全方位、深层次、综合性的，因而能全面地提高审美主体的艺术修养和审美素质。

4.戏剧课程实施

（1）课程安排

首都师大二附中弘美戏剧课程包含具有独立学科性质的戏剧课程以及以戏剧表演为直接目的的兴趣小组、学生社团即所谓的通识性教育两类。

在选修课中开设《中国戏剧史》《戏剧欣赏与戏剧常识系列课程》《戏剧基本功》《西方戏剧史》等课程。

（2）课时安排

第 1—2 课时　西欧戏剧史概况、古希腊古罗马戏剧与中世纪戏剧

第 3—4 课时　文艺复兴到启蒙运动时期的戏剧、十九世纪以后的戏剧

第 5—6 课时　戏剧总结与活动课

第 7—8 课时　中国戏剧史概况、中国古代戏曲

第 9—10 课时　中国现代话剧、中国当代戏剧

第 11—12 课时　戏剧总结与活动课

（3）课程实施

学习方式：集中授课指导。课堂教学以实践练习为核心，辅以教材知识、问题的学习讨论。

教学方法：剧本导读、学习讨论、表演练习，是本课程实施中的教学方法。

组织形式：精品选修课。

英语戏剧《秘密花园》成果汇报在首师大附中集团内部可谓是声誉卓

著，获得一等奖；高一戏剧课程、戏剧《茶馆》《雷雨》《罗密欧与朱丽叶》等的成功展演，更是在区域内赢得口碑；自编校园剧《仁美之恋》得到学生家长高度评价。

（4）课程管理与评估

学校教学处对于各个年级的选修课程安排实施的课时、教室及实施的学分。授课教师在课程结束后要在综合素质平台上根据学生在课程实施过程中的表现给学生录入学分。

对学生的评价。首先，要考虑的是学生在这门课程中的参与程度；其次，是学生对相关知识的掌握程度；最后，是学生在戏剧表演中所表现出的实际能力。

过程性评价。学生参与课堂活动的程度是主要的考量因素，这也决定了学生的学习成效。授课教师及时、全面、客观、公正地评价，能让学生意识到自己的学习状态，并学会不断改进自己参与课堂活动的能力和水平。

终结性评价。本课程的评价以人为本，以学生积极参与、勇于表演、敢于表达以及综合语言运用能力为主要考察标准，为学生奠定坚实的语言基础和学科素养。

考评分"平时考核"和"综合评定"两步。平时考核内容为出勤情况、课堂参与，占总成绩的50%；综合评定内容为汇报演出，占总成绩的50%，均由教师评定。

近五年来，我校弘美戏剧课程展演经历了章节表演、课本剧表演、经典剧表演到校园原创剧，还有英语剧和歌剧。参演学生由几位、数十位到数百位，最后全年级海选AB角，台前幕后，编剧、布景、道具、服装、音响灯光、剧务等都由学生完成。每年一场大剧，多台小剧，如《红岩》《茶馆》《雷雨》、经典改编剧《罗密欧与朱丽叶》、歌剧《悲惨世界》《堂吉诃德》《秘密花园》《四世同堂》《咸亨酒店》、校园原创剧《星期三之约》等，其中《秘密花园》《四世同堂》等已是复排版。

2017 年 9 月，《四世同堂》和《星期三之约》两部大剧同时上演。北京人民艺术剧院原副院长崔宁专家点评道："这是让人眼前一亮的两部作品，一个是原创，一个是经典。虽然表达的方向不同，但是对学生在戏剧教育中所取得的成果是显而易见的。戏剧教育有两个观点，一是把话剧的观点分解开来以教育戏剧展开，二是戏剧上来排演完整的剧目。今天看到的是第二种，在排演的同时把艺术普及教育的要素融入进来，是更有艺术质量的教育。"用"弘美课程"的理论指导戏剧课程的建设，提升课程质量，积累了丰硕的课程资源。

（四）弘美教育理念下艺体课程开发

"弘美教育"理念指导下，我校艺术和体育校本拓展选修课程非常丰富，它有力地支撑起一条富有特色的校本课程研修路径。比如冰雪运动课程便被纳入学校发展规划和年度工作计划并严格执行。学校建立了在校长领导下，教学处、教务处、德育处和体育组等有关部门共同参加的学校冰雪运动工作领导小组，具体指导本校冰雪运动工作的开展。领导小组每学期至少研究一次校园冰雪运动工作。学校制订校园冰雪运动工作组织实施、教学管理、课余训练和竞赛、运动安全防范、师资培训、专项经费、检查督导等方面的规章制度和具体实施方案，并且不断完善。学校还向外开发体育场馆的课程资源，如首体滑冰馆、紫竹院露天滑冰场、五棵松万事达体育中心、国家体育总局冬季项目管理中心，与首都体育学院及附近滑雪场也建立起良好的合作关系。在发挥各自的资源优势基础上，学校积极投入人力、物力、财力，创造必要条件，为校园冰雪活动的开展提供保障和服务。因此，初中、高中年级都开设冰雪运动选修课和寒、暑假的学生冰雪运动课外体验活动，实施适合学生年龄特点的冰雪运动教学和课外活动。初中、高中学生在校期间至少选修 18 学时。

学校还将此课程横向延展，增设校园小记者，开展冰雪运动的宣传报道工作，同时在学校大屏幕和网站上定期发布学校冰雪活动近况、展示特色成果。学校为学生阅览室增订《冰雪运动》杂志，传播有关冰雪运动的科学知识，使越来越多的同学了解并爱上冰雪运动，期待在我国举办冬奥时尽上自己的一份努力。

此外，学校还有专门的社团课程，如学生合唱团，从建团以来连续获得九届北京市中小学生合唱节初中组比赛一等奖；校园舞蹈团，自建团以来曾4次获得北京市中小学生艺术节群舞比赛二等奖、集体舞比赛一等奖，多次参与过校内外的演出和许多重要的艺术活动；民乐团多次参加北京市和海淀区举办的比赛，均获得优异成绩。目前正在开展首都师范大学第二附属中学"五彩中国梦——传承少数民族音乐传统艺术"项目研究活动，以求进一步丰富学生的课外文化生活，培养学生在民乐、声乐、合唱等艺术方面的基本技能和审美情趣，激发潜在的艺术素养和表现力，促使学生在艺术活动中身心得以健康发展，传承和发扬我国少数民族地区极富特色和保留相对完整的艺术及音乐表演形式，让学生们通过学习民族乐器，了解民族音乐，培养爱国情怀。这些努力与探索背后无疑都有教师们对所教专业的不竭钻研与刻苦训练。

学校在"弘美教育"理念的基础上，提出"书以养德，德以润书"的书法教育观，努力把学生培养成为"依于仁、志于学、游于艺"的俊美学子。2016年被评为北京市"金帆书画院"海淀分院等荣誉称号，在海淀区率先开设了书法必修课，并一直实施至今日。目前，学校的书法教育形成了深厚的文化底蕴。书法必修课程着重从"审美能力、汉字书写水平、人文情怀、创新能力和设计感"五大核心素养培养学生，选修课程重在拓展艺术空间，艺术活动课程更贴近学生兴趣特长。

初一各班每周保证一次书法课。在高中开设多种书法选修课，例如隶书技法、篆书技法、篆刻、书法讲坛等。编写校本资源和书法教辅资源，如《颜体楷书教程》《欧体楷书教程》《经典作品赏析》读本、《硬笔书法练习册》、硬笔书法视频资源等，这些都有效地提升了教学效率。

除此之外，还开展丰富多彩的学科节活动，结合中国传统节日举办大规模的书法作品展览，如在学校的教学楼、弘美画廊、国学教室等。在大大小小的活动中，都展有学生精彩的书法作品，营造着学校的书香氛围。为了给学生们提供更大的发展平台，学校除了必修课还成立兰亭社书法社团，每年社团都吸纳热爱书法的学生加入。兰亭社社员严格遵守社团的规章制度，每周保证至少两次的社团训练，夯实临摹基本功，在反复的临摹—背临—创作的过程中，提高自己的书艺、磨炼自己的意志。还成立教师书法社团，每周一次训练活动。

目前学校的书法活动非常丰富，学校在 2012 年和 2013 年举办书法教育现场会；2014 年举办以"传承精神，放飞梦想"为主题的书画交流笔会；在 2015 年社区举办的"玉渊潭长走"活动中，也能看到我们的身影，小书法家们在公园中挥毫泼墨，引来路人的阵阵喝彩；2015 年举办"弘美拍卖"活动；2016 年邀请首师大中国书法文化研究院吕卫书记等参加纪念红军长征胜利 80 周年的笔会交流活动；2015 年和 2016 年的春节，剪纸社和书法社学生到花园村和曙光社区开展"剪窗花写春联慰问"活动；2017 年我校师生的书画作品，在"金帆书画院"海淀分院举办的"绘金色梦想　扬理想风帆"教育教学成果展中展出，并且学校被评为优秀组织称号；2017 年在海淀区第三届临帖展中，我校师生的作品均入围展览，并受到评委专家的一致好评；2016 年至今，录制硬笔书法教学视频，利用中午午自习时间开展"静心习字"活动。

表 5-3　首都师大二附中博识课组织架构表

组织机构	成员	任务分工
组长	阮翠莲	学校课程顶层设计，全面协调各部分之间的工作。
教学干部	梅务岚 刘丹旸	负责教研组长、备课组长制定"学校综合实践活动实施方案"，培训、指导教师完成相关工作。
德育干部	邓佑琴 蔡彤鑫	任学校活动的指导教师，按市教委要求，每学期组织完成一次学校层面的综合社会实践活动。

组织机构	成员	任务分工
团队干部	年级组长	组织开展年级活动，指导、督促学生做好总结，检查任务单完成情况。
班级指导教师	班主任	与学科教师密切配合，组织本班学生参与集体活动。每学期组织完成一次学生自主选择的综合社会实践活动。
学科指导教师	学科教师	结合本学科教学内容，每学期设计至少一次实践活动（独立项目或参与多学科融合项目）。

学校对于书法教育的渗透体现在各个学科。书法与语文组合作，组织学生写对联；与博识课合作，邀请故宫博物院专家讲座《书法真品鉴赏》，增长了学生们的见识。系列集体活动，自然就唤醒了学生坚持、勇于担当的精神。活动中，广大同学也逐渐成为心灵敞亮、有独立思想、有慈善仁心的俊美少年，学校书法教育已成为塑造人心灵的教育。

（五）"弘美教育"理念下博识课程开发

2014年9月我校参考首都师大附中开展十年的博识课课时安排，将博识课排入课表，初一年级每周利用一个下午的时间开展博识课。主要形式是带领学生走出去，走进大自然、博物馆、科研院所；将专家请进来，各行各业的专家与学生面对面讲述他们的故事、介绍各领域发展前沿。

开设博识课的初衷是引导学生在实践中学习，拓宽学生的人文、科技视野，丰富学生的文化积累，感受各行各业优秀工作者的人格魅力，为学生生涯规划做铺垫。

目前，我校初一、初二及免中考初三直升高中班近800名学生同时开设博识课，借助中高考改革的契机，将我校博识课与学科教学深度融合，经过五年的实践，积累了大量资源，教研团队始终不断反思，推进课程发展，固化为校本基础通修课。

成立博识课领导小组，建立三级管理制度——由校长任一级管理，统领全局把握大方向；教学、德育、年级组建团队为二级管理，负责课程的设计、规划、评价；班主任、学科教师负责课程实施、学生评价；安全保卫做好活动应急预案，提供安全保障。

在内容设置上，首都师大二附中的博识课整合了北京市规定的开放性科学实践课、综合社会实践活动和学科实践活动，各学科教师共同参与。

博识课分为四大主题：文学艺术、自然科学、社会科学、体育心理，结构如表5-4所示。领导小组在制定课程整体规划的基础上，每学期根据学生、课程及社会时事热点等情况适当调整，制定本学期的具体计划。博识课以"博闻广见，卓有通识"为总体目标，注重理论与实践相结合，各阶段制订不同目标。

表5-4　博识课四大主题

博识课	自然科学	培养动手实践操作能力、实验探究能力、科学思维能力。
	社会科学	走进生活，体验民风民俗；树立正常的价值观，具有理性精神，提高综合思维及实践能力。
	文学艺术	培养语言运用能力、学习中华传统文化，弘扬民族精神；提升审美鉴赏与艺术创造能力。
	体育心理	学会情绪管理，积极适应外部环境，培养阳光心态；提升活动能力，提升团结协作能力。

博识课整合教学资源，开展形式多样的课程，既有外出参观博物馆、学科实践活动、团队拓展训练、研究性学习，也有将各行各业专家请进学校，与学生面对面交流。四年时间，组织外出百余次，走过的场馆57个，专家讲座56场。

2015年科技中心成立，开始负责博识课的顶层设计，在起步阶段，课程资源极度匮乏，凭借一本《北京博物馆一览》手册，以学校为中心，将距离15千米以内的全部博物馆列为备选目录，然后查阅官网、电话咨询，逐一列出基本情况，草拟任务单，列出了初一、初二两个年级一个学期的学习计划，首次编辑了我校博识课学习手册。

　　用心编辑的手册在课程实施过程中很快就遇到了诸多问题，比如场馆开放时间、展览内容的变化，使得最初的设计无法实施；任务单多为填空式，涉及最多的是"是什么"的问题，思维拓展不够，与学科联系不够紧密；由于版面限制，一个学期下来，一本册子提供的信息严重不足等等。

　　在接下来的课程开发中成立了课程研发团队，将一个学期的学习计划分为若干小主题，选定参观场馆，组建每个主题的课程研发团队，既有同学科教师的共同参与形成合力，又有不同学科教师的对话碰撞出新的火花。博物馆、社会大课堂资源与各个学科课程对接更加顺畅。

　　课程研发中虽然加入众多教师的力量，但是教师并没有接受过任何相关专业培训。教师们对于目标场馆（我们称之为"资源单位"）的熟悉度差距很大，甚至教师们对于课程本身有各自不同的认识，使得课程研发之路异常艰辛，效率低下，往往自认为查询了大量资料、做足了功课，但是到实地考察目的不够清晰，教师们难以达成共识，往往需要多次考察才能逐步形成初步课程设计。课程研发速度赶不上课程实施的速度，课程又一次陷入困境。

　　随着教师们参与课程研发的过程，自身的角色发生了微妙的转变——走下讲台，走进了博物馆、社会大课堂，这是更加广阔的非正式学习环境。在课程研发中教师自己也是一个学习者，从而更加深刻地体会到，各种教师教育项目几乎都把焦点放在课堂教学环境上，但在校学生的学习很多都是发生于课堂之外的，是发生在各种数量众多的非正式学习环境中。

　　如何在非正式学习环境中学习？要学习什么？怎么学习？学习的目的是什么？在这个过程中我校教师想尽一切办法、不断地寻求帮助，向周围的专家讲述我们遇到的困难，争取学科专家引领以及场馆专业人员的帮助，进行多方融合，共同探讨。我校教师还报名参加各种社会教育机构组织的活动，带着自己孩子体验能更加直观地观察学生在非正式学习环境中学习是如何发生的，指导自己的课程研发。

一年时间，针对不同场馆编制了学习手册 20 余册，一个场馆一本学习手册，这些册子少则 10 余页，多则 80 余页。手册内容在一次课程或者几次课程不足以完成全部，我们会将未完成的部分留作假期作业，学生们在课余时间可以约上小伙伴，也可以叫上家长一起参观博物馆，我们希望这些手册能成为指导学生向身边博物馆学习的向导，培养学生树立终身学习的目标。这是首都师大二附中送给学生们的又一份沉甸甸的礼物。

慢慢地我们的工作得到社会各界越来越多的帮助，推动了课程研发的进度。2016 年，在朝阳公园内的索尼探梦科技馆，科技馆辅导教师和学校教师深度研讨，为课程实施提供了大量资料和大力支持。经过三轮课程实践，课程组教师结合学生的学习反馈，完成了学习手册从草稿到第一版又到第一次修订版的版本升级。

2017 年，我校成为中国科学技术馆的"馆校结合基地校"，中科馆成为每个学期学生博识课常规授课地点，不同学段设计不同主题，每个主题一本学习手册。

2018 年暑假，我校初中物理教研组教师联合北京市多所中学初高中物理教师与中科馆工作人员共同研发了馆校结合课程《博识课堂之中国科学技术馆——走近大国重器》。大学教授、高校实习教师也在我们的研究团队中，大家充分发挥各自的优势，分工合作，共同研发课程。集结为针对不同学段的两本学习手册——初一学生的初级版和学习过物理力学部分的进阶版。

在项目引领下开展的课程，虽然形式上依旧是有讲座、有参观，但是参观的目的不再是完成任务单，而是要完成共同的项目，每个小组有自己的目标。可以说是进一步的提升。

博识课仍在继续，我们始终立足于学生的实际获得和长远发展，每一次课程实施都会让我们有不同感悟，我们的思考不会停止，改进的脚步也会一直向前。

四、拓展选修课程的开发与实施

(一)校本选修课程开设流程

校本选修课程开发以发展学生个性为目标指向,满足学生的发展需求。课程开发的主体是本校教师,充分利用社会课程资源,引进部分成熟的、适合学生发展需求的课程。

在校本课程的实施和评价过程中,倡导教学民主,建立平等的师生关系,教师要尊重学生的人格,每一位教师都有责任爱护和培养学生的探索精神、创新精神,营造崇尚真知、追求真理的氛围,促进学生自主学习、独立思考,为学生禀赋和潜能自由、充分发展创造宽松的环境。

(1)申报:学期末,在科研室、教学处和教研组组织协调下,任课教师申报下学期拟开设选修课程名称,填写校本课程纲要,上报教学处。

(2)初审汇总:教学处初审课程申报资料,汇总制作下学期拟开设选修课程目录,并确定各门课的课时、学分、人数限定、上课地点、任课教师等。

(3)审核:由科研室组织的校课程开发委员会讨论确定下学期拟开设选修课程目录。

(4)公布:教学处在开学后两周内,在校园公布选修课程目录及课程的信息,供学生预选。

(5)指导选课:开学后两周内,由年级组、班主任和任课教师安排专门时间指导学生选课,学生实行网上选课,教学处进行网上报名确认。

(6)确认:教学处汇总选课单,符合开课条件的(原则上开课人数应等于或多于10人),确认开课,并作出相关安排,编制课程选修学生名册,通知任课教师。

(7)开课:一般在每学期第三周开选修课程。

近几年,我校在高中一、二年级开设了丰富多彩的校本拓展选修课程，每周保证 2—4 学时。具体课程内容，参见附表八：2017—2019 年首都师大二附中高中一、二年级部分校本拓展选修课程（每周 2—4 学时）。

（二）课程实施支持

（1）科研室和教学处提前制定学年选修课程开设计划。一般在学年第一学期第一周确定开课课程和选课名单，第二周正式报课。第二学期的选修课程开设准备工作应尽可能在第一学期结束前完成。

（2）做好选课指导。在学生选课前，由年级组长、班主任或任课教师进行课程介绍和选课指导。学生选课后，由科研室和教学处根据尊重学生志愿和适当调剂相结合的原则作出决定，特殊情况，允许少数学生在听完第一次课后对所选课程作出调整，选课情况应及时向学生公布。

（3）教学处编排选修课课程表，确定上课教室，编制学生名单和成绩记录卡。学期选修课课程表一旦确定，一般不做调整。

（4）做好日常教学检查，组织选修课程教学研究。通过听课、召开学生座谈会、问卷调查、进行考查等形式进行教学质量评估；通过组织选修课程教学研究课、任课教师讨论会等形式，进行教学交流和探讨。在教研和检查的基础上，进一步改进校本课程的实施过程，提高课程质量。

（5）及时做好选修课程资料收集、归档等工作。

（6）每一学段开设结束后，科研室和教学处针对所有开设的校本选修课做学生问卷调查，评选精品校本选修课。

（三）学生学业成绩评价

普通高中学生需修满三年并且每学年在每个学习领域获得一定的学分，总学分最低要求为 144 学分、学业水平考试和综合素质评价达到规定要求，方可毕业。其中必修 88 学分、选择性必修最低要求 42 学分和选修最低要求 14 学分，含校本课程最低要求 8 学分。鼓励学有余力或希望多方面发展的学生多修校本课程，获得更多学分。

1. 必修课程和选考选择性必修课程的评价——过程性评价和终结性评价

必修课程的模块结业评价由过程性评价和终结性评价两部分组成。过程性评价是对学生日常学习过程中的表现所取得的成绩以及所反映出的情感、态度等方面的发展做出的评价。终结性评价是在一个模块教学结束时所进行的测试。评价的目的是为了促进学生的学业进步和全面发展。过程性评价和终结性评价在学分认定中的权重比是 4∶6。即学生完成每个模块的学习后，学业成绩的评定由过程性评价（40%）和终结性评价（60%）两部分组成，两者相加后转换成等级制，实行等级评价：85 分以上为 A 等（优秀），84—70 分为 B 等（良好），69—60 分为 C 等（合格），59 分以下为 D 等（不合格）。等级评定为"合格"或以上者，可获得该模块的学分；等级评定为"不合格"的学生，学校将给其家长发《学生学业成绩预警通知书》，通知学生参加补考或重修，一次补考或重修后仍然"不合格"的学生将收到《学分不达标预警通知书》，直至进入退学程序。

（1）学年成绩：学年成绩实行百分制，即满分为 100 分。两学期分别占 40% 和 60%，即第一学期 40%（40 分），第二学期 60%（60 分），第一学期与第二学期分数之和为学年成绩。

（2）每学期成绩由两部分组成：如第一学期期中成绩，过程性评价占 40%，期中考试成绩（终结性评价）占 60%；第一学期期末成绩，过程性评价占 40%，期末考试成绩（终结性评价）占 60%，期中、期末两部分成绩构成第一学期成绩，也构成全学年成绩的 40%。

（3）过程性评价 40%（各学科根据本学科教学特点制定相应评价标准细则）。

例如：

考勤（默认 5 分，最高 5 分）减分制：迟到或早退一次-0.2分，缺勤一次-0.5 分

课堂表现（默认 8 分，最高 10 分。表现好 +0.2 分，表现不好 -0.2 分）

作业（默认 10 分，最高 15 分。好 +0.5 分，迟交 -0.5 分，未交 -1 分）

平时小测验成绩（总计 10 分）：每学段录入历次小测验均分

2. 非选考选择性必修课程、选修课程评价——过程性评价

校本课程建设是深化高中课改的重点，也是转变育人模式，促进普通高中办学多样化、特色化，实现学生在共同基础上有个性的发展所必需的载体和手段。目前，每学期我校利用校内外课程资源能开设 10 余门的校本课程，精选出部分学生喜爱、结构合理、实施有序、管理规范、质量较高、富有特色的精品课供学生选择。在高一、高二年级每周安排 2—4 学时校本选修课程（≥6 学分）和 1 学时的校本必修课程（微修课，其中研学 2 学分，校本 2 学分）。

评价要求：

（1）课堂表现（20 分），由学生自评、小组评价和教师评价三方面组成，比例为 3∶3∶4。

（2）作业质量（20 分），作业（书面或实践类）质量缺一次扣 1 分，无故不做作业或作业雷同一次扣 3 分。

（3）平时测验（30 分），由各任课教师自主安排，每 18 课时不少于 2 次。

（4）出勤统计（30 分），无故迟到、早退扣 1 分，旷课一节扣 3 分。

实行等级评价：85 分以上为 A 等（优秀），84—70 分为 B 等（良好），69—60 分为 C 等（合格），59 分以下为 D 等（不合格）。等级评定为"合格"或以上者，可获得该课程的学分，等级评定为"不合格"的学生没有学分。

校本课程的评价方式注重与课程目标评价指标密切结合，大胆尝试多元化评价，学生的学习成果可通过实践操作、作品鉴定、竞赛、评比、汇报演出等形式展示。

第三节　弘美课程建设思考

我校文化视域下的课程建设和实施，从"缺什么，补什么"，"有什么，供什么"，到"需要什么，创设什么"，开放、务实、面向未来的"弘美课程体系"构建，形成了学校特色鲜明的课程体系，成就了魅力教师和俊美学子，学生在人文素养与科技创新方面有突出的实际获得，学校文化与课程建设相得益彰。随着课改的不断深入，我们的课程意识在不断提升，回望改革，有收获，也有反思，主要思考有：1.把握好课程建设的方向，关键是聚焦学校文化、紧紧围绕学校育人目标。2.对校本课程实施过程的评价是精品特色课程形成的保证。3.课程建设资源的丰富是前瞻性课程形成的保障。

学校课程建设是国家基于教育问题解决而推出的一系列教育改革举措之一，是"立德树人"根本教育任务落实的充分保障，需要我们教育一线的管理者、执行者认真学习，深刻领会国家教育方略的顶层设计，需要学校层面集中精力、聚精会神来做的一项重要工程。这是一项梦工程，牵一发而动全身，学校课程建设成功与否考验着学校管理者集体的智慧。

附1：

世界遗产教育专题（一）

天　坛

一、开设背景

为贯彻与落实《北京市中小学培育和践行社会主义核心价值观实施意见》（京政办发〔2014〕52号）、《北京市基础教育部分学科教学改进意见》（京教基二〔2014〕22号）、《北京市实施教育部〈义务教育课程设置实验方案）的课程计划（修订）》（京教基二〔2015〕12号）、海淀区实施《北京市义务教育课程设置实验方案》的课程计划（修订）精神，深入开展我校基础课程改革，在义务教育阶段落实全科育人、全程育人、全员育人和实践育人的教育理念，将学科知识与学科实践有效衔接，体现课程的开放性、综合性和选择性，建立多元、开放的评价体系，促进我校学生全面发展、健康成长，2014年9月起，我校在七年级开设博识课，2015年9月起七、八两个年级开设博识课，学生陆续走进博物馆、研究院所、大学实验室、社区等场所，进行综合实践课程的学习。以实现校内外课程资源的融通，促进社会主义核心价值观教育的课程化和常态化。

二、指导思想

该课程以世界遗产天坛为实施场所，充分利用天坛中的资源，把学生区别于一般的参观游览者，对学生进行中华优秀传统文化教育和爱国主义教育。将学科知识与展馆资源有效衔接，体现课程的开放性、综合性和选择性，建立多元、开放的评价体系，关注学生的参与，关注学生的实际获得，鼓励学生应用知识、自主探究、发展个性。

三、课程目标

【总目标】

1.知识与技能：在真实的情景中，综合运用学科知识，发现问题、处理问题。

2.过程与方法：学生根据不同学科的要求，选择自己感兴趣的主题，有目标地开展学科实践活动与学习。

3.情感、态度与价值观：了解非物质文化遗产基础知识，并为传承非物质文化遗产做出实际努力。

【学科教学分目标】

1.语文教学：运用多种说明方法对事物进行说明，感受天坛之美，并用语言描述出来。

2.物理教学：观察物理现象的过程，了解声音在生产生活中的应用。简单描述所观察物理现象的主要特征，能在观察和学习中发现问题，具有初步的观察能力及提出问题的能力。

3.数学教学：通过建筑实例了解黄金分割，运用化曲为直、数形结合的相关知识，感受图形的对称与平移。

4.英语教学：能根据真实情景，进行简单表达，描述活动或简单介绍游览地，并在口语活动中做到语音、语调自然，语气恰当。

5.地理教学：掌握阅读和使用地图的基本技能。

6.历史教学：了解古代包括建筑在内的科技成就，知道其历史地位与功能。

7.生物教学：理解人与自然和谐发展的意义，热爱自然，珍爱生命。

8.美术教学：崇尚文明，珍惜优秀民族艺术与文化遗产，了解中国古建筑的色彩运用。

四、课程内容

1.融通学科课程内容与天坛资源。学校根据办学理念和育人目标，将学生在校内学习的语文、数学、英语、历史、地理、艺术等课程内容与天坛资源进行有效衔接，设置相应的课程模块。

2.依据学生个性特长及爱好自由结合学习小组、确定学习主题。学习主题由指导教师根据学生的需求进行设计，或者由学生自己提出研究主题。主题确定可以是综合性的、实践性的、生活化的，也可以涉及学科的相关内容或生活中的相关问题。每位学生在天坛的学习时间不少于3课时。

五、课程实施

1.通过在天坛的学习，在运用知识、探究问题、合作分享的过程中，感受中华传统文化的博大精深，增强自信心和自豪感，激发爱国热情。

2.学科整合，设定主题，明确任务。

3.整体设计，分步实施。

4.充分发挥学生的主体性，注重学习方式和成果的多样性。

六、学习评价

采用"自我参照"标准，引导学生对自己在博识课中的各种表现进行"自我反思性评价"，强调师生之间、学生同伴之间对个性化的表现进行评定。关注学生学习过程，关注学生实际收获。设置评价表见表5-5。

表5-5　活动评价表

活动日期	活动主题	自我评价	组员互评	教师点评
		参与☆☆☆☆☆ 合作☆☆☆☆☆ 收获☆☆☆☆☆	参与☆☆☆☆☆ 合作☆☆☆☆☆ 交流☆☆☆☆☆	参与 合作 汇报

表5-6　评价细则

	参与	合作	交流	收获	汇报
1	提前预习，做好活动准备	积极参加小组能活动	能够认真倾听他人观点	完成活动记录	活动记录完整
2	遵守各项规定，文明参观	服从组内决议	有自己独立见解	完成研修目标	活动记录有新意
3	集体活动，服从指挥	乐于帮助别人解决困难	能够表达自己的看法	积极参加实践活动	有合作意识，能独立思考
4	认真听讲解、认真参观	遇到问题能够寻求别人帮助	虚心接受别人的意见	学习具体知识	汇报准备充分
5	积极完成任务单、做好记录	和组员合作愉快	敢于提出质疑	体验某种方法	汇报效果良好

评价表及学生研究成果记入学生成长档案。

七、实施保障

学校加强对综合实践课程实施的领导，年级组负责课程实施的组织保障。年级全体老师统筹课程学习方案的设计与执行，组织老师做好相关培训及课前的准备。

学校制定安全预案及交通方案，做好应对各种突发事件的应急预案。加强家校联系，通过宣传使家长了解课程的重要性，家校协同保证课程的有效实施。

各学科教师备课模板见表5-7。

表5-7　世界遗产专题——天坛

学科	教学素材	对应课标要求	学科知识	学科能力	学习任务设计	建议学时（分钟）	评价方式
语文	天坛公园	能抓住事物特征，有自己的感受和认识，表达力求有创意	运用多种说明方法对事物进行说明	感受天坛之美，并用语言描述出来	模仿《苏州园林》，写一篇《天坛》	30	上交一篇800字内的文章
数学	空间布局与建筑：方、圆、半圆、扇形；中轴、直径、半径、圆周；中心线、对称等	通过建筑实例了解黄金分割	图形的对称与平移	运用化曲为直、数形结合的相关知识	从数学眼光看，古人对于圜丘坛的建筑设计给了你什么启发？	30	以小组为单位写出研究报告
英语	天坛之行	能在口语活动中做到语音、语调自然，语气恰当	活动描述或地点介绍	能根据真实情景，进行简单表达	①写一篇游览天坛新闻简讯。②编写著名景点解说词，在实地为外国朋友做次小导游。	20	任选其一：①手抄报②我做小导游

续表

学科	教学素材	对应课标要求	学科知识	学科能力	学习任务设计	建议学时（分钟）	评价方式
物理	圜丘坛的天心石、皇穹宇的回音壁、三音石	了解声在生产生活中的应用	回声	1.经历观察物理现象的过程，能简单描述所观察物理现象的主要特征，能在观察和学习中发现问题，具有初步的观察能力及提出问题的能力。2.有将科学技术应用于日常生活、社会实践的意识。	1.找到三音石，它位于回音壁的什么位置? 试着站在三音石上拍手，发生了什么? 你能画出声波的大致传播方向吗? 如果偏离三音石的位置拍手，又有什么现象发生? 分析其中的道理。你还能提出哪些问题? 注意一定是可以进行探究的问题! 2.和你的组员一起感受回音壁的奇妙，你能画出声波传播的大致方向吗? 3.到圜丘坛找到天心石，站在上面讲话，你有什么发现? 你能解释这个现象吗?	30分钟（一个任务10分钟）	以小组为单位写实验报告

续表

学科	教学素材	对应课标要求	学科知识	学科能力	学习任务设计	建议学时（分钟）	评价方式
历史	天坛公园	了解古代包括建筑在内的科技成就	明清建筑	知道其历史地位与功能	从哪些方面体现出皇权至上的思想	20	以小组为单位做PPT进行汇报或者在导师指导下写出研究报告
地理	主要建筑物	养成在日常生活中使用地图的习惯	掌握地图的基本知识	掌握阅读和使用地图的基本技能	画主要建筑物平面位置图	20	上交自己画的位置图
生物	柏木种植	热爱自然，珍爱生命	理解人与自然和谐发展的意义	人与生物的关系	了解中国文化赋予坛庙中松柏的社会意义	20	以小组为单位做PPT进行汇报
美术	天坛主要建筑	崇尚文明，珍惜优秀民族艺术与文化遗产	提高造型表现能力	学习色彩、构图、比例等知识	了解中国古建筑的色彩运用	20	以小组为单位做PPT进行汇报

注：以上内容由学科老师根据课标要求设计填写，课程部门综合归纳印发给学生；学生按自己的兴趣选择2—3个任务，并按所选任务进行分组。外出实践活动后，以小组为单位向其他同学进行汇报或上交研究报告。

附2：

首都师范大学第二附属中学

2015—2016年度博识课程精品化实施方案

一、指导思想

21世纪是人类社会高速发展的时期，各国之间的竞争越来越表现为以科技创新为支撑的综合国力的较量，这种竞争归根结底是人才的竞争，而人才的培养要靠教育。我国要在国际社会中立足，就必须发展教育，培养具有质疑精神和创新能力的一大批拔尖创新人才。中国教育近年来取得了很大进步，但我们也能清楚地看到其中的不足，基础教育阶段学生缺乏质疑精神、动手实践能力，缺乏好奇心和探索的精神，绝大多数学生的主动学习和创新意识、动手能力相对较差，甚至出现了很多"眼高手低、高分低能"等，对国家长远的人才队伍建设非常不利。

《国家中长期教育改革与发展规划纲要（2010—2020年)》提出了"面向全体学生、促进学生全面发展，着力提高学生服务国家服务人民的社会责任感、勇于探索的创新精神和善于解决问题的实践能力"的教育战略思想。

《国家九年义务教育课程综合实践活动指导纲要》要求，学校每周要保证3个课时的综合实践活动，地方教育行政部门要重视综合实践活动课程资源建设工作，加强管理，因地制宜，开发和利用校内外课程资源。协调中小学与青少年宫、科技馆、图书馆、博物馆等各类校外教育场所的关系，充分发挥各种教育资源对加强青少年儿童思想道德建设、发展学生创新精神和实践能力的重要教育作用。

《北京市中小学培育和践行社会主义核心价值观实施意见》的落实。按照实施意见要求，北京市将加强实践体验活动载体和平台建设，实施"一十百千工程"。具体为：每个学生在中小学学习期间至少参加一次天安门广场升旗仪式，分别走进一次国家博物馆、首都博物馆和抗日战争纪念馆；至少参加十次集体组织的社会公益活动；观看百部优秀影视作品，阅读百本优秀图书；学习了解百位中外英雄人物、先进人物的典型事迹。

2014年11月，为更好地推进初中物理、化学、生物、地理等科学类学科教育教学内涵发展和质量提升，切实解决科学类学科教学方式单一、实验教学薄弱、学生缺乏想象力和创造力等深层次问题，《北京市初中科学类学科教学改进意见》出台。其中第八条加强与社会教育机构的合作，通过购买服务，市、区县两级共同推动整合利用博物馆、科技馆、大学实验室和图书馆等社会资源。依托北京数字学校、高中开放式重点实验室以及翱翔计划、雏鹰计划提供的各类课程资源，在市、区县、学校网站上为学生提供综合实践活动菜单式服务，提供丰富的"实验"学习资源选择。同时，加强教育教学配套资源建设。

我校 2014 年 3 月由首师大附中承办，统一管理、统一教研、教学资源共享，从 2014—2015 学年度起我校引进首师大附中博识课，在初一年级开设博识课，形成我校精品化校本课程。2015—2016 学年度在初一、初二两个年级同时开设博识课。

二、教学原则

（一）实践性

博识课以"活动"为主要开展形式，以"实践学习"为主要特征。通过引导学生亲身经历各种实践的学习方式，积极参与各项社会实践活动，在"调查""考察""实验""探究""设计""操作""制作""服务"等一系列活动中发现和解决问题，积累和丰富经验，自主获取知识，发展实践能力和创新能力，引导学生在实践中学习，在实践中发展。

（二）开放性

博识课超越封闭的学科知识体系和单一课堂教学的时空局限，面向学生的整个生活世界，强调富有个性的学习活动过程；关注学生在这一过程中获得的丰富多彩的学习体验和个性化的表现，其学习活动方式与活动过程、评价与结果均具有开放性。

（三）自主性

博识课尊重学生的兴趣、爱好，注重发挥学生的自主性。学生是博识课程的主体，它客观要求学生主动参与实践性学习的全过程，在教师的有效指导下自主学习、自主实践、自主反思。指导教师对学生实践学习的全过程进行有针对性的指导，不包揽学生的活动。

（四）灵活性

教学内容、方法应以学生的实际情况而定，教师应从学生的年龄、能力、效果等差异出发，因材施教，处理好课程的预设性与生成性之间的关系。学生的活动主题、课题或活动项目产生于对生活中现象的观察、问题的分析，随着实践活动的不断展开，学生的认识和体验不断丰富和深化，新的活动目标和活动主题将不断生成，课程形态随之不断完善，使全体学生都能得到发展。

三、课程目标

（一）博识课课程建设的总目标——博闻广见，卓有通识

引导学生在实践学习中获得积极体验和丰富经验，形成对自然、社会和自我之内在联系的整体认识；体验并初步学会问题解决的科学方法，具有问题意识，发展良好的科学态度、创新精神、实践能力；形成强烈的社会责任感，具有良好的个性品质。

（二）各学段教学目标

表 5-8　学段教学目标

	初一年级	初二年级
第一学期	带领学生充分利用北京丰富的社会大课堂、博物馆等资源，体验博识课的实施过程，获得亲身参与探究活动的体验，学生通过自主参与探究活动，亲历探究过程，获得探究体验，能够完成教师提出的问题或任务，加深对自然、社会和人生问题的思考与感悟，激发探索、创新的兴趣和愿望，养成从身边的博物馆学习的习惯。	在参加活动前能够通过专家讲座、网上查询、自学教师提供材料等学习途径，确定探究的问题，带着自己的问题走进博物馆。在探究活动中，学生学会利用适当的工具和技术、通过多种途径获取信息；学会整理与归纳信息，学会判断和识别信息的价值；学会运用获得的信息描述或说明问题并做出恰当的解释。在积极参与实践的过程中获得积极体验和丰富经验。

	初一年级	初二年级
第二学期	学生在活动中，参考教师提出的一些问题，能提出新的问题，逐步形成自觉学习、善于观察、敢于质疑、勤于思考、乐于在探究中获取新知的意识和习惯。通过体验、感悟周边的事物，经过独立思考，形成对事物的理解并能用论文形式和他人分享。	能提出有价值的科学问题，在活动中能提出探究设想并自主开展探究活动，提出解决问题的合理策略，表达探究成果。学生在探索活动中，既独立思考、积极主动，又乐于与伙伴互相帮助、彼此协作；自觉遵守合作规范，正确对待个人与集体的关系；学会处理人际关系，主动与同伴分享信息、创意和成果等。

四、课程内容领域

读万卷书不如行万里路，行万里路不如阅历无数，为了探索培养创新精神和实践能力的素质教育新路，为了给学生的创新精神建构深厚的文化底蕴基础，大胆尝试学校教育"走出去"以及校外专家"请进来"系列活动，成立了以"博闻广见、卓有通识"为基本理念的博识课校本课程开发小组，旨在开发一门将参观访问、专家讲座、研究探索、实践制作、交流探讨、论文撰写等有机结合，培养学生创新精神和实践能力，培养学生提出问题、分析问题、解决问题，让学生通过自己的行动获得广博的知识的课程。内容领域包括社会实践、社区服务、研究性学习、劳动与技术教育等方面。

（一）社会实践

充分利用北京社会大课堂、博物馆等资源，超越单一的教室空间，通过考察、调查、探究等方式以获得直接经验、发展实践能力，培养学生提出问题、分析问题、解决问题，让学生通过自己的行动获得广博的知识。学生养成多看、多听、多思的习惯，并在此基础上积累常识、习得知识、增长见识（关乎学生的终身学习）、锻炼胆识（关乎实践与创新能力）、学会赏识（人格的塑造与养成）。改变学习方式，提升学习质量，社会实践的最大追求不是授人以书本知识，不是记忆、背诵，而是培养学生不断地领悟世界的意义和人生的意义。因此，要特别注意促使学生在实践中寻求学习的动力，克服重分数轻发展、重书本教学轻社会实践的现象，注重实践教育、体验教育，贴近实际、贴近生活，把学习场所从教室拓展到社区乃至整个社会，改变单一的学习方式，使课堂知识学习和社会体验学习结合起来，加强学校与社会、教学与生活的联系，发掘蕴藏于邻里、社区乃至整个社会的有利于学生学习和成长的教育资源，充实学生的学习生活，全面提升学习质量。

（二）社区服务

走进社区街道、福利机构参与社会实践活动，培养社会服务意识、增强公民责任感，热心参与志愿者活动和公益活动，关心社区中的重大活动和社区存在的主要问题。关心他人，关心残疾人、老年人等弱势群体，乐于为他们做一些力所能及的事情。积极面对生活学习中遇到的困难与挫折，对他人的帮助心存感激，并随时乐意帮助他人，深化学生的生存体验，舒展学生的个性，全面提升学生的精神境界。增强对家庭、社会和国家的责任感与使命感，懂得为人做事的基本道理，懂得尊重人、宽容人，能对自己所做的事情负责，形成与他人友好相处、共同成长的意识与能力，学会处理人与人、人与社会、人与自然的互动关系，牢固树立心中有祖国、心中有集体、心中有他人的道德情操，把个人的成长进步同祖国的繁荣富强紧密联系在一起，为担负起建设祖国、振兴中华的光荣使命时刻准备着。这对于实现学生在认知、能力、情感态度、价值观等领域的全面、协调发展具有重要意义。

（三）研究性学习

学生基于自身兴趣，结合专家讲座，在教师指导下，从自然、社会和学生自身生活中选择和确定研究专题，主动地获取知识、应用知识、解决问题的学习活动，让学生在探究生活中融入生活、热爱生活，形成一种积极的、生动的、自主合作探究的学习方式。学生通过自主参与探究活动，亲历探究过程，获得探究体验，加深对自然、社会和人生问题的思考与感悟，激发探索、创新的兴趣和愿望。学生在探究活动中，学会发现并确定探究问题，充分利用社会大课堂、大学实验室等教育资源，学会利用适当的工具和技术、通过多种途径获取信息；学会整理与归纳信息，并做出恰当的解释。学生在探究活动中，既独立思考又乐于与伙伴互相帮助、彼此协作。学生在探究活动中形成"崇尚真理、尊重科学"的科学态度和科学道德。不盲从、不迷信；实事求是、不弄虚作假；了解并尝试运用问题解决的基本科学方法，具有一定的方法意识，体验研究的基本过程；尊重他人的思想与研究成果等。

（四）劳动与技术教育

学生通过系列性的实践活动，能够获得相应的工具应用、材料认识、简易设计、作品制作等多方面的能力发展。重视学生的手脑并用，注重学生的技术探究、试验与创造，强调以技术内容为载体的"做中学"和"学中做"，强调心智技能与动作技能的结合，强调理论与实践的结合。

劳动与技术教育的内容范围及主要活动形式：

（1）劳动实践活动：包括校园内的自我服务劳动、公益劳动；在社区进行的社区公益劳动；在当地厂矿企业或在农村的农田、林场、牧场、渔场等场所进行的简单生产劳动等。

（2）技能练习活动：主要有常见的工具使用、常见材料加工、常规构件或部件的连接，日常生活中的技术产品的使用、简易维护与保养；具有一定技术特征的生活技能，如日常烹饪、衣物缝制、常见洗涤等方面的技能学习，以及一些简单的、通用的工农业生产的基本技能练习等。

（3）工艺制作活动：主要指体现技术特征、具有地方特色的传统工艺品的制作活动，以及纸塑、泥塑、编织、印染、雕刻、刺绣、电子等项目作品的制作等。

（4）简易设计活动：包括对一个简要技术作品的需求调查、方案构思、草图绘制、模型制作、调配装试、交流评价等活动。

（5）技术试验活动：主要指技术实践、技术探究过程中所进行的一些简单的技术小试验，如种植、养殖中的农业小试验，常见材料的性能试验，技术设计作品的功能试验等。

（6）发明创造活动：主要指从现实的生活和生产需要出发，以人类未曾出现的技术产品或技术手段为对象，采用一定的创造技法、系列化的步骤，努力形成具有一定创新性成果的活动。

（7）职业体验活动：主要是指学生结合技术知识与技能的学习，以一定的职业理解、体验为目标，在一定的职业岗位上实地扮演职业角色、进行职业实践的活动，如在商店里进行营业员职业的体验、在工厂的零件装配车间进行装配员的职业体验等。

五、课程实施过程安排

通过课程整合，七年级、八年级分别在每周二、周三下午安排一次博识课，约3课时，每月计划开设3次学生外出社会实践或社区服务博识课，1次专家讲座或学习成果展示博识课，每学期1—2次主题活动。

六、课程评价

（一）学生评价

采用"自我参照"标准，引导学生对自己在博识课中的各种表现进行"自我反思性评价"，强调师生之间、学生同伴之间对个性化的表现进行评定。遵循以下基本原则：

1.注重整体评价。一方面，注重对学生在活动的各个环节进行综合评价，将学生在博识课中的各种表现和活动产品（如博识手册、研究报告、作品等）作为评价学生发展状况的依据；另一方面，强调把评价作为师生共同学习的机会。

2.突出多元评价。第一，评价主体多元。对学生发展的评价不仅由指导教师来完成，还应积极鼓励学生自主评价、相互评价，有效利用学生家长的评价、社会有关人员的评价等。第二，评价标准灵活。不仅允许对问题的解决可以有不同的方案，而且呈现自己所学的形式也可以丰富多样，不以"科学参照"为评价标准，注重以学生"自我参照"为评价标准，以发展性评价为主要标准，充分肯定学生在活动过程中的表现和收获，实事求是地指出学生在活动过程中存在的问题。第三，评价方式多样。用学生能理解的语言描述学生的表现，避免将评价简化为分数或等级。

3.关注过程，兼顾结果。要重视学生活动过程的评价，突出对学生活动体验和收获的评价；应注重评价学生在活动过程中的表现以及他们是如何解决问题的，而不只是针对他们得出的结论，重视方法、态度和体验的评价。即使最后结果按计划来说是失败的，也应从学生获得了宝贵经验的角度视之为重要成果，肯定其活动价值，营造其体验成功的情境。

教师要鼓励每个学生建立自己的综合实践活动档案，以便使学生深入地了解和肯定自己的能力，并能与其他人分享自我探索的体会以及进步的喜悦。学生评价的途径主要有成果展示、研讨答辩、访谈观察、成长记录等。通过各种途径来对学生的综合实践能力、态度、情感和价值观进行综合评价。对学生的评价方式主要有自我评价和他人评价、个别评价与集体评价、形成性评价与总结性评价，评价结果纳入初中毕业和高中招生初中生综合素质评定的重要依据，发挥评价的导向作用。

（二）教师评价

以"博闻广见、卓有通识"为基本理念的博识课，着手开发融自然科学与人文科学为一体兼有校本课程开发、校本教研、研究性学习、课程整合性质的综合性课程——博识课。坚持课内与课外相结合，使校外资源课程化，实现校外教育与学校教育的整合，多渠道、全方位地对学生的各方面的素质进行有针对性的教育活动设计。对教师的评价，侧重于对教师在综合实践活动中的组织、规划、管理、指导等方面的能力、实效，鼓励全体教师参与综合实践活动指导。

1.有完整的教学目标要求

学校在两年中至少要组织学生外出参观学习 30 次，至少要组织学生听各类讲座 30 场。其课程目标是：使学生了解教材所学知识在生活中的产生；通过对博物馆的参观和研究，了解各学科知识的综合应用；掌握在实践活动中研究问题的一般方法；通过有目的的参观，使学生理解中国文化的博大精深，开拓学生眼界，丰富学生的知识领域；培养学生的爱国、爱校意识。

2.需要制定详细的教学计划

博识课以年级为单位进行组织实施，开课之初，就制定了完整系统的计划。例如：初一年级上学期课程计划包括以下内容：①地点选择：人文历史系列：首都博物馆、故宫、古代建筑博物馆；文化艺术系列：艺术博物馆；科学技术系列：地质博物馆、中国科技馆；名人故居：鲁迅故居、郭沫若故居。②校内准备：搜集以往博识课的资料，通过上网或者进图书馆等方式收集资料，准备问题。③校外参观：实地参观博物馆、科技馆、名人故居等场馆。④上课要求：遵守纪律，服从指挥，讲究社会公德；爱护文物和公共设施；做好现场资料收集工作，记录点滴收获。⑤成果展示：返校后，分组合作或独立完成 PPT 展示、论文、集体交流汇报。具体到每一次的活动，还需要编写详细的学案计划。

3.突出学生在教学中的主体地位

课堂的主体是学生，作为课堂之一的博识课的主体当然也应该是学生，并且博识课比其他课堂更能体现学生的主体作用。从博识课地点及内容的设置，到参观时的组织与管理，都要求学生积极参与其中，并及时进行自我总结。年级学生会宣传部要专门成立学生通讯社，在每次博识课后自己发稿在学校校园网上。

4.注重课程反馈，多元评价，及时改进

参观回来之后，我们要以撰写论文、研究报告、制作 PPT、设计手抄报、知识竞赛、拍摄短片、手工制作等具有开放性的方式来评价学生的学习成果；每学期结束，通过博识课论文、博识课小报评比，利用演讲比赛或作文比赛、汇报答辩等形式对博识课成果进行宣传和评比。

七、主要特色

以"博闻广见、卓有通识"为理念，利用首都北京丰富的博物馆资源，为学生发展提供更广阔的空间和平台，每周带领学生走进博物馆，分享祖国的文化盛宴，旨在拓宽学生的人文、科技视野，丰富学生的文化积累、社会实践，培养学生的社会责任、合作精神、创新精神等，提高其综合素质。博识课课程调整了教学内容和教学方式，实现了与学科课程的整合、学科知识之间的整合和多种学习方式间的整合，有着自己鲜明的特色。

（一）校本课程博识课与学科课程的整合

博识课中可利用的资源非常丰富，且对于不同的学科具有不同的用途，学习同样的学科知识也可以选取多样的课程资源。教师根据学生的特点和各种课程资源特点，对校本课程和学科课程进行了整合。

（二）通过博识课整合学科课程

博识课设有很多主题性的活动，不同学科的教师可以根据主题选择与学科相关的内容，进行协同教学，提高教学的整体效应。

（三）博识课改变了传统的以学习知识为主的单一学习方式，实现了多种学习方式的整合

博识课在内容上具有实践性、开放性、自主性、灵活性等特点，因此在学习方式上，教师们也可以进行相应的探索。适合使用接受式学习方式的内容，就请本校的教师或者校外的专家、学者讲授。适合采用研究性学习方式的内容，就让学生在亲身参与、体验中学习。学生根据活动主题、性格、特长等分组，在活动过程中学会分工合作、资源共享，并把合作学习这一学习方式渗透到日常学习之中。

八、成果展望

初中学生通过两年的博识课将参观 30 余所的博物馆，听 30 余场的专家讲座，撰写数十篇的小论文，开展 30 次的展示活动，教师将积累丰富的创新教育教学经验，使学生通过亲身实践，综合培养人文、科学素养，

培育和践行社会主义核心价值观，提高综合运用知识解决问题的能力、交流与合作的能力、创新意识与实践能力。要让学生有适当的劳动体验，通过出出力、流流汗，培养学生正确的劳动价值观。教育教学成果是可期待的。

（一）促进教师教研工作的创新发展，形成了独具特色的校本课程

在博识课的研究探索和创新实践过程中，教师教学和科研工作将有创新发展，将形成独具特色的校本课程。

（二）编写独创性的博识课校本教材

课程开发小组将编写校本教材——《行走在北京·博识手册》，主要内容包括参观礼仪和参观中应注意的问题，博物馆奇妙之旅，课前自学，预设研修目标，研究笔记，研修思考，交流分享等。此外，我们还将精选学生论文优秀案例，活动展示精彩图片，教师博识教学设计案例等资料收入校本教材《博识课》一书中，使学生也成为学校课程资源开发的主体。

（三）提高学生综合素质和创新精神

走出校园课堂，在开放的社会大课堂中博览、实践，学生们视野大开，该课程对培养学生创新精神和实践能力，提高教育的品质将发挥重大作用。

以社会为课堂，拓宽学生的人文、科技视野，让学生走出学校的博识课程，将为我校精品课程的开发积累丰富的经验，进一步促进我校校本课程建设的特色发展，课程成果值得我们期待。

第六章　打造智美课堂

2019年6月23日，中共中央、国务院下发《关于深化教育教学改革全面提高义务教育质量的意见》，强调"强化课堂主阵地作用，切实提高课堂教学质量"。《意见》第八条明确指出：优化教学方式。坚持教学相长，注重启发式、互动式、探究式教学，引导学生主动思考、积极提问、自主探究。融合运用传统与现代技术手段，重视情境教学；探索基于学科的课程综合化教学，开展研究型、项目化、合作式学习。

《现代汉语规范词典》对"课堂"一词的解释是：①进行教学活动的教室；②泛指进行各种教学活动的场所。本节所指"课堂"主要侧重第②个意项。

伴随"弘美教育""三三三弘美课程体系"的构建与实施，"课堂"的外延得以充分拓展。从教学场所而言，有校内课堂，也有校外课堂；从授课内容而言，有"志学"课堂，也有"立仁"和"游艺"课堂；从授课方式而言，有常规课堂，也有"博识课堂"，"双师"甚至"多师"授课课堂。

在"弘美教育"办学理念之下，将课堂文化建设命名为"智美课堂"。智美课堂有"智"与"美"两个标准。"弘美教育"需要通过"智美课堂"主阵地培育"依于仁、志于学、游于艺"的俊美学子。

第一节　智美课堂目标追求

怎样理解智美课堂"智"与"美"两个标准呢？

"智"，可以理解为"智能"，是智力和能力的总称。借用北京师范大学林崇德教授对"智能"的定义与解释：智力与能力是成功地解决某种问题（或完成任务）所表现出具有良好适应性的个性心理特征。一般地说，智力偏于认识，它着重解决知与不知的问题，是保证有效地认识客观事物的稳固心理特征的综合；能力偏重于活动，它着重解决会与不会的问题，是保证顺利地进行实际活动的稳固心理特征的综合。智力与能力是一种互相制约、互为前提的交叉关系。教学的实质就在于认识和活动的统一，在教学中发展智力和培养能力是分不开的。智力与能力的总称就叫做"智能"。思维是智能的核心。①

"美"，可以理解为"美感"，是课堂教学过程中由师生共同创造的愉悦的审美感受。"美感"课堂，是课堂教学至高境界。美感是与智力、能力活动有关的非智力（认知）、非能力的心理因素。它同智力活动效益发生交互作用。

"智"可以表现为教学目标的设定，教学方法与策略的采用，实际教学效果对学生智能的促进与提升等；"美"可以包括课堂设计、课堂节奏把控、师生情感互动，以及教师的语言、举止等。正如北京师范大学褚宏启教授所说："智"，目的在于培养学生"聪明的脑"，"美"侧重涵养学生"温暖的心"。

一、"智"为目的，以智促能

教学的主要目的，在于传授知识的同时，灵活发展学生的智力，培养

---

① 林崇德：《教育的智慧》，浙江教育出版社 2019 年版，第 81—82 页。

他们的能力。教学过程就是一个智育的过程。教学是一种在教师指导下的学生认识或认知活动。教与学是一种双边活动。教师在启迪学生学习知识的同时，也要对学生进行严格的智能训练，帮助他们形成智力和能力。[①]学生智能的形成，需要特别重视以下三个方面。

（一）以生为本，激发兴趣

学生是课堂教学的主体，教师提高教学质量首先要了解学生。我们面对的每一个学生都是独立的个体，每个孩子生而不同。

首先，孩子先天遗传因素不同。智力因素、性格和气质类型、身高肤色等都有先天遗传的因素，因此，每个孩子都是独一无二的。人的天赋不同，后天的发展也会不同，教育要依据他们不同的特点，发展他们良好的智能以及情绪和性格，做到"因材施教"。

其次，每个孩子的环境条件和教育条件不同。家庭环境、社会生活环境，尤其是教育环境对孩子的心理发展发挥着重要作用。"需要"是引起心理活动的原动力，是动机系统。兴趣、目的、理想、信念等是激发学生新的发展需要的动力，教师在教学过程中必须注意不断激发学生的学习兴趣，为其智能发展提供"原动力"。

每个孩子都有好奇的天性，也都有求知欲望。教育要做的是找到触发学生求知欲的最佳触点。教育过程是不断激发他们的好奇心，引导他们内在的学习欲望，引领他们自觉地去学习进步。教育过程中怎样发掘每个孩子的天赋，需要教育者的"慧眼"。我们需要给学生创设尽可能多的尝试机会，在这些尝试的机会中发现和挖掘孩子的天赋，在摸准孩子禀赋的基础上激发孩子不断求知探索的欲望，助力每个孩子成为最好的自己。

同时，任何教育或教学必须有适宜的难度，适宜的难度才能激发学习

---

① 林崇德：《教育的智慧》，浙江教育出版社 2019 年版，第 80—86 页。

兴趣。这种难度必须高于他们心理发展的原有水平，但又是经过他们的主观努力能够达到的。这样的教育要求，才是最适宜的要求，这就是"跳一跳摘果子"的道理。因此，我们一切教育工作，必须从学生的实际出发，以生为本，激发兴趣，促进成长。

第三，孩子的年龄特征和心理特征不同。

中学生在生理上和心理上都处于人的一生最关键而又有特色的时期。中学生阶段，在生理上正处于青春发育期。他的最大特点是生理上蓬勃的成长，急剧的变化。中学生的智力迅速发展，突出表现在逻辑思维的发展上。中学生的情绪和情感十分丰富，其形式也比较复杂。往往带有明显的两极性。他们常常表现出为真理和正义现身的热忱，做出惊人的、勇敢的行为；有时也可能由于盲目的狂热，做出一些蠢事或坏事。中学生的内心世界逐渐复杂，开始不大轻易将内心活动表露出来。但常常愿意与同龄、同性别的人，特别是"知己"表露其真挚的心理，这就成为了解中学生心理活动的一个重要方法。

由于青春期学生的心理特点，中学阶段的教育最具艰巨性、复杂性，中学教师的教育教学智慧尤为重要。处于青少年阶段的中学生的教育和培养工作，在整个国民教育中起着关键作用。

（二）创设情境，激活思维

林崇德教授把情境教学理论在课堂教学中的操作要素，概括成四条内容：①以"情"为纽带，以情育人。强调利用学生的情感，使其成为主动投入、参与教学过程的力量。②以"思"为核心，以智育人。强调教学应该始终以学生思维发展为重点，设计组织教学过程，努力开发学生的智力，并以"发展学生的创造力"作为不懈追求的教育的高境界。③以"儿童活动"为途径，促进学生主动发展。强调在课堂教学中，实践活动是促进学生素质发展的重要途径。④以"美"为境界，以美育人。强调将"美"

作为教学的切入点。① 从这四条来看，情境创设实质上是一种激发学生思维的手段，教师只要抓住思维这个核心，也就为有效的课堂教学打下良好的基础。

在课堂教学过程中，教师只有创设师生互动和生生互动的教学情境，才能真正激发有效思维。互动包括情感互动、行为互动和思维互动，情感互动是基础，行为互动是表现，思维互动才是核心。

思维是智能的核心。思维最基本的特点是概括，概括是智力与能力的首要特点。因此，课堂教学始终要将思维的训练放在首位。①从思维的特点来说，概括是思维的基础，在教学中抓概括能力的训练，是思维训练的基础。②从思维的层次来说，培养思维品质或智力品质是发展智能的突破口，结合各科教学抓思维品质敏捷性、灵活性、创造性、批判性和深刻性的训练。③从思维的发展来说，最终要发展学生的逻辑思维能力。

总之，思维是智力和能力的核心，也是课堂教学中师生最主要和最本质的活动，聚焦思维训练，能够有效解决基础教育课堂教学改革中出现的一些主要问题。

（三）讲究方法，启迪智慧

教学方法和策略的采用对教学效果的优劣至关重要，好的方法才能达到好的效果。智慧的教师总是不断寻找最适合最高效的教学方法。教学过程中特别需要注意的方法：①重视概念、规律、理论等的形成过程。②让学生掌握建立概念、探究规律、形成知识、分析问题、解决问题的方法。③重视探究教学。探究是指学生用以获得学科知识、领悟学科思想和方法、促进学科能力发展而进行的各种活动，包括提出问题、猜测与假设、制定计划、收集数据、检验与评价、表达与交流等。能够引起学生认知冲突的高认知问题才有探究的价值，学生能否积极主动地思维是衡量探究效

---

① 林崇德：《教育的智慧》，浙江教育出版社 2019 年版，第 90—91 页。

果的重要指标。

在教学实践中产生的愉快教学法、情境教学法等得到广泛应用，取得了很好的教学效果。首都师大二附中教师在课堂教学中实施的"做中学""议题式"教学等方法的改进，在实际教学中也同样取得了良好的教学效果，学生受益匪浅。

"智慧"是由智力系统、知识系统、方法与技能系统、非智力系统、观念与思想系统、审美与评价系统等多个子系统构成的复杂体系蕴育出的能力。包括遗传智慧与获得智慧、生理机能与心理机能、直观与思维、意向与认识、情感与理性、道德与美感、智力与非智力、显意识与潜意识、已具有的智慧与智慧潜能等众多要素。教育要不断启迪孩子的"智慧"，让每个孩子越学越聪明。教学生学会学习，并具备终身学习的能力。"死记硬背""标准答案""知识填鸭"对启迪智慧有巨大的副作用，如此教学，孩子的智慧会被消磨，甚至产生厌学情绪。教会学习、启迪智慧的核心就是引导和培养学生具有发现问题、分析问题、解决问题的能力。学校和教师的一切教育行为如果紧紧围绕这一明确的目的展开，我们的学生必定会成为"智慧的学生"。

二、"美"为境界，以美育人

上文提到，情境教学理论强调以"美"作为课堂教学的切入点，弘美教育理念之下的"智美课堂"深切认同这一点。"美感"是人们在审美活动中直接欣赏对象的美而激起情感愉悦的感情状态，是对事物的美的反应。[①] 能够让学生在"美感"的状态下学习知识，发展智能，陶冶情操，对学生而言是莫大的幸事，也是"智美课堂"的理想境界和理想追求。

为此，首都师大二附中倾情打造三美课堂。

---

① 王向峰主编：《文艺美学辞典》，辽宁大学出版社1987年版，第146页。

（一）追求课堂科学之美

智美课堂首先强调科学性，追求课堂的科学之美。知识的准确性、推理的严密性、教法的灵活性、学法的规律性，这些都是课堂教学中的科学之美。教学目标的精确设定、课堂结构的严谨设计、教学效果的深层把握，这些都是智美课堂追求的科学之美。科学的课堂才是思维训练和思维发展的课堂，科学的课堂才真正具有思维的"饱和度"，具有思维"饱和度"的课堂才能真正激发学生深度学习的欲望。

（二）追求课堂艺术之美

智美课堂同时注重艺术性，追求课堂的艺术之美。艺术是审美的、享受的、回味无穷的。课堂教学充满艺术之美是对教师的至高挑战，而真正优秀教师的课堂又无一不是科学性与艺术性完美结合的课堂。课堂的艺术之美包括课堂语言表达艺术，教师的课堂行为艺术，教师的课堂应变艺术，教学的意蕴之美等。学科不同，课堂教学的学科美感也不同。弘美教育倡导各学科尽情展现学科之美。如语文的情感之美，数学的简约之美，历史的广博之美，艺术类学科的形象之美等。让学生在审美的境界中发展智能，启迪智慧，是弘美教育的本质追求。结合"三三三弘美课程体系"的构建与实施，体现弘美教育育人过程的本质性、精细化和严谨性。课堂艺术之美的探求之路永无止境。

（三）追求课堂情感之美

智美课堂是师生情感交融的课堂，追求课堂的情感之美。弘美教育的价值追求是立仁、弘美，智美课堂首先应该是"爱"的课堂。体现在课堂教学全过程中，教师对每一位学生充分地尊重和关爱，不断地肯定与鼓励，适当地引导与点评。教师的教育智慧就体现在课堂教学的"缝隙"之中，爱的情感、美的情感是智美课堂的黏合剂，把追求科学与艺术之美的课堂完美地黏合在一起，使其成为课堂"精品"。"情感"在中小学课堂教学中发挥着极其重要的作用，学生年龄越小，"情感"对教学效果的影响越大。即使是在高中教学阶段，课堂教学中，学生依然存在较强的"情感"依赖。因此，我们强调中小学教师应该成为"多情"的人和高情商的人。善于发挥"情感"作用的教师，能够为学生创设愉悦的学习氛围，调动积极的课堂情绪，师生情感交融，共同体验学习的乐趣和喜悦。

实际教学过程中，不少教师距离"三美课堂"的目标还有不小的差距，但倾情打造"三美课堂"依然是弘美教育理念下智美课堂的不懈追求，几年来，我们也惊喜地发现教师在课堂教学中发生的蜕变：深入研究课堂教学的教师越来越多；积极主动展示课堂教学的教师越来越多；主动追求三美课堂的教师越来越多。随着智美课堂教学研究的深入推进，弘美教育课堂变革取得显著进步。

第二节　智美课堂实践探索

智美课堂目标确定后，学校需要全面、系统、切实地推进课堂教学变革，按照既定目标，全方位提升课堂教学质量。课堂是学校教育质量提升的生命线，是学校高质量发展的核心阵地，必须花真功夫、下真气力拿下。

课堂教学质量管理与研究团队组建是关键一环。

首先，校内必须组建坚强有力的引领者团队。特别强调的是课堂教学改革的引领者必须是行家里手，业务精英，以确保改革方向明确，措施精准，效果显著。校长必须是智美课堂变革的领头人，教学副校长是管理和研究团队的具体负责人，教研组长是课堂变革的学术领军人物，还要有一群热心课堂教学研究的优秀教师。

在这场智美课堂变革中，首都师大二附中引领者团队是强有力的。阮翠莲校长是特级教师，钟情于课堂教学实践研究，是课堂教学改革的明白人。教学副校长梅务岚有多年高中教学经验，擅长于课堂教学研究与改进，执着于教学质量提升。她还带领着一个由特级教师和中青年业务骨干组成的出色的教学研究团队。更可贵的是学校有像常燕婕、马雪芹、张凤英、段辉、纪文燕等这样优秀的教研组长队伍，他们是学校教学质量提升的有力支撑和宝贵财富。每个教研组还拥有课堂教学研究的"精英小组"。正是因为这个坚强有力而又"火力全开"的团队，"弘美教育"理念下的智美课堂变革才能取得如火如荼的显著成效。

其次，要组建校外专家增援团队。首都基础教育质量提升具备得天独厚的资源优势，可谓"天时、地利、人和"。第一，海淀基础教育研究能力卓越，有一群热爱教育而又醉心教育研究的实践者。第二，北京市基础教育研究院就坐落在海淀区，而且与我校距离近在咫尺。第三，更值得满足的是有足够热心、足够能量、足够朋友的大学专家团队。首都师范大学、北京师范大学、北京教育学院的专家学者都是首都师大二附中的"常客"，可以说，"弘美教育"成功推进的每一步都离不开他们的指导和支持。

具备"内力"与"外力"的强大"合力"之后，智美课堂实践探索有序铺开，并"花开遍地"。

一、摸准问题，定向变革

2014—2015学年度，校长、教育教学干部、市区两级教研员、学科教研专家、教研组教师广泛深入课堂听课评课，集中研讨。校长利用一学年时间走进所有任课教师的课堂，对全校教师的课堂教学情况做到心中有数。2015年，学校组织不同形式的课堂教学调研情况汇报会、课堂教学问题研讨会，组织教学专家深入教研组听课指导。经过调查与研讨，大家找出课堂教学需要集中解决的问题，并形成共识：①对课堂教学的再认识：课堂教学理念的引领。②深刻领会学科教学本质：深度备课，变"教"为"学"。③切实优化课堂教学结构：让学生在课堂上"动"起来。④课堂的高度是教师读书的厚度：教师学术修养引领与提升。这四点是智美课堂变革需要解决的问题，也是几年来学校核心工作的着力点。

找准问题，更需要变革的路径，强化落实。首先，以制度激发教师内驱力。《首都师大二附中教师教学综合评价制度》《首都师大二附中教师职称晋升评分制度》《优秀教研组、优秀备课组评选奖励制度》等，都对教师课堂教学质量提升提出评价要求，以激励教师自我成长，自主发展。其次，着力教师校本研修。《首都师大二附中教师校本研修实施策略研究》2015年6月成为市级立项课题，学校用三年时间大力加强教师校本研修质量提升，取得显著效果（见第三章内容）。再次，研制智美课堂评价标准。全体教师研讨智美课堂评价标准，有利于教师主动变革课堂，向智美课堂评价目标靠近，以期大面积促进课堂教学质量提升。最后，搭建平台，把优秀教师精品课例推上展示舞台。学校积极承办区级、市级、国家级教学研讨会，努力为本校优秀教师提供高层次课堂教学交流展示平台，让教师体验课堂教学的成就感、幸福感，激励更多教师成名成家。另外，学校开放课堂，几年来全国各地参观交流教师、对口援助学校教师、国外友好学校教师等经常性走进智美课堂，课堂开放本身就是相互学习，开放的目的在于提升。

二、抓实备课，历练内功

提高课堂教学质量的前提和关键是提升备课质量。优秀教师之所以优秀，首先是在备课环节下足了功夫，"用毕生时间来备课"是名师课堂留给大家的普遍印象。为达成智美课堂建设目标，首都师大二附中狠抓备课环节，鼓励教师强本领、练内功。

（一）集体备课

备课组是学校最小的教研单位，又是对学校整体课堂教学质量影响最大的业务单位。备课组建设是学校核心工作中的最核心。选好备课组长，制定学校集体备课制度，建设校内教学资源库是提升集体备课质量的关键因素。

个人业务能力强，善于带队伍，乐于帮助他人是优秀备课组长的内在基因。一个好组长带出一个好团队。首都师大二附中通过优秀备课组评选等形式激励备课组团队建设。教师工作性质需要集体智慧、团队合作，单独行事难以应对教育的复杂问题。学校制定了集体备课制度，要求备课组集体承担备课任务，强调分工合作、研讨交流，单元"学案"应该是集体智慧的结晶。具体要求是：在备课组长的统一要求和组织下，备课组教师分别承担不同的单元备课任务，并编制翔实的"学案"，再利用集体备课时间组内交流研讨，补充修改，最后形成备课集体的教学方案。课堂教学实施过程中依据不同班级情况，任课教师可以灵活使用学案，再次补充修订。最后形成修订后的单元学案，并上传学校"资源库"，以便教研组内展示交流和资料传承。

（二）深度备课

备课是教师业务成长的重要环节，在备课环节下真功夫、做真学问的教师，必定成就不俗。学校强调深度备课，要求教师备课需要备清楚四个问题：①清楚课堂教学的终极目的是什么；②明白学科教学的本质是什么；③懂得用怎样的方法让学生学习效益最大化；④知道课堂设计的基本规律是什么。强调教师在备课过程中"走一步，再走一步"，不能只为"教"而备，而应真正为"学"而备。

1.清楚课堂教学的终极目的

课堂教学融入了教师对教育意义的全部理解，课堂教学的终极目的是什么？这个问题很大，但是否清楚这一点是决定教师高下的根本因素。课堂教学绝不仅仅是教授知识，也不仅仅是培养能力，其终极目的是"育人"。具体到每节课，教师要有持之以恒的追求：爱上我的学科；会学我的学科；取得优异成绩；让你终身受益。

2. 明白学科教学的本质

教师承担着不同的学科教学任务，而我们所教学科的本质意义是什么，我们要教给学生什么？这个问题是教师面临的最重要的问题，也是教师是否优秀的重要标准。教师备课首先要备课标，备学科教学的本质追求。明白了学科本质是什么，也就是找到了学科教学的目标灯塔。否则，即使工作再敬业，教学再勤奋，也是方向不明、目标不清的低效劳动，甚至有负面效应。如果教师只是考什么教什么，恐怕永远搞不清学科教学的本质，也难以成为优秀教师。

以语文教学为例，同样教授一篇课文，十位教师会有不同的教学重点，自然也就有十样不同的教学效果。十位教师孰优孰劣，判断的标准有很多，但最重要的要看哪位教师把握住了语文学科教学的本质特征，培养了语文学科的核心素养。学科教学方向明确的教师，即使偶尔有不理想的课堂，长期下来也会有优异的教学效果。反之，学科教学方向不明确的教师，即使偶尔有漂亮的课堂教学，长期下来学生依然收获不大。偏离了目标航线的航行也便失去了真正的意义。

3. 探寻学习效益最大化的方法

课堂是学生成长的课堂，备课最需要关注的是学生的高效成长。学生不同，教学的策略也不同，但培养学生发现问题、分析问题、解决问题的能力始终是课堂教学的核心，备课需要在"备方法"上下功夫。教无定法，但教有规律。①教学材料：充分占有，精心提取。备课过程中，最费心思的环节是教学材料的选取。科学发展，日新月异；信息社会，资讯繁杂。课堂教学材料的科学、新鲜、适当无疑是课堂成功的重要条件。因此，教师在备课过程中不仅要备课标、备教材，更重要的是选取教材之外，最鲜活恰当的辅助材料。这就要求教师广泛涉猎，精心取舍，优秀教师往往在占有和精选材料方面实力不俗。课堂丰富还是苍白，这个环节最见功底。②学生为上：创设情境，思维饱满。把学生放在课堂的正中央，一切为

"学"而准备。提出问题、创设情境、任务驱动、合作探究，预期达到的效果是课堂思维的饱满，让多数学生能够跳起来摘果子。如果小部分学生能够恰到好处地产生课堂"饥饿感"，以至于课下还自己查找资料以求解决问题，那更是教师所期望的。③学会学习：养成习惯，自主探究。怎样阅读教材，怎样概括内容，怎样整理笔记，怎样高效完成作业，这些习惯的养成也是备课的重要内容。养成自我管理、自主探究的好习惯，能让学生终身受益。

4.精心设计教学环节

课堂每分钟都是宝贵和神圣的。教师备课要精心设计每一个教学环节：导入、新授、拓展、总结。课堂教学时间分配严谨而适切，课堂重点突出，详略得当，简约流畅，节奏明快。环节宜精不宜杂，节奏宜紧不宜松，氛围宜暖不宜冷。情感起伏有高低，师生互动张弛有度，以期科学性、艺术性在课堂教学中的完美融合。

（三）高端备课

我校参加的"高端备课"项目，是由北京师范大学王磊教授牵头组织，由大学专家、市区教研员组成专家团队，指导学校教师共同备课，深入研究课堂教学变革的高端研究项目。具体名称是"促进学生化学核心认识发展与关键能力提升的课堂教学研究——基于专家支持的高端备课项目"。

2015年6月，我校高中部有两个教研组申报了海淀区学科教研基地建设，其中化学组在教研组长马雪芹老师和首席教师孙家栋老师的带领下，坚持教中研、研中教，积极探索智美课堂新境界。化学教研组各位教师依据自己的专业特长和能力兴趣，分别确定自己牵头的研究项目。有的乐于做课题研究，有的愿意做资源库建设，有的对学生评价感兴趣，有的对项目式学习有想法……他们认真研究课堂教学，做好每一个教案、学案，撰写教学反思，把智美课堂教学研究与日常工作紧紧结合起来，扎实推进校本研修。教研组在研修中提升，教师们在成长中享受成就感与幸福感。化学教研组成为学校首个学术研究型教研组，学校也因此被评选为海淀区为数不多的高中化学教研基地校，并定期向全区展示课堂教学研究成果，在全区起到辐射和引领作用。

2016 年 9 月，基于高中化学组对智美课堂深入研究的需求，我校申请参加了由北京师范大学专家牵头的"高端备课"项目。这一研究项目对学校教师教学理念、科研能力、课堂教学效率的提升产生了极大的促进作用。这类研究项目是学校特别需要、特别欢迎的，学校其他教研组也特别想参加类似的专业研修，可惜其他学科没有这样有组织、有规模的校外研修项目，只能由学校自己想尽办法"组团"。"高端备课"项目让化学组每一位教师的教学能力得以大幅提升。

加入"高端备课"项目三年多来，化学组的课堂研究每年一个主题，分别为"学科能力提升，课堂教学评价，项目式学习"，化学组教师全部参与过高端备课，在北师大专家团队的带领下，基于智美课堂目标和学科主题重构各自课堂，从备课到专家指导再到课例研究，反复打磨。其参与形式为一人主备主讲，其他老师全程参与，共同研究学习，老师们大多利用周六日休息时间参与项目学习，可以说，每一次课例研究都是一次脱胎换骨。

马雪芹老师这样记录了参与"高端备课"的过程："老师们与专家面对面的交流沟通，起先被问得只冒汗，不知道怎么回答，专家一直在追问：你的设计目的是什么？这样设计最终想达到什么效果？你的设计是不是学生需要的？你有没有站在学生的角度考虑？这让老师们对智美课堂的操作慢慢清晰起来，所有教学设计的起点都要源自对学习者的分析，设计的终极目标指向学生核心认识的发展，学科核心素养和能力的提升。教学过程中要设计驱动性任务，构建认知模型。我们先后学习了电化学模型的构建和应用，元素化合物的价类二维模型构建和应用。老师们不断的成长和进步，将高端备课精神应用到平时的每一节课中，备课过程中相互探讨交流，形成了积极向上的教研氛围。"

几年来，紧紧围绕智美课堂的目标追求，在教学干部团队的带领下，教研组纷纷行动起来，备课、磨课、研讨、交流，老师们在研究的状态下教学，在教学的过程中研讨。先后由历史教研组、物理教研组、语文教研组、化学教研组、英语教研组承办过国家级、市级、区级教学研讨会，老师们在国家级、市区级教学研究平台上展示智美课堂的风采，越来越自信，越来越光彩照人。看到老师们讲课、做报告时听课教师高高举起的拍照手机，看到老师们讲完课被听课教师层层包围，问个不停，我们可以想象，这时老师们的幸福感、成就感一定溢满全身吧。教学研究真好！老师们好了，教研组强了，学校还会弱么？学校强大了，最终受益的当然是学生，教育的价值和伟大也就体现在这里了。

表6-1 化学组高端备课主题进阶深化表

学年	上课日期	项目类型	上课内容	授课教师
2016—2017学年	2016年11月11日	提升学科能力	有机合成第一课时	马雪芹
			有机合成第二课时	韩建丰
	2017年5月10日		实验探究复习—排队干扰	高凌蕊
			实验探究复习—控制变量	熊丽萍
2017—2018学年	2017年11月29日	课堂评价主题	有机合成（第一、二课时）	孙家栋
	2018年4月17日		认识电池	李海芸
			电池应用	孙月茹
			优化载人航天器中的化学电池	孙家栋
2018—2019学年	2018年12月11日	项目式学习	"煤改电"真的有利于解决雾霾问题吗？	郭文惠
			"煤改电"工程为什么可以减少SO_2的排放？	韩建丰

附1：

特级教师孙家栋的教案，2017年高端备课成果——课堂教学评价项目

人教版选修5《有机基础》第三章"烃的衍生物"

第四节　有机合成（第一、二课时）

一、学情分析

有机合成是有机化学知识的一类综合应用，要求学生对学习过的烃及烃的衍生物知识比较熟练。经过一段时间的授课和训练，学生基本上能理解这类基础知识。少部分学生能从化学键的断裂和生成的角度理解有机化合物的化学性质。部分学生能从类别角度认识有机物的化学性质，部分学生能从具体物质角度了解有机物的化学性质，也有极少部分学生对有机物的化学性质不了解。本校高二年级只有一个班级，且两极分化十分严重，让不同程度的孩子每个人都有自己的收获是我们的重要目标。

课时规划：第一课时：为有机合成做准备；第二课时：设计有机合成方案的方法。

二、学习重点、难点

1.学习重点

（1）通过学习认识到有机合成的重要性。

（2）通过学习理解逆向合成的必要性和操作方法。

（3）通过学习系统建构有机物转化关系，树立化学变化的转化观。

2.学习难点

使学生能够从化学键的断裂和生成的角度理解有机物的化学性质。

三、学习目标

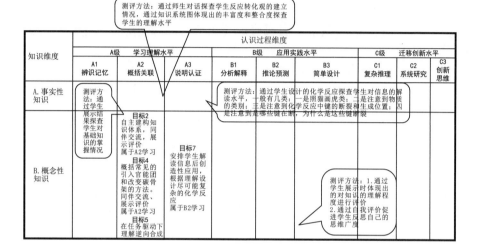

1.目标分类

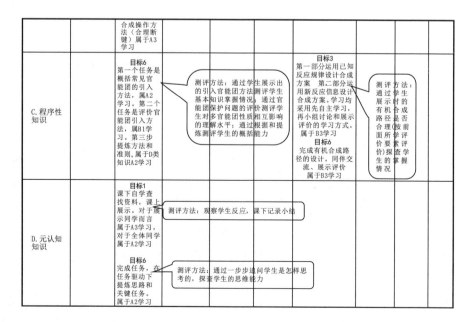

2. 目标内容

目标 1 ：通过学习意识到有机合成的重大意义，产生学习兴趣和探究的愿望。

目标 2 ：通过学习理解典型有机化合物的化学性质，形成有机物反应的转化观。

目标 3 ：通过学习初步学会评价有机合成方案，理解评价有机合成方案的基本要素。

（第一课时机动）

目标 4 ：通过学习提炼有机合成的核心方法和关键任务。

目标 5 ：通过学习理解合理切断化学键是逆向合成的操作方法。

目标 6 ：通过学习了解引入常见官能团的方法和引入官能团的一般准则。

目标 7 ：通过学习理解解读有机化学反应新信息的常见方法。

四、教学方法

1. 努力采用"教—学—评"一致性的做法，提高教学实效性。

2. 采用"课堂学习单"做整体学习效果测评。

3. 设计学习活动时尝试采用比学习目标更高层次的学习活动，体现在不同情境中的"用中学"思路。

4. 评价方式开始时主要以定量评价——反思为主。

5. 在教学中努力做到能力立意，注意课堂生成，不完全拘泥于知识量的多少，设置机动学习内容。

五、教学活动

教学活动	教师	学生	测评活动	设计意图
课前准备	每名学生发一张"课堂学习单",学习单上体现本节课的学习目标。同时提出要求：学习单上的内容先由自己独立书写，经小组讨论或老师讲解后的改进可以换一种颜色的笔做出标记	在学习单上写上名字	设置课堂学习单的好处一是想让学生养成动笔思考的习惯，二是把思考的痕迹留下来便于老师对学生整体思考和学习的情况进行测评（下课收交老师），平时教学中可以用笔记本代替学习单即可	学生整节课的学习完成后，也完成了学习单的内容。每节课下课后老师收上来批阅，通过研究学生的书写等学习痕迹对学生的学习效果进行整体评价
教学活动1 预设3分钟	由一个小组的同学课下查找有关有机合成的重大意义方面的相关资料，老师指导修改，也可以帮助学生提供一些材料，在上课前完成。建议内容：有机合成材料的数量巨大、新型材料在现代社会中的重大作用，也可以联系2016年诺贝尔化学奖的成果。教师板书标题	开课的引入部分由小组学生来讲解。时间约3分钟	教师观察学生的学习情况并做记录和管理。观察是否通过这样的活动调动了学生的学习积极性。记录并做下次备课改进之用	学生课下查找资料的过程本身就是拓展学习的过程。同时也能调动学生的积极性和主动性。老师帮助修改，一方面要保证课堂的效率，另一方面老师的目的之一就是让学生成功以调动他们学习的积极性
教学活动2 预设3—4分钟	老师PPT展示维生素B12的合成资料，展示目前最复杂的化合物海葵毒素的合成资料，通过学生阅读、师生对话引导学生注意到现在的有机合成技术进步很快，而且现在已经达到了非常成熟的程度。顺势展示第三张PPT内容是美国化学家伍德沃德先生对有机合成的理解，提示学生注意其中的关键词：激动、探险、挑战、伟大的艺术	学生阅读、思考，与老师交流	通过与学生对话，生生对话测评学生从材料中提炼关键问题的能力，阅读能力也是非常重要的学习能力	就一个目标，让孩子们产生有机合成学习的需求

续表

教学活动	教师	学生	测评活动	设计意图
教学活动3预设10—12分钟	老师PPT展示问题：用乙烯为原料（无机试剂任选），合成乙二酸二乙酯，写出合成线路图。 同时展示定量评价标准： 1.格式规范：用结构简式表示有机物，用箭头表示转化关系，箭头上注明所需填加的试剂和反应条件（无条件则不必写）。每一步的所加试剂和反应条件分别为1分。 2.每一步的生成物结构简式书写正确。每正确书写一步生成物的结构简式得2分。 再展示学习要求： 1.在课堂学习单上独立思考练习5分钟； 2.5分钟后进行小组讨论交流； 3.选取一个小组派代表投影课堂学习单汇报书写的结果，然后由其他小组进行评价完善。 将学习要求和评价方法交代清楚后开始组织学生学习。 在学生学习过程中，老师不轻易干扰学生的学习（除非产生明显的共性问题，可以做温馨提示），老师巡视全场，关注每一个孩子在学习单上的书写情况，觉得有必须可以个别指导或参与某一小组的交流活动。在学生展示后，首先问同小组的同学有没有补充，其他小组同学有没有不同意见。然后通过师生对话将学习引向深入：正向追问：你是怎样想到这个合成方案的？反思性追问：你觉得你失分的原因在哪里？引出逆合成思路	学生在课堂学习单上练习，5分钟后进行小组讨论	1.选取一个小组派代表分别就一个问题投影课堂学习单汇报书写的结果，然后由其他小组进行评价完善。教师针对学生在交流过程出现的关键问题做点评和提示 2.学生和小组成员对自己的合成方案定量评分，通过自己失分情况进行有针对性的反思	采用任务驱动的方式，在解决问题的过程中，通过对自己和他人的评价精准认识到自己的不足，从而产生较强烈的、且较具体的学习需要，为下一步的学习创造时机。很自然地引出逆合成分析思路和方法，而不是老师牵强给出

续表

教学活动	教师	学生	测评活动	设计意图
教学活动4预设3分钟	PPT展示科里教授的资料:找学生朗读,引导学生从这段文字中提炼要点。获得诺贝尔奖的一个重要原因是把计算机技术应用于有机合成设计,要知道1967年计算机技术并不发达的情况下,能做到这样一点说明逆向合成的规律是很成熟、完善的。这段资料的目的是激发学生了解,逆向合成的规律究竟是什么?	学生倾听、想象、思考		让学生对逆向合成方法的学习产生主动需求

三、"教"有策略,"学"而高效

当教研组教师的研究热情被点燃后,各教研组不断延伸学习的触角,广泛吸收先进的教研成果,校内逐渐呈现出"万紫千红春满园"的景象。"教"有策略,"学"而高效是这一时期的特点。尤为突出的是政治教研组的"议题式教学"和物理教研组的"做中学"策略。

(一)议题式教学

政治教研组在组长常燕婕老师的带领下,以"议题"为教学载体进行活动型课堂教学实践,探索政治学科学生核心素养课堂发展的新途径和新方法。议题式教学在高三政治复习课教学中取得优异效果。

1.议题式教学的内涵及意义

议题式教学是一种直面真实问题解决的建构式学习方式,也是"学习者中心"的回归。议题式教学不仅指向课程的具体内容,更指向价值判断的基本观点;借助真实而复杂且不确定性的教学情境的创设,通过议题的引入,有梯度的任务设计,在讨论与辨析活动中,达成知识的活化理解,思维及其实践能力提升。运用所学知识与技能、学科思想与观念，应对挑战，发现问题、确认问题、思考问题、解决问题，议题式课堂教学，学生表现出参与社会生活的关键能力和品格。本质上说，它是基于真实议题、真实场景、真实学习而达成真实效果的一种教学方法，具有互为主体性、协同性、场景性、真实性等特点。

议题式教学理论源于"建构主义"和"学习共同体"理论。课堂教学中，把学习者组织起来，构成一个相对的社会文化学习共同体，发挥来自不同文化背景的学习者的作用，从而使学习成为一种文化交换、互助以及沟通的双向活动，而不只是知识的单向传递活动。其背后呈现的是一种民主、平等和开放性的教育教学理念。真正实现了教师和学习者的互为主体性。

议题式教学有助于了解学生学习规律，了解学习与发展的关系。学习金字塔模式表明马上应用、实践演练、小组讨论是提高学习效益的重要因素。

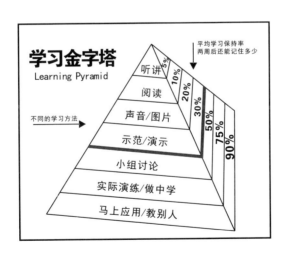

图 6-1　学习金字塔

在教学内容整合方面，议题式教学往往是一组问题、一系列问题，亦即结构化、系统化的问题组合。其中既包含学科课程的具体内容，又展示价值判断的基本观点；既具有开放性、引领性和系统性，又体现教学重点、学习难点。特别是围绕议题展开的活动设计，既包括提示学习者思考问题的情境和路径、运用资料的方法、共同探究的策略，也提供表达和解释机会，具有较好的课程整合功能。

在学习者真实学力获得方面，议题式教学可以有效培养学习者的高级思维能力、认知能力以及决策能力。所谓真实学力，意指在未来社会，面对复杂的不确定性的生活情境，学生需要具备的创造型的学力和思考型的学力。这不仅顺应了培养学习者高阶认知能力和思维能力这一趋势，而且通过建构真实问题、真实情境、真实学习，让学习者有实实在在、真真切切的获得感。

表6-2　高三政治复习课议题设计表

议题	名称	议题	名称
议题一	货币的过去、现在和未来	议题一	哲学有什么用？
议题二	商品定价有何玄机？	议题二	主观与客观——"我们的想法何以变成现实"？
议题三	消费——升级还是降级？	议题三	知与行——"正确认识从哪里来""重要的是改造世界"？
议题四	我们身边的多种所有制经济？		
议题五	什么样的企业是好企业？	议题四	为什么要一切以时间、地点、条件为转移？
议题六	就业 VS 创业	议题五	为什么要具体问题具体分析？
议题七	做蛋糕与切蛋糕——分配的秘密	议题六	人们的价值观为什么不同？
议题八	怎样保持经济稳定运行？	议题七	面对冲突，我们如何选择？
议题九	如何让人们从收入分配中品味获得感？	议题八	文化的力量有多大？

续表

议题	名称	议题	名称
议题十	我国的发展理念及其变化	议题九	文化的传播、继承和创新
议题十一	为什么"两只手"优于"一只手"？	议题十	如何认识中华文化？
议题十二	贸易保护与贸易自由——全球化的未来	议题十一	如何树立文化自信？

2.议题与问题的区别

议题与问题都强调学生的问题解决能力，都强调情境创设的真实性，都能帮助学生展开对问题的探讨。

二者的不同在于：议题式教学需要找到一个能够统领课程的"议题"，摆脱具体问题的封闭性、单一性，更具有综合性、复杂性、不确定性，议题根植于课程知识和现实情境，指向学生学科核心素养的培育和价值观念的引领。议题式教学不仅是培养学生解决具体问题的能力，议题的设置也更加具有公共性和开放性。而"问题"既可以出自学生的学习过程，也可以是教师为了完成一定的教学任务而进行的问题或者是问题链条的设计。对于问题的讨论和解决，往往具有既成的标准答案可供参考。

3.议题式教学的实施策略

议题的选择和设计是议题式教学的关键环节，议题的设计需要遵循基本的原则。

（1）议题设计的情景参与原则

即通过预设社会生活中的真实场景，在场景背后见议题的一种方式。场景即生活，生活即场景。要以课程内容中贴近现实生活的主题为主。引导学生走进社会，走近生活，亲身体验和感受议题的真正价值，提高批判性思维能力。创设不同问题情境，引发议题式教学产生。高考试题重在考察学生能否把所复习理解的知识应用于新情境、新材料、新问题之中。这种考察也正是基于普通高中思想政治课程标准课程的基本理念之一，即"构建以生活为基础、以学科知识为支撑的课程模块"，因此，复习环节必须高度关注社会生活，注意学科知识与生活时政主题相结合。精心创设各种问题情境让学生去探究，基本程序如图 6-2 所示：

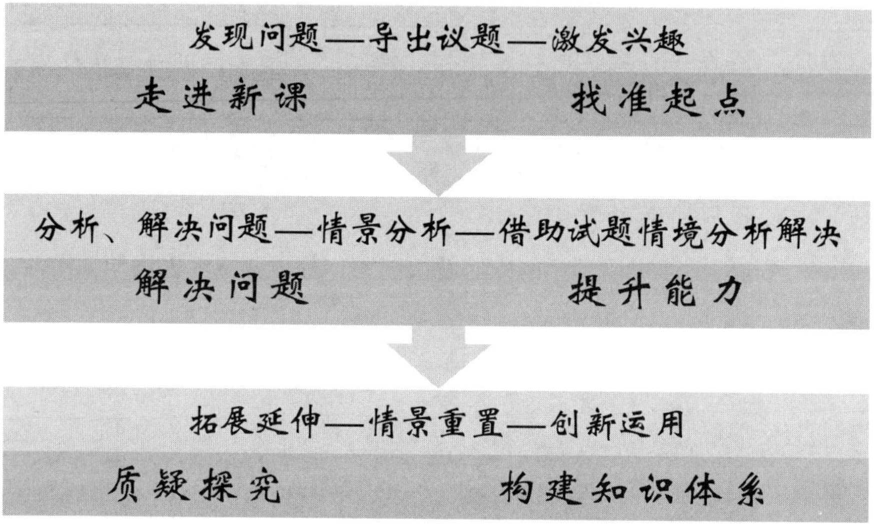

发现问题——导出议题——激发兴趣
走进新课　　　　　　找准起点

分析、解决问题——情景分析——借助试题情境分析解决
解决问题　　　　　　提升能力

拓展延伸——情景重置——创新运用
质疑探究　　　　　　构建知识体系

图 6-2　议题式课堂教学流程图

例如环节一：以《如何配置资源效益最大化》为例，创设情景——中国特色小镇建设是指国家发展改革委、财政部以及住建部决定在全国范围开展特色小镇培育工作，计划到 2020 年，培育 1000 个左右各具特色、富有活力的休闲旅游、商贸物流、现代制造、教育科技、传统文化、美丽宜居等特色小镇，引领带动全国小城镇建设。

某小镇被确定为北京市特色小镇建设试点镇。这里集聚了 500 余家各种类型企业，引进各类创新创业人才千余名。吸引着大量小微创新企业和创客。如果你的团队是拥有一定创业资金、人员、设备的私营企业，准备加入双创大军，请参与讨论。

接下来是教师设计的任务情境，特色小镇招商及小微企业创客面临的系列问题，组织学生小组合作分析并解决问题。

（2）议题设计的实践活动文本化原则

基于高三复习课课型特点及学生学情特点，不宜实地组织参观、考察、调研等实践活动。我们尝试把市场调查活动文本化，以学习资料包的形式出现。通过阅读分析、判断选择，提高学生解读信息的能力。

例如：小组市场调查反馈（学习资料包）

A.小镇背景材料：拥有优质天然矿泉水，分布广泛。长寿老人占比60%。国家湿地公园。葡萄品质优异，毗邻国家5A级旅游景点。文化艺术中心，剧院、图书馆、博物馆等一大批工程正在建设，部分已投入使用。人均收入水平偏低。

B.部分市场行情：养生养老机构10家，容纳1000个床位。每周报名参与游客1万余人。天然矿泉水、葡萄价格走势如图6-3所示。

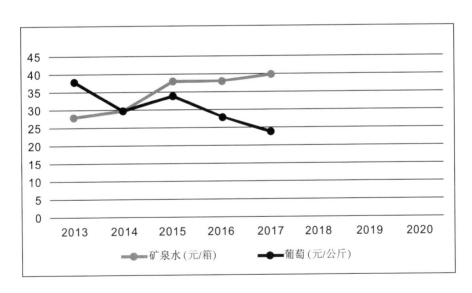

图6-3 天然矿泉水、葡萄价格走势图

C.消费者诉求："慢生活"，追求工匠精神以及沉浸式体验；"80后"、"90后"群体更倾向于选择具有时尚特色小镇，人们对养生保健需求增加。

学生通过分析以上"学习资料包"，在筛选经济原理过程中，提高解读和获取信息的能力；在设问、联系材料、组织答案中提升逻辑思维能力（归纳、演绎），提升理论联系实际分析解决问题的能力，以及论证与表达能力；同时，通过引导学生分析各种常见经济现象，提高他们的公共参与意识。

（3）议题设计的优化递进原则

议题是一个体系，在这个体系内，包含若干问题，问题之间是结构性和逻辑性的递进关系。学生面对新的情景材料，需要借助问题驱动和任务完成来实现对核心素养的考查，因此，如何把握问题的层次性和逻辑性就显得尤为重要。在学生核心素养提升的背景下，思想政治学科的四大任务是"描述与分类""解释与论证""预测与选择""辨析与评价"，即"是什么""为什么""怎么做""应该怎么看"的具体而明确的要求。这就要求课堂教学要精心设置这样具有层次性和逻辑性的问题，以引导、激发学生探究问题的兴趣，促使学生学会分析和解决问题。

例如，在上述情景后创设了递进的4个问题。

问题1：请依据小组市场调查结果，经过理性分析从备选项目中筛选一项最适合投资生产的项目，谈谈你选择的理由。

序号	1	2	3	4	5	6	7	8	9	补充
	葡萄种植与深加工	高新技术装备制造	消防、国防物资生产	天然矿泉水厂	航空物流	养生养老保健	金融	温泉旅游	农业体验生态旅游	
选项										
理由要点										

设计目的在于分析判断市场调节的优点和调节机制，答案开放多元，不唯一。课堂上经过统计大部分同学选择葡萄种植与深加工，谈及理由时能自觉运用价格信号对生产的影响分析，且创造性发现葡萄价格低、成本低，在产业链下游的葡萄酒深加工获利空间增大；还能关注到营养价值高，符合养生的消费热点趋向，市场潜力巨大。学生在分析问题的过程中，理解市场配置资源的必要性，以及方式和优点，课堂生成的答案远比

老师的预设更加生动。

问题 2：创业初期，你如何在激烈的市场竞争中获胜？反思你这样做的目的？你怎么解释同业竞争中出现下列乱象的原因？这对现代市场体系形成产生什么消极影响？请尝试提出有效的解决方法。

乱象	原因	解决措施
市场鱼龙混杂：没有生产许可证和相关资质企业进入市场		
市场竞争混乱：部分企业形成垄断，还存在地方保护主义		
市场交易不公：缺斤短两、假冒伪劣		

在问题 1 巩固市场调节优点和机制基础上，解析市场运行机制中诚信与公平竞争的价值。引导学生辩证思维，发现市场调节的弊端和后果，并找到解决办法，落实维护社会市场秩序这一重要考点。市场秩序良好是市场经济正常运行的前提之一，引导学生理解市场秩序与市场经济的关系。

问题 3：作为私营企业主的你，现在也能通过市场化参与投资招标竞争，这有哪些意义？

这一问题，引导学生认识到产权清晰是市场经济正常运行的必要前提之二。整合本课与前面第四课基本经济制度的知识，理解社会主义基本经济制度是社会主义市场经济的根基。（素养 1）形成知识体系。

问题 4：请推测本行业的未来发展趋势，完成价格表的续写，并思考在创业成熟期如何保持企业的成功？

这个问题，整合了第五课企业经营的相关知识，同时在推测未来价格走向趋势时，发现市场调节的自发盲目滞后性特点，引导学生能够辩证地看待市场调节问题。

以上每个问题的设计，都有明确的目标和清晰的思路，成功利用了学生对议题相关问题的认识及原有经验，整合了多个知识目标，如市场机制如何发挥作用、市场调节的优点、规范市场秩序的意义、产权概念等，突破了教学的重点难点，极大地提高了高三复习课的针对性、实效性，学生分析问题、解决问题的能力得以显著提升。

4.议题式教学的评价策略

为保证高三政治课堂教学的高质量、高效率，政治教研组实践推广议题式教学新模式，并研制课堂评价表，下发每位师生，以促进每位师生倾情投入，全方位提高课堂收获。

表6-3　高三思想政治议题式复习课堂评价表

评价指标	评价要素	评价标准	权重	得分
学生学习情况（60分）	结构化预习（10分）	预习有深度，能提出有一定价值的问题	5	
		及时自主地完成复习学案和前测题，准确率高	5	
	参与议题过程（30分）	参与状态：参与议题兴趣浓厚，积极投入	5	
		思维状态：善于思考质疑，能提出个人观点，见解独到、有价值，并引发同学思考	10	
		自主状态：能独立思考，探究问题有主见，能总结提炼学习所得，清晰表达自己观点	5	
		合作状态：组织有序，讨论热烈，同伴协作，按时完成小组分配的学习任务，耐心听取别人意见，质疑研讨诚恳，评价客观公正	10	
	学习效果（20分）	知识掌握：快速掌握当堂知识，反馈练习准确率高，知识目标达成度好	5	
		方法运用：学会解决问题的方法，形成有效的学习策略，养成良好的学习习惯	5	
		能力形成：学生发现问题、表述问题、解决问题、综合运用等各方面的能力得到提高	5	
		情感发展：学生学习过程愉悦快乐，思想情感积极向上	5	
教师教学情况（40分）	议题设计（10分）	四个核心素养的达成，有核心价值观引领	5	
		真实复杂情景，问题有梯度，适合不同层次学生需求	5	
	议题实施（25分）	适时适度指导学生的学习活动，引导提炼总结	5	
		指导学生当堂落实议题探究学案，且学习效果良好	5	
		课堂环节紧凑，时间调控合理	10	
		评价适时、恰当、客观，激励性、指导性强	5	
	个人素质（5分）	教学基本功扎实，知识储备足；能关爱尊重学生，满足不同层次学生的学习需求；有一定的教学智慧	5	
总体评价		分数合计	100	

(二)"做中学"探究式教学

初中物理组刘丹旸老师申请了"十二五"区级重点课题《在物理教学中开展"做中学"探究式教学模式的实践研究》，以此为抓手，教研组长段辉老师组织全组教师积极参与，进行了三年的行动研究。

1．"做中学"探究式教学特点

课题组对"做中学"的概念和特点进行了校本化的界定和总结。"做中学"既是一种教育理念，又是一种教育方法，也是一个教育过程。"做中学"是指"创设一个合理的科学环境，提供学生自己动手、动脑，主动探究自然科学的机会，从而激发他们的好奇心和求知欲，使之在动手做的过程中体验学习的乐趣。同时，促进其对物理学科的探究学习，培养学生的科学素养"。

"做中学"探究式教学的特点：①面向每一个学生，提倡全体学生的共同参与。任何一个学生都可以在"做中学"的过程中根据自己的兴趣、愿望和能力，用自己的方式去操作、探究、学习。②"做中学"的过程强调学生亲自体验。学生不仅需要独立思考，还要动手操作，用眼看、用耳听、用嘴说。"做中学"的过程，引导学生发挥主体作用，自主探究。这不仅是学生知识增长的过程，更是思维发展和身心健康成长的过程。③"做中学"的组织形式是独立学习和合作学习的结合，其中小组合作学习是主要形式。由于探究教学是围绕问题的解决展开的，问题往往是综合的、复杂的，学生需要依靠集体的力量进行分工合作，学生在这一过程中可以取长补短，相互促进，还需要彼此尊重、相互理解。宽容大度，也需要倾听他人的表达，或说服他人。④"做中学"形式灵活，可以选取课堂中某一时间段、某一个问题点，也可以贯穿整节课教学，既适合新概念课、新规律课，也适合复习课、试卷讲评课等各种课型。

2．"做中学"课堂问题解决

三年来，每位物理教师坚持每学期至少开一节校级以上公开课。老师们以"做中学"探究式教学为主要研究点，在集体研讨磨备课过程中，不断发现新的问题，积极提出改进意见，然后再尝试，再实践。下面是他们在课堂教学过程中发现的问题以及共同研究的解决方法。

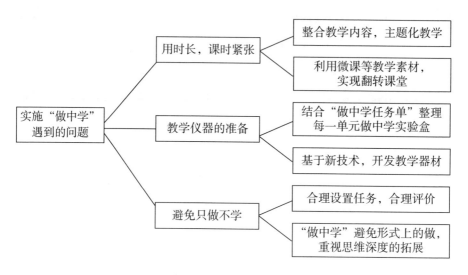

图6-4　"做中学"课堂问题及解决策略

3. 自制教具添魅力

自制"做中学"教具也为课堂增添魅力。课题组张淼老师借助激光切割技术开发了一系列直观、形象、低成本、高灵活度的物理教学教具，在课堂教学中发挥了很好的作用。

案例一：平衡蜻蜓

做法：蜻蜓翅膀加上配重（小圆片）后可以在手指上保持平衡状态（如图6-5所示），取下配重，失去平衡。

目的：在《重力》这一课中作为一个知识拓展，用来解释降低重心提高稳度的规律。

学生任务：如何让蜻蜓稳稳地支撑在手指上？

提供材料：多个配重片

情境1

生：将配重片加在尾巴上。

师：看到了什么现象？为什么会出现这种情况？该怎样调整？

生：更不稳了，蜻蜓直接掉下去了，看来尾巴不能太重，配重往前加试试吧。

情境 2

生：将配重片加在头上。

师：看到了什么现象？为什么会出现这种情况？该怎样调整？

生：没什么作用，换个地方加配重试试。

情境 3

生：将配重片加在翅膀上。

师：看到了什么现象？为什么会出现这种情况？还可以怎样调整？

生 1：比刚才稳了，再多加几个试试。

生 2：前、后两翅上加配重，效果一样吗？换个位置试试。

师：我们通过反复调试，最终达成共识，配重加在前翅，配重数量越多尾巴翘得越高。说明什么呢？（如图 6-6、图 6-7 所示）

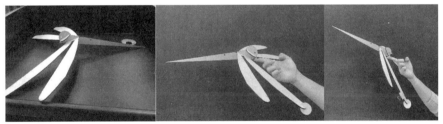

图 6-5　　　　　　　　图 6-6　　　　　　　　图 6-7

生：重心越靠前越稳。

师：重心在什么位置？

生：在嘴上。

教师不予评价，出示第二个蜻蜓（如图 6-8 所示）。

师：这是老师最初做的教具，大家试试加配重。

学生反复调试，发现在前翅上无论加多少配重都不能保持平衡。

师：第一版是个失败品，仔细观察这两个版本的蜻蜓有什么区别？思考刚才同学们下的结论：重心靠前可以提升稳度吗？

观察后，发现第一版蜻蜓翅膀和身体在一平面，第二版蜻蜓翅膀向下。（如图6-9、图6-10所示）

生：重心越低稳度越高！

师：重心在什么位置呢？

生：没在蜻蜓上，在嘴下方！

此时可以将细线拴在蜻蜓身上的圆孔内，利用悬挂法来确定蜻蜓的重心位置。

图6-8　　　　　　　图6-9　　　　　　　图6-10

学生在尝试中起初不成功，抓住这些不成功继续追问，引导学生思考，得出结论，即使最初的结论不正确，也不是由教师直接指出，再创设新的情境，把学生的问题还抛给学生自己解决，当学生的认知与新的情境产生矛盾时，在观察的基础上继续深入思考，自行纠正错误观念。在教学过程中，教师创设情境，提出问题不断引导、启发，学生在实践中观察、思考、归纳、形成结论，在学习过程中学生也体会到科学研究的过程是不断试错、修正的过程，培养学生敢于质疑、勤于动手、善于观察、勇于纠错的科学品质。

这就是"做中学"探究式教学的妙处。学生在兴趣盎然的"做"中，"学"到知识，提升能力，激活思维，养成观察问题、分析问题、解决问题的思维品质。

四、学为主体，优化结构

学段不同、学科不同、教师的擅长点不同，课堂教学本就应该异彩纷呈。因此，智美课堂变革之初，学校并不想推出全校性的、统一的课堂教学模式。然而，随着智美课堂研究的不断深入，综合全校教师的课堂教学状况，还是发现了一些必须要改的问题。比如：部分教师"霸课"时间过长，学生的主体地位不得实现；部分教师课堂设问过多、过细、过碎，学生课堂思维欠缺饱和度；有的课堂任务群、问题链设计精细度不够，课堂操作层面出现问题等。经过反复研讨，学校做出决定：为推动全校每一位任课教师的课堂变革意识，智美课堂变革需要先"入模"，再"出模"的过程。2018 年 9 月，首都师大二附中"10+ 全主体课堂教学模式"变革，在全校范围内推开。

（一）10+ 全主体课堂教学模式的提出

推动这项课堂教学模式变革的目的，在于教师要释放部分课堂的控制权给学生，让课堂由"教师中心"向"学生中心"过渡。教师成为课堂教学的组织者、引导者、点拨者、支持者，直至课堂全主体模式的形成，以实现智美课堂的理想。学校先引领全体教师"入模"，进入 10+ 全主体课堂教学模式，然后再"出模"，到达智美课堂的理想境界。

首都师大二附中课时长度为 40 分钟，"10+"的意思是每堂课不少于 10 分钟的时间，"全主体"意味着教师要拿出不低于课堂四分之一的时间，在学生活动内容被教师充分设计与组织下，放手给学生，让学生自主探究、自主解决问题，真正体现"学生主体"。

学校教学管理和研究团队，认真分析了课堂教学现状，对"传统课堂""10+ 全主体课堂""智美课堂"做出了如下分析。

表6-4　课堂教学情况分析表

当前部分课堂：教师绝对权威，在时空上掌控着整个课堂，学生围绕着教师被动地看认记，想问解，听读写。在课堂上能有效地促进学生对知识和技能的掌握理解，但要实现能力进阶，达到学科核心素养形成层级需要较长的时间。	10+全主体课堂：将课堂主控权的四分之一给学生，教师通过主任务、主问题或情境设计，方法指导，资源保障，指向核心素养的学习成果评价等，推动学习主体的持续深度学习，在学习过程中，教师只是观察者身份。依据教学内容的不同，四分之一主控权可以分散在教学的任何阶段。	智美课堂：由教师、学生、环境构成的有机生态整体。学生既能围绕教师展开学习，也能依据学习内容深度思考，自由发表独立见解。在认知和理解的层级上能实现学科核心素养形成，进而形成批判性思维和创造力。
	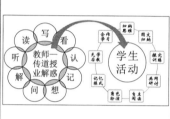	

（二）10+全主体课堂教学模式的实施

既然是全校推广，就是希望各教研组全面变革。因此，在这项工作推进过程中，教研组和备课组发挥了强有力的作用。

1."主题式"研究与实施

学校16个教研组，49个备课组，在10+全主体课堂教学模式实施过程中，自主确定了研究主题，研制了课堂教学展示与评价制度。借鉴海淀区教研基地建设经验，学校和教研组保障教研活动的制度化、系统化、规范化。要求每次活动有主题，有过程设计，有成果交流。交流方式可以灵活多样，可以是课堂展示，可以是主题讲座，也可以是案例研究。部分教研组的研究主题如下。

表 6-5 初中语文研究主题及课堂展示表

教研组	主题	备课组	分主题	课例	起始时间
初中语文	大单元教学背景下语文专题学习活动设计	初一语文	创设真实情境引导学生自主探究	纪文燕《游山西村》	2019.04
				蔡成芬《小石潭记》	2019.06
				聂影辉《带上她的眼睛》	2019.06
				同淑梅《古诗词吟诵》	2019.05
				银婷婷《皇帝的新装》	2018.12
		初二语文	对教学关键内容，创设条件，设计探索、体验性学习活动	姚晔《叶圣陶先生二三事》	2018.05
				黄继松《驿落梨花》	2018.12
				李道华《语言要连贯》	2018.12
				段惠贤《关雎》	2019.03
				蔡彤鑫《社戏》	2019.04
				梁锋《最后一次讲演》	2019.06
		初三语文	专题复习活动设计，提升学生综合思维能力	王微《古诗阅读》	2019.03
				宋渤漪《记叙文阅读》	2019.03
				胡迎春《非连贯文本》	2019.03
				陈丽丽《议论文阅读》	2019.03

表 6-6 高中数学研究主题及课堂展示表

教研组	主题	备课组	分主题	课例	起始时间
高中数学	数学思维方式培养策略研究	高一	互动式教学对学生的想维方式培养的研究	金文姬《立体几何中动点的轨迹问题》	2019.06
		高二	问题的层次性对学生的思维方式培养的研究	姚娜《二项式定理的作用》	2019.03
		高三	教学结合对学生的思维方式培养的研究	胡小彤《三角函数的性质问题》	2019.06

表6-7　化学组研究主题及课堂展示表

教研组	主题	备课组	分主题	课例	起始时间
化学组	基于"微项目"教学提升的实践研究	初三备课组	化学实验探究能力培养途径与方法研究	袁斌《制取氧气》、孙月茹《制取氧气》、袁斌《生活中的盐》、孙月茹《生活中的盐》、李海芸《配问一定质屈分数溶液》	2018.09 2019.03 2019.03
		高一备课组	基于项目式教学提高课堂教学时效性的策略研究	韩建丰《硫和氧化物(第一课)"煤改电"真的有利于解决雾霾问题吗?》郭文惠《硫和氮的氧化物(第二课)"煤改电"工程为什么可以减少SO_2的排放?》	2018.12 2018.12
		高二备课组	基于学生学法指导的课堂深度学习研究	李海芸《原电池》、李丽《换个角度认识物质》、李丽《化学平衡常数》、熊丽萍《化学平衡常数》、熊丽萍《盐类水解》	2017.09
		高三备课组	在教学中落实化学学科思维能力提升	裔兰第一轮复习	2018.08 2019.02

表6-8　地理组研究主题及课堂展示表

教研组	主题	备课组	分主题	课例	起始时间
地理组	体验式教学在地理教学中的实践探索	高三	主题情境创设在高三地理体验式教学中的运用初探	金文姬《立体几何中动点的轨迹问题》	2019.06
		高一	地理体验式实践活动在高一地理教学中的应用	黄小军《水循环》为例	2019.06
		初二	地理实践力在初二体验式教学中的培养	杨晓青《西北地区的自然特征与农业》为例	2019.06
		初一	比较法教学在初一地理体验式教学中的应用探究	蜇丽君《俄罗斯》为例	2019.06

（二）开放课堂，研究课例

解决课堂教学问题，必须先研究课堂教学，同样需要发现问题、分析问题、解决问题。教师课堂开放，共同进行课例研究是必然过程。学校每学期各年级分阶段设置课堂开放周，开放周内，年级所有课堂开放，教研组长带领老师们自由听课、评课，学校工作重心聚焦课堂，行政干部进班听课，和老师们一起评课。仅 2018—2019 第二学期开放周，全校共有124 位教师开放课堂，教学干部平均听课 60 余节。为指导教师课堂教学设计，教学管理和研究团队给予指导性意见，见表 6-9。

表 6-9　10+ 全主体课堂学习模式课堂设计"四要素"

学生活动方式	学习目标	任务、问题或情境	方法、资源水平	成果评价或素养分级检测	教师观察
为何选择此方式？	待学生收获什么？	学生需要怎样学习？学习支持，哪些资源可供利用？		学生真的学会了？何以知道学生学会了？学生反思：会管理自己的学习吗？	
探究训练					
共同研讨					
归纳思维					
图文归纳					
合作学习					
先学后教					
记忆模式					
角色扮演					
自主阅读					

为教师听课、评课聚焦关键问题和中心内容，学校也研制了该模式下，智美课堂观察量表，便于教师们听评课时有规可依（见表 6-10）。

表 6-10　课堂观察量表

首都师大二附中智美课堂观察量表

10 ＋全主体课堂学习模式

授课教师：　　　课程授课班级：　　　时间：

评价项目	评价要点	达成情况		
		符合	一般	不合格
学习目标	目标明确、精当			
	具有挑战性、可操作性			
学习方式	课堂学习习惯良好			
	学习方式运用自然			
学习过程	多角度质疑、存疑、提问			
	课堂有新问题生成			
	学生参与度高			
学习成果	学生均有多维度收获			
	师生关系融洽真诚			
	学生有学法积累			
资源供给	充分占有学习材料			
	信息技术合理使用			
	方式恰当，易于操作			
	指向学科本质掌握和核心素养培养			
总体情况				
观察者（听课教师和授课教师）建议和反思：				

开放周结束，教学处和各教研组进行课堂教学情况分析总结，扬长避短，不断改进。

生物教研组这样总结：生物教研组于 9 月 19 日到 23 日高三课堂开放周期间，教研组内教师相互听评高中生物课 3 节。本次课堂观察点是"基础知识落实方法研究"。在高三生物第一轮复习过程中，由于课程的信息量骤然增加，复习难度加大，很多学生在一轮复习阶段由于复习不得法而导致基础知识依然有欠缺，能力没能得到相应提升。因而如何根据高考要求，科学有效地引导学生进行复习，成为摆在我们生物教师面前的一个严峻的课题。本次开放课堂，备课组老师们的整体设计思路是：教师先把握本章节生物学核心概念、基本定律以及实验操作的基本过程，然后将这些内容有效整合，设计出整体的知识轮廓，再根据这个轮廓引导学生自主设计，配合经典题例，帮助学生在课上重现重难点知识，引导学生自主重塑完整的知识体系。

李欣老师的《细胞代谢专题复习——酶、ATP》复习课，在课堂上强调学生实验思想的培养，重视学生课堂生成问题的解决，教学过程有层次，由浅到深，由易到难，一步步引导学生用科学的观点和方法解决实际问题，并能用多样化的方法，如图、表等形式表述见解，学生思维被全面调动和激发。教师在学习方法和实验思想的研究上非常深入，能够充分调动学生自主参与课堂学习。

杨颖老师的《细胞代谢专题复习——酶、ATP》和《细胞代谢专题复习——细胞呼吸》复习课，在课堂上有意识地对学生进行实验思想和思维训练，能准确抓住学生问题节点，并引导学生透彻理解。知识复习充分调动学生自主编织网络体系，学生注意力集中，学习效果好。

备课、授课、评课的过程中，老师们深切体会到一轮复习教学模式的改进，对于课堂复习效率提高的重要作用。生物组还将继续开展这个主题的研讨，在"基础知识落实方法研究"上有进一步提高和突破。

（三）跟踪调查，研究改进

为保证 10+ 全主体课堂教学模式改进向着智美课堂目标无限趋近，切实提高学生课堂学习的获得感，扎实推进课堂教学改革，众筹智慧，教学管理与研究团队设计了调查问卷，实时跟踪课改过程。调查数据被研究团队高度关注，并不断提升课堂教学改革效率。

2018—2019 第二学期课堂开放周调查问卷

为调研课堂改革情况，众筹智慧，特设计此问卷。本问卷结果只用于教学研究，不用于其他评价，请您将答案填写在横线上。

1.在本轮的开放课堂中，您共听课____节，其中本学科____节，其他学科____节。

2.您对"鼓励教师主动开放课堂，用开放的心态研究常态课堂"的态度是____。

A.认可　　　B.不表态　　　C.不认可

3.您对我校常态课堂教学效果的印象评价，大约占比是？（填写在下方表格里）

印　象	百分比 %
优　秀	
较　好	
一　般	
不合格	

4.您认为从下列哪个方面开始改进，才能更加有效提高我校整体教学水平（可多选）。

A.教学管理　　　　　　B.集体备课

C.课堂教学环节设计和实施　D.课堂学生学法设计和实施

E.课堂评价　　　　　　F.其他

5.您是否愿意加入首都师大二附中"10+ 全主体课堂学习模式"的行动研究小组。

A.非常愿意　B.比较愿意　C.一般　D.不愿意

6.您最希望参加下列哪些课题，开展教学模式的行动研究（可多选）。

A."导学—互助"课堂教学模式的研究

B.课堂探究式学习模式的有效实施研究

C.基于"微项目"课堂教学提升学习实效性的实践研究

D.课堂提高学生质疑能力的有效策略研究

E.课堂学生自学互学合作学习模式的实践研究

F.课堂讨论有效性的教学策略研究

G."少教多学"教学策略的实践研究

H.学科教学中思维导图的应用研究

I.学生注意力培养的教学策略研究

J.学生学习诊断"错误资源"有效利用的实践研究

K.课堂学习小结有效性的实践研究

L."海淀区教师学习科学素养提升"项目

M.信息技术支持课堂学习的实践研究

7.您对课堂教学改进的其他建议有哪些?

2019.5.10

　　本次调研结束后，得出的结论如图 6-11 和图 6-12 所示。在课堂教学变革过程中，实时跟踪调研，不断修正研究方向，对项目正向推进和确保研究效能发挥了积极作用。

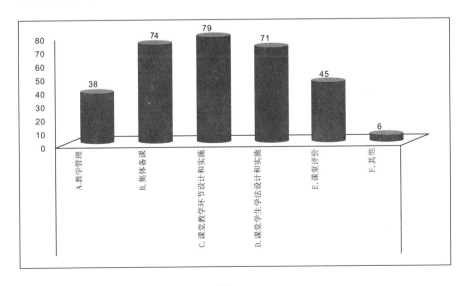

图 6-11

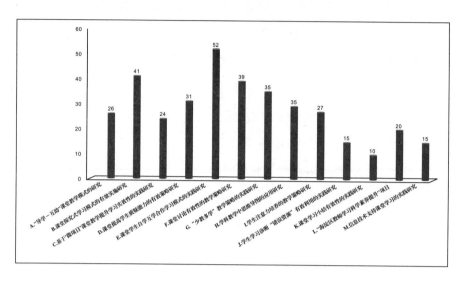

图 6-12

第三节　智美课堂评价与提升

　　课堂教学研究与改进是个艰辛的过程、复杂的过程，也是进步的过程、幸福的过程。尤其是看到教师越来越享受课堂教学，学生越来越醉心于课堂学习，学校教学管理和研究团队也溢满成就感。正如苏霍姆林斯基所说：如果你想让教师的劳动能够给教师一些乐趣，使天天上课不致变成一种单调乏味的义务，那你就应当引导每一位教师走上从事一些研究的这条幸福的道路上来。

一、以评价引领变革

　　研究课堂，自然需要标准、观察工具、调研方法、评价量表等。为评价定标准，以评价促变革，以变革促提升。

（一）制定课堂观察量表

研究实践过程中，研究团队发现研制智美课堂观察量表的必要性。没有它，课堂研究会失去方向和抓手。但是观察量表也不能过细，过细不利于统计，不利于问题的解决。优质课堂有共同特点：学生学习主题地位得到充分尊重，学生高度参与，教师的主导作用在重点落实，难点解决、课堂生成问题的探究方面得到充分体现，学习目标达成度高。这样的课堂，听课教师都忍不住融入课堂之中，下课铃声响起时，师生还沉浸其中，意犹未尽。

基于此，课堂研究需要定量观察和定性评课相结合。教研团队在反复研讨的基础上，设计了智美课堂观察量表。

表 6-11　智美课堂观察量表

首都师大二附中智美课堂观察量表（试用）					
授课教师：	授课班级：	时间：			
评价项目	评价要点	达成情况			
		符合	一般	不符合	
教学目标 10	目标明确、精当	5	3		
	具有挑战性、可操作性	5	3		
教学环节 20	精心设计教学环节	5	3		
	恰当运用教学手段	5	3		
	高效利用教学时间	5	3		
	重点突出注重落实	5	3		
教学方法 10	灵活选择教学方法	2	1		
	充分挖掘生活情境	2	1		
	多角度设疑提问	2	1		
	注重课堂问题生成	2	1		
	学生深度参与、互动充分	2	1		

续表

首都师大二附中智美课堂观察量表（试用）				
授课教师： 授课班级： 时间：				
评价项目	评价要点	达成情况		
		符合	一般	不符合
资源利用 10	充分占有教学资源	3	2	
	恰当取舍、合理拓展	4	3	
	技术教具合理使用、形象生动	3	2	
教学效果 20	教学目标圆满达成	5	3	
	学生均有成就感	5	4	
	师生激情投入、环环相扣	5	3	
	学法引导到位、学会学习	5	3	
课堂行为 10	大方得体、亲和真诚	5	3	
	智慧激发、循循善诱	5	4	
课堂语言 10	清晰流畅、感染力强	5	4	
	精练高雅、抑扬顿挫	5	4	
情感氛围 10	师生融洽、张弛自如	5	4	
	寓教于乐、和谐愉悦	5	4	
总体情况				
听课教师				

观察量表制订后，各教研组首先引领教师们学习评价标准，研讨本学科课堂教学变革的方向、方式与方法。学校则适时组织不同学科、不同层级的课堂教学示范活动，给予教师们直观、真切的课堂教学观摩和体验。

（二）课堂教学示范

评价的目的是引领，但是有了评价标准，并不等于有了高质量的课堂。智美课堂的质量提升需要为教师搭建更加宽广的学习平台。让教师学有榜样，改有示范。不断激发教师变革课堂的内驱力，智美课堂目标追求才更有机会实现。

1. 名师示范课

自 2014 年 9 月至 2019 年 12 月，学校通过邀请名师来校执教示范课；承办会议，把名师专家请进校门；派教师外出听课交流等形式，竭尽所能为教师提供学习交流机会。先后邀请近 30 位国内、市区内知名教师在校内借班上课，派出教师 200 余人次到国内外名校听课交流。教师们开阔了眼界，拓宽了思路，激发了专业发展的内在驱动力。

2. 校内教师示范

学校每学期组织教师示范教学，市区级学科带头人、骨干教师示范课，党员示范课，项目研究教师示范课等等。组织示范教学对于听课教师来说是学习机会，而对于执教教师同样是锻炼和学习提升的机会。名师都是在一次次课堂教学的磨砺中成长为优秀。大批的青年教师也是在一次次听课、磨课、讲课的过程中成长和成熟起来。

（三）教师与智美课堂共成长

令人欣喜的是，在智美课堂变革的过程中，教师的教学和教研状态发生了可喜的变化。市区级教研员来校听课后评价：教师精神状态饱满，教研意识强，教学理念先进，教学效果提升非常明显。智美课堂变革带来的是教师、学生与课堂共同进步与成长。

地理教研组雷晓春老师在《用心用情，构建智美课堂》一文中这样说：

42 岁的年纪，22 年的教龄，这样的我正是大家常谈的"教到中年"。如何度过职业发展的高原期？课堂变革，让我实现二次成长！

一、让地理课堂焕发生命活力

教到中年，职业倦怠也好，情绪消极也罢，大多是自己身陷迷境，心志迷糊。所以，首先是唤醒自己的教育"本心"，激励学生的生命活力。我用心用情去触摸教育的"本性"，以更豁达、舒缓的姿态面对学生和课堂，学生感兴趣的、想知道的、想做的，可以在课堂里畅所欲言，生生、师生合作，一起探索思辨、共同努力解决问题，这样的课堂焕发了生命活力。

二、让地理课堂充满生活气息

将教学活动置于现实的生活背景之中，努力营造生活化的教学环境，让学生学习生活中的地理，并善于在生活中学习和应用地理知识。如：旅游活动设计的教学，避免了空洞的说教，让学生以小组为单位进行旅游线路和活动设计，然后进行交流展示和评价。

三、让地理课堂点燃思维火花

学生每天学习不同的学科，脑海里塞满了浩如烟海、杂乱无章的碎片知识，如果不及时整理，几天过后就会成为碎片云烟，在需要用的时候抓头挠腮、毫无章法。所以，我会带领学生梳理每个单元的知识，构建起线索串联、逻辑关联的知识体系，这样知识变得更有条理、学习变得更有效率。这样的课堂充满了思维碰撞。智美课堂，同样激发了我的智慧和美感。

初中数学组宋晓雪老师在《点燃思考热情，照亮数学之美》一文中写道：

我希望学生们通过数学学习，更热爱思考，更具有探索精神，能够发现数学之美，创造数学之美。在智美课堂理念的引领下，我慢慢改变了自己以往的教学方式，开始努力营造这样的课堂：①创建易于发生思考（或者学生感兴趣）的引入问题，②提出易于产生"矛盾"的数学话题，③留下有悬念的数学问题，④感受数学思考在生活中的魅力，⑤将有限的课堂延续到无限的阅读中去。

例如，在《相交线平行线》一章的开头，我提出了"课本的设置是先讲相交线，后讲平行线，如果换个顺序，可以吗？谈谈自己的观点"这样的问题，学生们对这样的开放性问题表示了极大的热情，积极主动参与到课堂的思考，从平行线的定义，到学生的认知水平等等，都成为证明自己观点正确的有利依据。

在《有理数乘方》一课中由于课堂上没能解决 2^{64} 的问题，本来有些遗憾，在随后的《科学记数法》一课中，又把这个问题拿出来让学生思考，并给学生，布置了这样的任务："算一算上节课提到的 2^{64} 粒米到底有多重？查一查：我国年产大米约多少吨？"学生对这个"遗留问题"产生了浓厚的兴趣，课下想办法估算米粒重量，用计算器算，上网查阅资料等，在体验了乘方意义的同时，体验了估算的便利和科学记数法的优越性。因此，在课堂上留个小尾巴，不急于解决，更耐人寻味，让学生的思考具有延续性，而不仅仅停留在课堂上。

《概率》一章中，让学生体会概率在生活中的应用，一起探索扑克牌小魔术的奥秘，了解扑克牌的背景文化；集体玩一次扫雷游戏，收获扫雷游戏的得胜秘籍；评判游戏规则设置的合理性，用数据和事实战胜骗局……在讲《科学记数法》那节课前，恰好赶上位于贵州的"中国天眼"发现 2 颗新脉冲星，于是让学生课前把这两颗新脉冲星与地球的距离用科学记数法表示出来并阅读相关资料，听听来自地球外的声音，了解坚守梦想的"天眼之父"南仁东，不仅激发了学生对数学的兴趣，同时使学生意识到生活中的点点滴滴都充满了数学的气息，培养学生数学思考的习惯。

课堂中还会根据学习内容教给学生一些几何画板制作的技能，《多边形密铺》《轴对称》等学生作品，让学生可以运用数学创造美。

发挥数学思考的内在力量，给每一个学生一片阳光，唤醒他们的心灵，启迪他们的智慧，让他们学会欣赏数学之美，享受数学之趣，让数学学习成为学生难忘的人生经历。

初中语文教研组陈丽丽老师在《以美启智，智美融合》一文中写道：

智美课堂是以美启智、寓美于智、智美融合，从而达到教师和学生"各美其美、美美与共"的课堂教学境界。

以前我的课堂主要以教师为主体，教师讲的多、学生动的少。现在学校倡导 10+ 智美课堂，我的课堂也在发生着变化：课堂教学过程中综合各种美育元素，以美启智，调动学生学习的积极性。在智美课堂的构建中，努力创设学习的情境，激发学习兴趣，在"美的刺激"中激活思维；营造情境，保持探索状态，在"美的感悟"中发散思维。做到"让学生动起来，让课堂活起来，让效果好起来，让感觉美起来"。

为了让学生深入理解《四世同堂》。我们引导学生读完作品后，编成课本剧排练表演。学生们演得好极了，公演那天台下的同学、老师、家长，都看得潸然泪下。智美课堂的戏剧教学，最大的特点就是学生不再是被动地接受学习，而是主动探索，积极参与表演。为了让更多的学生有机会表演，所有主要角色我们都安排两个学生表演，扮演祁老爷的两个同学分别是刘泽逸和艾天齐，他们两人都演得非常好。语文课程丰富的人文内涵对学生的影响是深远的，学生对语文材料的理解与感受也是多元的。

我的智美课堂有六个环节：预习交流—明确目标—小组合作—展示反馈—穿插巩固—达标检测。课前让学生预习，掌握基础知识、基本方法，提高学习的主动性；课中让学生交流合作，生生互动，师生互动，以激活思维，提高能力，发展个性。智美课堂追求课堂教学的生机和活力，追求"教师幸福教，学生快乐学"的至高境界。

　　我们在课堂教学研究中成长，正如苏霍姆林斯基所说："凡是感到自己是一个研究者的教师，则最有可能变成教育工作的能手。"

二、把精品课堂推上更高平台

　　如果想让教师有更好的发展，那就把教师推上更高的平台，让他们去欣赏高处的风景，激励他们不断向更高处攀登。如果他是雄鹰，一定让他搏击长空。而学校要做的（或者说校长要做的）就是架云梯、搭平台。2015—2019 年，首都师大二附中不断承办高端教学研讨会议，招引教学专家走进智美课堂。青年优秀教师有了"奔头"，老教师事业发展也尝到"甜头"，成功感、成就感、幸福感成了教师们口中的高频词。仅 2017—2018 学年度，学校就有 11 位教师在市级、国家级教学研讨会执教示范课，区级研讨会示范课执教教师近 10 位。

表 6-12　2017—2018 年教师市级、国家级示范课统计表

为教学搭建更高学术交流平台	激励教师成长
2017 年 12 月承办全国中学历史教学研讨会	陈继贺老师执教国家级示范课，历史组全体老师参与教学研讨
2018 年 11 月承办北京市中学物理教学现场会	初高中共 8 位教师执教市级示范课，向全市推广物理教改经验，普遍受到好评
2018 年 12 月高中化学区级示范教学活动	化学组 2 位教师执教示范课，辐射全区
2018 年 12 月承办北京市中学语文教学研究会年会	黄继松、孙月玲 2 位教师执教市级示范课

　　2015—2019 年，学校教师共执教市区级示范课和公开课 85 节，在国家和市区级教学设计比赛中获奖 473 人次，在区级教师研修中做教材教法分析 59 人次，2020 年疫情期间，共有 24 位教师参与市区级空中课堂授课录制。2018—2020 年，学校每年举行教师微课比赛，学校教师每次都有百

余节微课作品参赛，微课质量得到首都师范大学点评专家的高度赞扬。

在变革中研究教学，在研究中体验成长，在成长中感悟快乐。智美课堂的理想目标是带给学生智慧和美感，带给学生聪明的脑，温暖的心。而智美课堂的研究与变革同样带给教师智慧和幸福。教师在研究课堂、成就学生的同时成就着自己。智美课堂研究永远充满魅力。

附1：

黄继松老师《驿路梨花》教学设计

（2018年12月市级示范课）

基本信息			
姓名	黄继松	学校	首都师大二附中
学科	语文	邮箱	
年级	初一	教科书版本及章节	人教部编版七年级下第四单元第14课
课时教学设计			
课题	《驿路梨花》第二课时		
课型	新授课□✓　章/单元复习课□　专题复习课□ 习题/试卷讲评课□　学科实践活动课□　其他□		
1.教学内容分析 　　小说的教学要素为叙述内容、叙述方式、叙述语言等，本文叙述内容简单明了，一目了然，所以可以从叙述方式和叙述语言角度确定教学目标。 　　《驿路梨花》是作者彭荆风在打倒"四人帮"后重新提笔的第一篇作品。小说立意新颖、构思精致、标题巧妙。小说通过发生在哀牢山深处一所小茅屋的故事，生动地展示了雷锋精神在祖国边疆军民中生根、开花、发扬光大的动人情景，再现了西南边疆少数民族乐于助人、热情好客的淳朴民风，歌颂了互帮互助的良好社会风貌。文章以"我"和老余一晚一早所见所闻为顺序，围绕"小茅屋的主人到底是谁"，设计了两次误会、三个悬念，刻画了一组人物，展示了他们助人为乐的美好品格。			
2.学习者分析 　　七年级的学生对小说这种文学体裁有了一定的了解，能够了解小说的三要素"人物、情节、环境"，对小说的叙述方法、叙述视角还比较陌生。 　　学生通过本单元第一篇文章的学习，已学习到一些略读的技巧，能够围绕主要问题进行跳读。预习调研中学生的质疑主要集中在两个问题上，一是本文为什么要叫驿路梨花，二是主人公到底是谁。针对这两个问题，确定了学习目标。			

续表

	3.学习目标确定	
拍摄问题	探讨问题	阅读目标
1.确定主角	1.谁是微电影的主角?	判断小说主人公
2.叙事顺序	2.用怎样的顺序剪辑安排微电影内容更好?	梳理情节解读叙述视角
3.作品宣传	3.如何设计意蕴丰富的宣传海报?	解读典型意象的象征意义

4.学习重点难点
(1)了解文章通过刻画人物群像表达主题的手法。
(2)关注小说的叙述视角,理解文章一波三折的巧妙构思。
(3)分析、理解"梨花"在文中的不同含义,把握弘扬互帮互助精神的主旨。

5.学习评价设计
(1)过程性评价
小组展示评价标准量表,小组互评(生生评价)
(2)成果性评价
拓展阅读:
《灿烂的红柳花》《小葱青青》拍摄方案、宣传海报的设计。
拍摄"二附青春榜样"微电影

6.学习活动设计

教师活动	学生活动
环节一:确定主角	
教师活动1 1.创设情境: 学校开展"二附青春榜样"评选活动,现为"二附青春榜样"拍摄微电影,通过探究小说《驿路梨花》构思,为拍摄微电影做准备。 拍摄问题 / 探讨问题 / 阅读目标 1.确定主角 / 1.谁是微电影的主角? / 判断小说主人公 2.叙事顺序 / 2.用怎样的顺序剪辑安排微电影内容更好? / 梳理情节解读叙述视角 3.作品宣传 / 3.如何设计意蕴丰富的宣传海报? / 解读典型意象的象征意义	学生活动1 根据文章,判断小说的主人公(微电影的主角)。 要求:结合文章、观点明确、表述简洁。

续表

2.问题：微电影《驿路梨花》的主角是谁？ 补充概念：判断小说的主人公主要看人物在小说情节、结构、矛盾冲突中是否占中心地位，是否通过他来表现小说的主题思想。	

活动意图说明： 新颖的形式，思维的碰撞，明确小说主人公的判断方法，了解文章通过刻画人物群像表达主题的手法。

环节二：叙事顺序	
教师活动2	学生活动2
1.有同学建议剪辑安排电影内容时调整情节顺序，有同学则坚持按原文顺序，你选择的叙事顺序是什么？ 2.福斯特：布局良好的情节应该包含某些"秘密"，随着故事情节发展，"秘密"将显现在读者面前，并且使得整个故事体现出完整的结构之美。 本文的"秘密"是什么？ 悬念——"谁是小茅屋的主人？" 3.叙述视角 全知视角：叙述者 > 人物。 内视角：叙述者 = 人物。	1.小组合作 有同学建议剪辑安排电影内容时调整情节顺序，有同学则坚持按原文顺序，你选择的叙事顺序是什么？ 要求： (1) 小组合作； (2) 速读文章，梳理情节； (3) 根据需求确定顺序，呈现在海报上； (4) 标注理由（两点以上）。 2.分组展示

活动意图说明： 欣赏、创作文学作品应关注叙述技巧：关注故事，更要关注如何讲故事（叙述视角的选择、悬念的设置等）。

环节三：宣传作品	
教师活动3	学生活动3
1.为了宣传该微电影，同学设计了一款宣传海报，作为导演的你，请结合文章说出你选择的理由。 	1.梨花的含义是什么？ 评价标准： (1) 能够在文中找出描写梨花的句子； (2) 能够圈画出句中关键词句； (3) 能够分析出梨花的具体含义。

续表

	2.小结梨花之美，美在哪里？ （1）意境之美 （2）精神之美 （3）文化之美
梨花的含义： 景物：洁白美丽、香气四溢的梨花 人物：助人为乐、朴实无华的群体 精神：生生不息、代代相传的雷锋精神 2.传统诗词中梨花的象征意义： 桃花人面各相红，不及天然玉作容。总向风尘尘莫染，轻轻笼月倚墙东。 ——黄庭坚《次韵梨花》 冷艳全欺雪，馀香乍入衣。春风且莫定，吹向玉阶飞。 ——丘为《左掖梨花》 玉容寂寞泪阑干，梨花一枝春带雨。 ——白居易《长恨歌》 传统诗词中梨花的象征意义： （1）洁身自好的君子 （2）怀才不遇的志士 （3）淡妆素雅的美人	

活动意图说明：

分析"梨花"在文中的不同含义，理解梨花在传统诗文中更为丰富的象征意义，小结梨花之美。懂得发现美、欣赏美、创造美。

7.板书设计

8.作业与拓展学习设计

拓展阅读：

从《灿烂的红柳花》《小葱青青》中任选一篇，设计拍摄方案（叙述视角、剪辑顺序、拍摄场景等），设计宣传海报等。

作业设计：

小组合作，参考以上三篇文章的写作手法，为"二附青春榜样"写个故事，并以此为素材拍摄微电影，时长5—10分钟。

要求：

（1）文章主题明确；（2）叙述视角适宜；（3）情节设置巧妙；（4）景物意蕴丰厚。

续表

9. 特色学习资源分析、技术手段应用说明
拓展阅读的两篇文章，海报上呈现叙事顺序，学生自己绘制的宣传海报。

10. 教学反思与改进
教学特色：老文新教，浅文深教。 反思改进：拍摄微电影需要综合知识的运用，应该在前期加大培训力度。 可再设计一项短作业，落实课堂学习内容。 梨花在传统诗文中的含义可以让学生自己分析总结。

附 2：

刘丹旸老师《光的反射》教学设计

（2017 年全国教学创新大赛一等奖）

年　级	初二	教科书版本及章节	北师大版第五章第二节
课题		光的反射	
课型		新授课	

1. 教学内容分析
《光的反射》是八年级上第五章《光现象》中的第二节，本节教学内容包括光在传播过程中遇到物体后在物体表面上所发生的反射现象，反射现象中蕴含的规律。课程标准的要求是"通过实验，探究光的反射定律。探究光束在平面镜上反射时，反射角与入射角的关系"。

2. 学习者分析
光的反射现象与学生生活紧密相关，学生在实际生活中有一定的感性认识，光的反射规律的应用学生也知道一些，但是具体的反射规律和规律的具体应用在他们头脑中不会特别清楚，而且对规律的探究涉及空间几何知识，这又是学生知识中的空白部分。因此本节教学内容将重点确定为引导学生找到方法探究光的反射定律，并能应用它完成光路图，难点确定为描述反射光线位置特点。 八年级的学生正处于感性认识向理性思维发展的阶段，已经具有一定观察、思考分析能力，具有强烈的操作兴趣，能利用已有知识积极主动交流、讨论，特别是他们对新事物有强烈的探索欲望，乐于参与小组活动，经过将近一学期的学习与体验，学生对"做中学"的授课模式有了一定感受，并且一部分学生已经能较熟练地应用科学研究方法来解决实际问题，这样的学情较利于本节的学习任务驱动。

3. 学习目标确定
（1）知道光的反射现象，并能指出反射现象中的入射光线、入射点、法线、入射角、反射光线、反射角等。 （2）知道并会应用光的反射定律，知道在光的反射现象中，光路是可逆的。 （3）在探究光的反射定律过程中，通过观察反射光线随入射光线的变化情况，学会关注物理条件的改变与物理现象之间的联系，形成初步的观察能力。 （4）会区分镜面反射和漫反射，通过了解光的反射定律在生活中的应用，培养密切联系实际、将科学技术应用于日常生活和社会的意识。

续表

4.学习重点难点
学习重点：实验探究光的反射定律。
学习难点：用数学方法分析实验现象，找到"一面、三线、两角"的关系。

5.学习活动设计	
教师活动	学生活动
环节一：游戏导入	
介绍"激光打靶"小游戏规则：通过平面镜反射后将激光射中靶心。	2组同学参与活动，寻找规律 发现：通过调节平面镜，可以随心所欲地控制光的传播路径，达到需求。
活动意图说明： 游戏激发兴趣，初步感受光的反射规律。	
环节二：探寻反射光的轨迹	
问题1：怎样直观呈现反射光路？看到了什么现象？ 介绍：激光笔（注意提醒学生不要用激光笔对着眼睛） 介绍：反射面、入射光线、反射光线、入射点 引导学生多角度观察，初步确定反射光与入射光的位置关系。 问题2：如何记录入射光和反射光的位置？ 用竹签插入泡沫板，模拟入射光、反射光。 初步建立光的反射模型。 问题3：如何描述反射光的位置？ 探究性学习活动4： 演示实验1： 多次共点入射，找规律（反射光与入射光在一个平面内，且该平面与镜面垂直） 演示：纸板模型模拟（引入法线），验证三线共面 板图讲解法线、入射角、反射角 探究反射角与入射角的关系 介绍手机App量角器的使用方法 介绍激光扩束的方法 提供多种方法参考，完成测量 展示多组学生记录的数据 得出结论：准确叙述出反射角与入射角的关系（强调因果关系） 沿着反射光的路径入射，观察现象，说明什么问题。	回忆：喷雾、烟雾、墨水等 选择能够持续呈现光路的方法 操作、观察，发现反射光、入射光一一对应；反射光由入射光决定。 画出光路图，知道反射面、入射点、入射光线、反射光线。 学生活动1：多角度观察光路，反射光与入射光重合时与平面镜垂直。 学生活动2：通过对实验现象的观察，通过实践体会建立模型的过程，粗略了解反射光与入射光的位置关系。 对比2组学生竹签插模型，通过绕着烧杯转一圈观察现象，确定反射光与入射光的位置关系。 预测光路，用竹签插泡沫板模拟，体会建立模型的过程。 认识法线的定义，通过类比航线的定义，了解引入法线的必要性。 学生活动3：探究反射角与入射角的关系 方案一：利用手机App量角器测量入射角、反射角。 方案二：利用扩束激光笔，在量角器上测量入射角、反射角。 实验交流： 1.正确测量入射角、反射角。 2.改变实验条件多次测量。 总结光的反射定律 学生活动4：探究光路可逆 用红绿两支激光笔验证光路可逆。 用手机拍摄记录实验现象，分享交流。

设计意图:
1.学会关注物理条件的改变与物理现象变化之间的联系，养成初步的观察能力。学会"空间—平面—半边—角度"的研究顺序和研究方法。 2.通过多种实验方法，获得比较全面的探究体验，并锻炼分析、概括能力以及逻辑思维能力，养成热爱科学、积极向上的情感。

环节三：镜面反射和漫反射	
演示实验2：激光笔垂直照射平面镜和垂直照射白纸的区别	多角度观察实验、描述现象、提出猜想
演示：大水槽中，对比一组平行光斜向入射平面镜和表面凸凹不平的镜子。	观察现象，利用光的反射定律分析镜面反射与漫反射的相同及不同。

播放介绍光污染的视频 播放镜面反射的利用视频	学生活动5：找一找生活中的镜面反射和漫反射。 讨论光污染（白亮污染）的防治 利用平面镜获得光照
演示实验3：角反射器 介绍角反射器的应用：自行车尾灯、高速路反光标志、远距离测距。	观察实验，观察结构和光路特点。 找找生活中的角反射器，分析优点。

活动意图说明:
1.通过实验观察，发现两种反射现象的区别，并用所学知识进行解释。 　2.体现STS思想，体会事物的两面性，合理利用光的反射造福生活。

6.板书设计 §5—2　光的反射	
一、探寻反射光的轨迹 1.反射光线、入射光线和法线在同一平面内； 2.反射光线和入射光线分别位于法线两侧； 3.反射角等于入射角； 4.在光的反射现象中，光路可逆。 二、镜面反射与漫反射 三、应用 1.光污染的产生与防治； 2.角反射器。	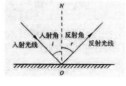

7.特色学习资源分析、技术手段应用说明
（1）在呈现光路时，利用在墨水中观察光路，现象明显，空间位置关系更为直观。通过观察—建立模型—再观察—修正模型，探究空间位置关系。 （2）提出法线的概念时，先引导学生观察，确定"线—面—空间"的关系，再通过建立模型的方法，自然引出法线的概念，符合学生的认知规律。

续表

（3）在测量入射角、反射角的过程中，利用自制 AR 量角器进行测量，体现了新技术在实验中的应用；同时也可以利用激光扩束呈现光路，直接在量角器上测量，提供多种方法完成探究实验。

（4）自制教具

AR 量   **角器**

可调角度的激光笔架   插纸板模型分析空间位置关系，得到法线的定义

8.教学反思与改进

本节课通过任务设置引导学生在"做中学"，在动手实验中学生主动思考，归纳结论，形成概念。整节课探究及演示实验较多，注重引导学生观察，培养观察能力。通过问题的设置激发学生思考，引发深度学习，将学生现场生成问题变为驱动任务，推进课程进展。

附 3：

李文文、张淼 双师授课《比较物体运动快慢》教学设计

（2018 年 11 月市级示范课）

年 级	初二	教科书版本及章节	北师大版第三章第一节
学习模块		运动与相互作用	
单元学习主题		如何描述物体的运动	
课题		比较物体运动快慢	
课型		新授课	

1.教学内容分析

本节内容主要是让学生了解并掌握比较物体运动快慢的方法。谈到比较的方法，就要涉及两个问题——"怎么比"和"比什么"。物理条件不同，采用的方法就不同，比较的内容也不同。本教学设计的基本思路是通过让学生经历完整的探究过程，掌握比较物体运动快慢的方法。首先让学生定性比较喝水快慢、搬砖快慢、蒸发快慢了解控制变量法；然后让学生定量比较两小车运动的快慢，用秒表测量时间，用刻度尺测量路程，培养学生的基本实验技能，让学生制订计划与收集证据，掌握控制变量法；进而引导学生思考在无法采用控制变量法的情况下，可以通过比值定义法定义新的物理量"速度"，来表示物体运动的快慢。得出速度公式后，可以运用公式进行简单的计算，并给出匀速直线运动的概念，画出匀速直线运动的路程—时间图像，根据图像可以计算运动物体的速度，从文字、公式、图像多角度理解速度的含义，分析实验误差。

2.学习者分析

八年级的学生正处于感性认识向理性思维发展的阶段，已经具有一定观察、思考分析能力，具有强烈的操作兴趣，能利用已有知识积极主动交流、讨论，特别是他们对新事物有强烈的探索欲望，乐于参与小组活动。学生对于比较运动物体快慢有一定的生活经验，在小学数学题中也接触过与速度相关的计算，但是对于速度概念的提出过程、对科学探究的过程还不熟悉，语言表达能力、动手能力和归纳能力、利用函数知识解决实际问题的能力等均有待加强，需要在本节课的学习中进一步培养学习物理的方法，提高学习物理的能力。

3.学习目标确定

（1）知道用速度表示物体运动的快慢。
（2）知道在国际单位制中，速度的国际单位是 m/s，常用单位是 km/h，会进行单位换算。
（3）知道匀速直线运动的概念，初步了解用路程—时间图像描述匀速直线运动，知道图像是描述物体运动的一种方法，会根据图像计算匀速直线运动物体的速度。
（4）通过比较物体运动快慢的方法建立速度概念，体会科学研究的一般方法。
（5）通过比较物体运动快慢的探究活动，乐于探索日常生活中的物理学规律。

4.学习重点难点

比较物体运动快慢的方法——控制变量法和比值定义法。

5.学习评价设计

学生姓名	参与活动评价			备注
	设计定性比较小车运动快慢的方案	设计定量比较小车运动快慢的方案	速度概念掌握程度	

6.学习活动设计

教师活动	学生活动
环节一：创设情境，比较快慢	
生活中经常会比较快慢，可以用什么方法来比较呢？ **热身实验：谁的脉搏速度快** 1.以小组为单位比较谁的脉搏速度最快。 2.说出你们的比较方法。	说出在什么条件下，比较什么量 1.相同时间，比较脉搏次数，脉搏次数多的，脉搏速度快。 2.脉搏次数相同，用时短的，脉搏速度快。
活动意图说明：	
1.通过学生自己真实活动体会控制变量法，提出比较快慢的方法。练习秒表的使用方法。 2.能说出比较什么物理量、比较的标准是什么？	

续表

环节二：定性比较小车运动的快慢	
学生实验一：定性比较小车运动的快慢 器材：速度可调节的电动小车，标有刻度的轨道，秒表 布置任务：调节电位器旋钮，用所提供的测量仪器测量相关数据并记录，根据记录的数据尝试用不同方法比较在两个挡位小车的运动快慢。 引导学生提出：如果时间和路程都不相同能不能比较运动快慢？如何比较？ 引导： 1. 距离 / 时间 作为比较物体运动快慢的标准 2. 时间 / 距离 作为比较物体运动快慢的标准可以吗？ 3. 如果选定一种定义方法来比较物体运动快慢，用哪种更方便？	以小组为单位进行： 1. 选定比较小车运动快慢的方法，完成实验、收集数据。 2. 在实验表格中记录数据。 3. 还有没有其他比较方法？ 分组汇报： 方法一：数据分析相同时间比距离，距离大的小车运动的快。 方法二：数据分析相同距离比时间，时间短的小车运动的快。 方法三：进一步数据分析，不同距离、不同时间，用比值法比较小车运动的快慢。 这种比较方法即为相同时间比路程，数值越大说明运动越快。 这种比较方法即为相同距离比时间，数值越小说明运动越快。 分析两种比值的优劣势：讨论能用距离 / 时间作为比较物体运动快慢的原因。

活动设计意图：
1. 培养学生利用科学仪器对时间和距离的测量。
2. 培养学生记录、分析数据的能力。
3. 比值法引出速度的定义。
4. 深化比值定义的概念。

环节三：定量测量小车运动时通过的路程和时间的关系	
学生实验二：定量测量小车运动时通过的路程和时间的关系 小车选定一个挡位，测量通过 6 次不同距离所用时间，记录在实验表格中，并绘制出 s-t 图像。 投影学生作图，分析图像的意义。 得出匀速直线运动的定义。 根据学生的实验数据可以适当进行实验误差分析。 出示三组实验数据绘制的图像，如何比较运动快慢？ 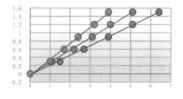	学生实验，收集数据 用 Excel 处理数据绘制图像。 类比 m-V 图中的正比例函数图像，说明质量与体积成正比。 s-t 图中的正比例函数图像，说明路程与时间成正比。 通过计算各段速度，得出小车近似做速度不变的运动。 分享实验中遇到的问题及各组的解决方法，提出实验的改进意见。 利用两种方法比较运动快慢。

续表

活动意图说明：
2.体会用图像的方法处理实验数据。 3.复习比较运动快慢的方法。

7.板书设计

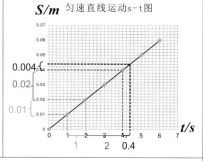

	比较什么	比较标准	比较结果
脉搏快慢	个数	时间一定	个数多的快
	时间	个数一定	时间短的快
运动快慢	时间	路程一定	时间短的快
	路程	时间一定	路程长的快

副板书

主板书
比较物体运动快慢
一、A 速度
1.定义：单位时间通过的路程
$v=S/t$
2.单位

国际单位：m/s ⇄ 常用单位：km/h

$1km/h = \dfrac{1km}{1h} = \dfrac{1000m}{3600s} = \dfrac{1}{3.6}$ m/s

$1m/s = \dfrac{1m}{1s} = \dfrac{10^{-3}km}{\frac{1}{3600s}h} = 3.6$ km/h

m/s $\underset{\div 3.6}{\overset{\times 3.6}{\rightleftarrows}}$ km/h

二、A 匀速直线运动
物体沿直线运动，且速度大小保持不变。

S/m 匀速直线运动s-t图

8.特色学习资源分析、技术手段应用说明

（1）备课组团队张淼老师开发教具：
利用 CAD 作图、激光切割机加工，拼装的小车，安装电位器，速度可调节。
配套长轨道，确保小车走直线，并且长度可直接读取轨道上的刻度。

（2）利用电脑 Excel 处理实验数据，加快实验数据的处理速度和精确度，弥补数学基础的不足。

续表

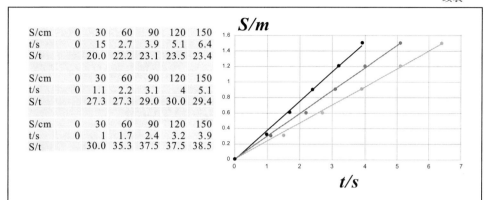

S/cm	0	30	60	90	120	150
t/s	0	1.5	2.7	3.9	5.1	6.4
S/t		20.0	22.2	23.1	23.5	23.4
S/cm	0	30	60	90	120	150
t/s	0	1.1	2.2	3.1	4	5.1
S/t		27.3	27.3	29.0	30.0	29.4
S/cm	0	30	60	90	120	150
t/s	0	1	1.7	2.4	3.2	3.9
S/t		30.0	35.3	37.5	37.5	38.5

9. 教学反思与改进

本节课三个学生活动设计层层递进，先由比较脉搏快慢的小活动，引导学生科学分析比较快慢的一般方法；然后运用到比较物体运动快慢的实践中，通过用不同方法比较调速小车运动快慢，引出速度的定义，通过 S/t 与 t/s 的比较，进一步理解比值定义的含义；最后在通过实验收集数据，利用 Excel 画图，得到匀速直线运动的小车路程与时间的关系。

特别是在最后图像分析中，学生发出"为什么我的数据点没有在图线上"的问题，引导学生思考实验的问题，从人为和仪器两个方面进行分析，达到了课堂的高潮。因为时间有限，还有一些问题在下一节课继续讨论，比如所有小组的数据都是第一组速度较小，因为轨道长度有限，小车在起步阶段做的是加速运动。虽然实验存在误差，也要理性分析接受其中的不完美，鼓励学生实事求是的科学态度。

第七章 实施爱心管理

党的十九大报告为我国未来五十年建设社会主义现代化强国设定了目标。报告指出：从 2020 年到 21 世纪中叶，目标为到 2035 年基本实现社会主义现代化，我国经济实力、科技实力将大幅跃升，跻身创新型国家前列，到 21 世纪中叶，实现国家治理体系和治理能力现代化，成为综合国力和国际影响力领先的国家，全体人民共同富裕基本实现。

2019 年 2 月，中共中央办公厅、国务院办公厅印发《加快推进教育现代化实施方案（2018—2022 年)》。《实施方案》提出了加快推进教育现代化的实施原则：立足当前，着眼长远；聚焦重点，带动全局；问题导向，改革创新；分区规划，分类推进。总体目标是：经过 5 年努力，全面实现各级各类教育普及目标，全面构建现代化教育制度体系，教育总体实力和国际影响力大幅提升。

教育部印发《义务教育学校管理标准》（教基〔2017〕9 号)，《标准》强调：全面贯彻党的教育方针，促进义务教育学校不断提升治理能力和治理水平，逐步形成"标准引领、管理规范、内涵发展、富有特色"的良好局面，全面提高义务教育质量。

"弘美教育"要培养"依于仁、志于学、游于艺"的俊美学子，实现"立仁书院，弘美花园"的办学目标，学校必须健全治理体系，提升治理能力。管理文化建设是学校治理体系构建、治理能力提升的保障，强有力的管理文化是学校高质量发展的金钥匙。

"弘美教育"办学实践提出："管理，从心开始"，学校管理文化倡导"爱心管理"。爱心管理，解释为呵护教师的心灵。教师们承受着学校被承办的焦虑和压力，教师心态的转变需要时间，更需要抚慰。

第一节　管理从"心"开始

参与、关怀、精细，是爱心管理的内涵。管理首先需要制度，教职工广泛参与学校制度讨论与制订。决策的重心越低，执行的力度越大，阻碍就越少。[①] 管理要科学，执行要人文。爱心管理，要把科学的制度适当人文化，保护和支持大家更有尊严地参与和开展工作。

一、"心"的问题与挑战

2014 年 3 月 25 日，在北京市基础教育优质均衡发展的背景下，首都师大二附中由百年名校首都师范大学附属中学承办。

首都师范大学附属中学坐落在北京市海淀区北洼路 33 号，1914 年建校，是北京市高中示范校，是百姓向往的"名校"，隶属首都师范大学和北京市教委。首都师大二附中一校两址，分别位于北京市海淀区增光路50 号、北京市海淀区彰化路 8 号，是隶属北京市海淀区教委的普通完全中学。两所学校三个校区，地理位置距离很近，但承办之前两所学校毫无关联，彼此不了解。

承办后校长的第一个任务就是了解学校，到任后通过召开多层面的座谈会，了解到教职工反映的问题集中在以下四个方面。

---

① 　张东娇：《学校文化管理》，教育科学出版社 2013 年版，第 188 页。

（一）学校声望不好，当教师缺少成就感

印象特别深刻的是在教师座谈会上，一位老教师说，自己在学校工作了二十五年，当班主任、年级组长时间长达十八年，对学校有很深的感情，为学校贡献了自己的年华和智慧，自己曾经带出非常优秀的学生和非常突出的教学成绩，学校在海淀区曾经有非常好的声望，是大家向往的好学校，自己也曾自豪是这所学校的教师。如果学校声望不好，学生不愿来学校就读，自己在学校当教师没有成就感，感觉工作"很没劲"。

（二）干群关系不和谐，教职工对干部缺少信任感

教职工座谈会上，大家反映了许多关于学校管理的问题，会后调查分析，有的是管理中的疏漏，有的则是职工们的猜测或谣传。当时在教职工中关于干部的谣传有很多，"干部"在教职工心中成了"不干好事"的代名词，于是干部之间也开始相互撇清责任，失去彼此团结互助的团队环境，工作中相互推诿，每个人心中特别紧张，总担心教职工会把"怨气"撒在自己头上。学校管理步履维艰，干部团队失去了教职工的信任。

（三）学校管理制度不健全，教职工缺少公平感

公平、公正、公开，是教职工对学校管理的期待。座谈过程中，教职工反映了一些问题，尤其是关系到教职工切身利益的问题。如教师职称评定问题，教职工评优评先问题，教职工工资方案问题等等，所有这些问题，大家反映"规则"不透明，存在人为操作的嫌疑。"规则"公开度不够，没有充分听取教职工意见，"规则"没有充分调动广大教职工的积极性，这些是"规则"制订过程中隐藏的问题。教职工期待学校管理制度健全，公开、透明，制度制订过程中教职工的充分参与，既能充分调动教职工参与学校治理的积极性，又能最大限度地促进学校的全面发展。

（四）教职工对承办有不安，担心自己受到不利影响

名校办分校，名校承办薄弱校是政府解决基础教育优质均衡发展的重要举措之一，具体到每一所被承办的学校，不同的学校有不同的情况，承办校的教职工也会有不同的心路历程。首都师大二附中 1964 年建校，已经有 50 多年的办学历史。恢复高考后的 80 年代学校曾经享有盛名，是海淀区颇有影响的好学校。90 年代后期，学校在示范高中校评选过程中落选，失去了进一步发展的机会，学校逐渐成为海淀区薄弱中学，教职工对学校发展现状心有不甘，而又无可奈何。多年的薄弱校经历，也影响到教师们的职业心态，他们不再自信，对自己的职业不再有荣耀感，"我们这样的学校"成为他们的口头禅。业务上的进取心，个人发展的紧迫感不够强烈。习惯了别人比自己强，习惯了"仰望"名校教师。

面对学校当时状况，承办后学校的改变与发展面临严峻挑战。学校变革的切入点放在哪里呢？

二、"心"事重重的开端

不同的学校有不同的文化风格，首都师大附中和首都师大二附中虽然近在咫尺，但文化氛围却大不相同。"文化冲突"是我到任后最突出的感受，"心"事重重的开端就这样开始了。

（一）学校里有"官"吗

在与教师座谈过程中，发现学校文化中有"官气"。表现为不少教师认为自己在学校被认可的标准就是提拔成了"干部"，在学校当了"官"。于是，当了"官"的就理所当然行使自己手中的"权力"，感觉自己在教师们中间"高人一等"。没有当"官"的就存有各种怨气，认为学校对自己的工作不认可。

教师本应该是有尊严有人格魅力有学术追求的知识分子，为什么教师不以做学术为荣，不以成为受人尊敬的优秀教师为荣呢？

分析原因，首先与学校的固有文化有一定关系，学校教师当中学术气氛不够浓厚，缺少学术领袖的榜样力量；其次，学校生源不理想，教师工作挑战性、成就感不足；最后，学校工资分配方案存在方向引领问题。

找到原因，也就明确了学校变革的方向。一所好的学校一定是有一大批优秀教师支撑起来的，学校变革一定是鼓励教师成为学术专家，让教师工作有成就感、自豪感、获得感。"干部"在学校是引领和服务的职位，在工资分配方案中应倾斜一线教师。找准方向，变革学校，重塑文化。

（二）干部的职责能彻底分清吗

总听干部们抱怨，岗位职责不清晰，觉得某些事是自己不该干的。为什么干部会有如此多的牢骚和抱怨？干部的职责能彻底分清吗？

干部们如此抱怨，肯定是怕担责，那一定是在这之前有过"追责"。干部团队不是大家互相帮携、互相支持，而是彼此推诿、彼此提防、共同紧张。

"工作我们大家共同分担，既要各负其责，又要彼此支持。事儿做好了，功劳是大家的；出了问题，我来担责。"听了这句话，干部们好像放松了些，是不是在具体的工作中真正这样呢，大家在观望中。

干部在工作过程中如果总怕担责，总怕被追究，谁都不愿多干一丁点儿，学校的工作就难以开展了。学校工作是一盘棋，干部的职责永远无法彻底分清。需要改变的是干部的工作作风和干部的工作心态。

（三）教师能这样呵斥学生吗

晨读时间，走进教学楼巡视班级，刚进教学楼就听到有教师在大声呵斥学生，几乎整个教学楼都能听到。内心不由得一紧。

尊重是教育的前提，教育需要特别保护每个学生的"自尊心"，一个丢失了"自尊心"的学生，教育会变得无能为力。

采用恰当的教育方式，任何学生都会越来越好。相反，不恰当的教育方式会带来伤害。于是，当天在学校大会宣布，任何教职工不可以大声呵斥学生。教育学生要弯下腰来，压低声音，把教师的善意传达到学生心里。

三、凝聚"心"起点

（一）变革工资分配方案

借助教职工人均工资提升机会，调整工资方案，改革制度。

工资分配改革坚持如下原则：

（1）工资分配向一线教师倾斜，多劳多得，优劳优酬。

（2）学校行政人员、行政干部以岗定薪，岗变薪变。

2014 年 7 月，经过全体教职工及教职工代表大会反复讨论并通过《首都师大二附中绩效工资改革方案》，新方案于 2014 年 9 月 1 日起执行。工资方案实施后，教师踊跃承担教学任务，人人希望满课时量，工作状态发生积极变化。

（二）教职工全员竞聘上岗

2015 年 6 月学校实施岗位竞聘制度，教师由年级组竞聘，行政人员由部门竞聘。学校组成 15 人考核聘任委员会，全体教职工竞聘上岗。聘任是最好的考核，学校不要求一般教师坐班，没有严苛的教师考勤制度。聘任制的实施触发教职工珍惜工作岗位，以良好的工作态度和工作业绩赢得大家的认可。

（三）教师教学综合评价

制订并经教代会讨论通过《教师教学综合评价方案》，每学年综合得分前 20 位的教师可以低职高聘。《方案》调动了广大教师工作与学术成长的积极性，体现优劳优酬。

（四）创建学校文化

2015 年至 2016 年，用时一年，动员广大师生参与学校文化创建，找寻学校发展的"灵魂"。之前，学校缺少共同发展的目标愿景，缺少能够凝聚师生心灵的文化体系，"弘美教育"理念及实践体系成为凝聚师生共同创新发展的黏合剂。

第二节　制度引领"心"改变

管理制度是实施管理行为的依据，合理的制度可以简化管理过程，提高管理效率。组织管理的实施首先需要优化组织结构。组织结构是组织的全体成员为实现组织目标，在管理工作中进行分工协作，在职务范围、责任、权利方面形成的结构体系。优化组织结构，组织内部共同修规立制是学校管理效率提升的必由之路。

一、组织调整，干部先行

管理是科学，管理有规律，组织行为有规律可循，而组织行为学中又没有绝对的真理。每个组织都有其具体情况与组织特性。为实现组织目标，管理层的布局、组织结构的优化，一定是在充分了解组织内部特点的基础上，建立符合自身特点的组织结构。

（一）组织管理，因校施策

学校被承办后，校长由首都师大附中委派，行政团队其他成员维持本校原有格局，新校长到任后有一个学期的了解和适应期。2014 年 7 月，学校行政团队略有调整，调整后学校组织结构图如下：

教职工代表大会																		
校长											书记							
德育副校长			教学副校长			行政副校长		信息宣传副校长			党支部							
德育处	医务室	住宿部	艺体活动	教学教务处	科技中心	教师发展中心	课程教研中心	党政办公室	财务室	安全保卫	信息中心	宣传中心	对外交流	语文支部	数学支部	英语支部	理综支部	文综支部

（以下列还有：科技艺体支部　行政支部　工会　团委）

图 7-1　学校组织结构图

为更大程度地引导教职工参与学校重大决策，让更多教职工了解、监督学校行政工作的每一个环节，使学校行政管理工作赢得广大教职工的信任。自 2018 年开始，学校成立内部审查委员会，负责对学校所有行政工作进行内部监督审查。调整后学校组织结构图如下：

教职工代表大会																		
内部审查委员会																		
校长											书记							
德育副校长			教学副校长			行政副校长		信息宣传副校长			党支部							
德育处	医务室	住宿部	艺体活动	教学教务处	科技中心	教师发展中心	课程教研中心	党政办公室	财务室	安全保卫	信息中心	宣传中心	对外交流	语文支部	数学支部	英语支部	理综支部	文综支部

（以下列还有：科技艺体支部　行政支部　工会　团委）

图 7-2　调整后学校组织结构图

（二）邀请群众监督，参与即为透明

座谈会总听到教师们反映学校决策不透明，大家用"怀疑一切"的态度质疑学校管理。为改变这一情况，学校决定成立内部审查委员会，学校决策过程均有内部审查委员会参与，审查委员会委员由全体教职工民主推荐。

附1：

首都师大二附中关于成立学校内部审查委员会的决议

依据学校内控工作需求，结合学校发展需要，经学校党总支研究决定成立学校内部审查委员会。

一、审查委员会组成及职责

审查委员会成员原则上由教代会代表（非行政干部）组成，共设成员5人，由党总支提名7人，教代会差额投票选举产生5人。

委员会成员承担对学校各项经济活动、教职工考核聘任进行内部审查职责。审查委员会成员一年任命一次，任期内不合格者可随时替换。

委员会设主任一名，负责组织审查委员会的全部工作，享受相应待遇。

二、审查委员会工作流程及方法

（详见学校《内部审查制度》）

首都师范大学第二附属中学党总支

2018年1月23日

附 2：

首都师大二附中内部审查制度

第一章　总则

第一条　为合理保证单位经济活动合规合法，合理保证单位资产安全和使用有效，合理保证单位财务信息真实完整，有效防范舞弊和预防腐败，提高公共服务的效率和效果。现根据"财政部关于印发《行政事业单位内部控制规范（试行）》的通知"（财会〔2012〕21 号）、北京市财政局关于北京市贯彻《行政事业单位内部控制规范（试行）》的实施意见（京财会〔2014〕125 号）文件及《会计法》、海淀区纪检部门下发相关文件之规定，学校决定成立内部审查委员会，并制订本审查制度。

第二章　学校审查工作的组织和领导

第二条　学校审查工作的组织

学校成立审查委员会具体负责学校的内部审查工作，审查委员会在学校法定代表人（或指定负责人）的直接领导下，依据国家法律、法规和政策，对学校教育经费的立项、支出、绩效等工作进行审查监督，独立行使内部审查监督权，并向学校法定代表人（或指定负责人）报告工作，同时接受审查机关和上级主管内部审查部门的业务指导。

第三条　审查委员会组成人员产生的方式

审查委员会成员原则上由教代会代表（非行政干部）组成，共设成员 5 人，由党总支提名 7 人，教代会差额投票选举产生 5 人。委员会成员承担对学校各项经济活动、教职工考核聘任进行内部审查职责。审查委员会成员一年任命一次，任期内不合格者可随时撤换。

第三章　审查工作原则和工作范围

第四条　学校审查委员会开展工作应遵循的基本原则：依法审查原则；独立审查原则；客观审查原则；职业谨慎原则；廉洁奉公原则。

第五条　审查工作范围

（一）教育经费预算审查

1.监督并审查教育经费的预算编制。

2.监督教育经费预算执行过程。

3.监督并审查教育经费预算阶段性绩效考评。

（二）财务日常收支审查

1.依据收费公示栏及收费许可证上的相关规定，监督并审查各项收费的执行过程，杜绝违规收费现象。

2.依据经费支出的相关规定，监督并审查各项经费支出过程。

（三）资产采购审查

1.审查固定资产采购的必要性，单笔采购3万元（含3万元）以上的固定资产须经审查组通过。

2.依据固定资产采购相关政策要求及学校采购流程，监督固定资产采购的全过程并要求部门严格执行。

3.审查单笔总价5万元（含5万元）以上物资的采购。

（四）食堂财务收支审查

1.依据相关政策对食堂财务收支进行监督。

2.每年聘请专业评审机构对食堂财务进行评审。

（五）修缮、建设项目的审查（市、区专项除外）

协助项目负责人做好立项、设计、实施、验收工作。

（六）工会财务审查

单笔支出3万元（含3万元）以上大额经费经审查组审查。

（七）监督重大项目经费的决策程序

1. 5 万元（含 5 万元）—10 万元（不含 10 万元）经费支出需交校内审查委员会讨论并通过；

2. 10 万元（含 10 万元）—20 万元（不含 20 万元）经费支出需交行政会讨论并通过；

3. 20 万元（含 20 万元）—50 万元（不含 50 万元）经费支出需交校务会讨论并通过；

4. 50 万元（含 50 万元）以上经费支出需交教代会讨论并通过。

（八）监督学校教职工考核聘任程序

依据学校教代会通过的教职工年度考核聘任程序，监督学校执行情况；监督学校新入职教职工评聘情况。

第四章　其他

第六条　按照《结算审核报告》审批的金额付费。

第七条　合同审查与保存

审查委员会督查办公室(档案室)、项目负责人、财务室各留一份合同。

第八条　审查结果公示及作用

（一）审查委员会应定期将审查结果公示，同时接受全体教职工监督。

（二）充分发挥内部审查的内控机制，针对审查中发现的问题，制定防控措施。

第九条　审查工作流程（审查组只是与项目负责人沟通协商）

（一）项目负责人将需要审查的项目告知审查委员会并出示三份合同。

（二）审查组审议该项目是否通过，如通过需经海淀区政府采购审查公司审查合同项目所需费用。

（三）告知部门负责人该项目是否通过，如通过审查组签发审查单。

（四）项目负责人接到审查单方可购买或者修、建合同项目内容。

（五）修建项目结束后告知审查委员会一并验收。

（六）项目负责人及时到财务室结账。

（七）如发现学校教职工考核聘任程序存在问题，及时向学校党总支书、校长反映情况，并督促及时修正。

首都师范大学第二附属中学

2018 年 1 月 23 日

附 3：

首都师范大学第二附属中学

内部审查委员会负责人竞聘条件和岗位职责

一、内部审查委员会负责人竞聘条件

1.教代会代表，在群众中有较高威望。

2.责任心强，对工作认真负责。

3.有较强的组织协调能力，作风民主。

4.有较强的大局意识，把学校发展、学生成长放在首位。

5.学校在职在编教职工。

二、内部审查委员会负责人岗位职责

（一）全面负责学校内部审查工作

在学校法定代表人（或指定负责人）的直接领导下，依据国家法律、法规和政策，对学校教育经费的立项、支出、绩效等工作进行审查监督，独立行使内部审查监督权，并向学校法定代表人（或指定负责人）报告工作，同时接受审查机关和上级主管内部审查部门的业务指导。

（二）审查工作范围

1.教育经费预算审查

（1）监督并审查教育经费的预算编制。

（2）监督教育经费预算执行过程。

（3）监督并审查教育经费预算阶段性绩效考评。

2.财务日常收支审查

依据收费公示栏及收费许可证上的相关规定，监督并审查各项收费的执行过程，杜绝违规收费现象。

3.资产采购审查

（1）审查固定资产采购的必要性，单笔采购3万元（含3万元）以上的固定资产须经审查组通过（市、区专项除外）。

（2）依据固定资产采购相关政策要求及学校采购流程，监督固定资产采购的全过程并要求部门严格执行。

（3）审查单笔总价5万元（含5万元）以上物资的采购（市、区专项除外）。

4.食堂财务收支审查

（1）依据相关政策对食堂财务收支进行监督。

（2）每年聘请专业评审机构对食堂财务进行评审。

5.修缮、建设项目的审查（市、区专项除外）

协助项目负责人做好立项、设计、实施、验收工作。

6.工会财务审查

单笔支出3万元（含3万元）以上大额经费经审查组审查。

7.监督重大项目经费的决策程序

（1）5万元（含5万元）—10万元（不含10万元）经费支出需交校内审查委员会讨论并通过（市、区级专项除外）；

（2）10万元（含10万元）—20万元（不含20万元）经费支出需交行政会讨论并通过；

（3）20万元（含20万元）—50万元（不含50万元）经费支出需交校务会讨论并通过；

（4）50万元（含50万元）以上经费支出需交教代会讨论并通过。

8.监督学校教职工考核聘任程序

依据学校教代会通过的教职工年度考核聘任程序，监督学校执行情况；监督学校新入职教职工评聘情况。

（三）审查结果公示

1.审查委员会应定期将审查结果公示（向全校教职工宣讲或张贴审查结果公示），同时接受全体教职工监督。

2.充分发挥内部审查的内控机制，针对审查中发现的问题，制定防控措施。

（四）组织审查委员会开展工作应遵循的基本原则

依法审查原则；独立审查原则；客观公正原则；职业谨慎原则；廉洁奉公原则。

（五）待遇

前三个月为试审查阶段，每月享受试用期补贴。三个月后组织审查委员会成员认真熟练完成校审查查工作，每月享受固定补贴。

首都师大二附中党总支

2018 年 2 月 26 日

附 4：

首都师大二附中内审委员会主任任职公示

各位教职工：

2018 年 1 月 25 日，经全校教职工投票产生我校 2018 年内审委员会成员五名：李丽、柴立新、丁斌、赵明娟、何爽。经党总支委员会研究决定任命柴立新为内审委员会主任，全面负责首都师大二附中内部审查工作。现向全校教职工公示，公示期自 2018 年 3 月 7 日—3 月 9 日，公示 3 天。公示期间教职工如有意见，请向党总支组织委员赵鸣反映。

内审委员会将于 2018 年 3 月 12 日正式开展工作。

首都师大二附中

2018 年 3 月 6 日

（三）打通两校区管理，融合干部团队

组织结构调整之前，学校两个校区分设副校长负责不同校区。原有组织结构的优点是每个校区分别有副校长负责，责任清晰，管理到位。不足之处在于两个校区存在彼此割裂的情况。初中校区和高中校区相隔不远，但两校区教师彼此不熟悉，甚至两校文化也存在差异，两个校区像是两所学校。不利于学校统一管理和文化融合。

组织结构调整后，所有校级干部都需要打通校区，统一管理、统一布局，全校一盘棋。强化融合，强化合作，彼此支持，携手共进。

（四）行政干部例会，工作商讨中改变作风

为了尽快把干部们融合在一起，每周固定时间召开行政干部例会。为引导干部在工作中互相支持，同心协力，每一项重点工作都在会议上讨论出翔实的实施方案。包括各部门怎样协调、怎样支持。会议讨论中大家集思广益、统一思想、达成共识。"弘美教育"理念落实过程中，干部们集体做成了一件又一件关系学校发展变革的大事，每件大事完成，大家都感慨集体智慧的强大，感动部门之间无私的帮助与支持。不知不觉中干部作风发生了根本性的变化。

每学年学校还组织优秀部门评选，获得优秀部门的条件：一是本部门工作能够不断创新，优质完成；二是能够积极主动协助其他部门的工作，富有团队合作意识。优秀部门评选既需要干部评议，也需要全体教职工评议。几年下来，争创优秀部门，齐心协力做大事已经成为各部门的工作文化。

附5：

首都师大二附中干部管理条例

第一条　校园里面无官员，只有老师和学生，老师中有管理和服务人员。首都师大二附中所有干部首先树立服务第一的意识，以真诚谦和的态度帮助教师和行政人员高质量完成教育教学及后勤服务工作，助力学生成长。

第二条　学校发展高于一切，所有行政干部必须着眼学校长远发展目标，信念坚定、积极进取、彼此协作，共同为学校发展尽心竭力。

第三条　行政干部人品第一：必须做到绝对不贪图私利；绝对不拉帮结派；绝对不在背后诋毁他人。

第四条　学校全体教职工每年1月（寒假前）以无记名方式对校长进行信任度投票，校长信任度低于60%，校长须自行辞职。校长信任度高于60%，但连续三年低于80%，校长也要自行辞职。

第五条　每一位岗位负责人、行政干部必须勤奋进取，不断创新，高质量完成工作任务。全体教职工（或教代会）每年5月听取中层及以上干部述职，并进行无记名满意度测评，测评结果提交校长，作为聘任干部的依据。对未达60%或达到60%，但连续三年低于80%满意度的人选，新年度不得聘任为中层及以上干部。

第六条　行政干部之间紧密合作，职责范围内的工作出色完成，职责范围之外，其他部门需要合作的工作也要出色完成。干部应主动帮助其他干部或教师高质量完成工作任务。

第七条　学校每年5月对行政部门进行工作质量及配合度调查，调查结果作为优秀部门评选的重要依据。

第八条　所有行政干部真诚沟通，精诚团结，彼此提携，积极进取，共同把首都师大二附中建设成为学生向往、家长信赖、教职员工幸福满意的新品牌学校。

（五）学习型干部队伍建设

干部团队干大事、干实事、干好事，每天紧张而忙碌着。项目学习、课题研究、课程开发、课堂教学改革，每一位干部都感觉累并快乐着。全体行政干部都参与了"首都师大二附中校本研修实施策略研究""首都师大二附中'弘美教育'理念与实践体系研究"两项市级课题，同时参加了"三三三弘美课程体系构建""'弘美教育'理念下学生综合素质评价体系构建"等区级课题研究。编写课程材料，撰写校本课程实施手册，参与项目学习，聘请专家指导，参与学术交流。"弘美教育"像一团火焰在每一位干部心中燃烧，"立仁书院，弘美花园"这一办学目标成为全体干部的共同理想。开始是有人领跑阶段，现在已经发展到每个人习惯性奔跑阶段，一个学习型干部团队初步形成，并将越来越强大。

二、参与决策，修规立制

（一）让制度覆盖学校工作的全过程

学校管理制度的确立与完善是规范学校管理，建立良好学校秩序的前提。完善的规章制度可以规范学校管理行为，教师教学行为和学生的学习生活行为，使学校各项工作有章可循、有法可依、公开透明。完善的学校管理制度更有利于教职工明白学校规章要求和工作流程，避免人际关系在学校管理中的负面作用，使学校管理简单、规范。让每一位教职工对学校管理内心放松，建立起教职工对学校管理的高度信赖。

（二）《首都师大二附中制度汇编》

2015年1月《首都师大二附中制度汇编》第一次印刷，此后依据学校管理中存在的新情况、新问题不断修订。《制度汇编》共分五个部分，包含68项规章制度，涵盖了学校工作的方方面面。第一部分，学校综合管理制度。包含组织人事、财务资产、信息宣传等，共30项制度。第二部分，学校党建管理制度，共四章内容。第三部分，学校教学科研工作制度，共15项。第四部分，学校德育管理制度，共12项。第五部分，学校安全管理制度，共7项。2016年在上级管理部门的指导下，学校又着手编制《首都师大二附中内控管理制度》和《内控管理手册》，进一步规范学校内部经济行为的控制。

（三）参与式决策，公开透明

学校制度确立一般分为两类。一是关系到全校工作的重要制度，二是关系到部分人员的部门制度。第一类制度的确定必须遵守以下流程：方案起草—行政会讨论修改—全体教职工讨论—意见反馈—制度再修改—教职工代表大会表决通过—制度实施。第二类制度的确定流程：方案起草—行政会修改—向教职工公开征询意见—再修改—制度实施。这一流程保证学校任何制度的确定教职工都充分参与，对关系到教职工切身利益的规章制度有时需要反复修订，全员票决。

以《首都师大二附中教师教学综合评价方案》的修订为例：

2015年10月，实施经教代会通过的第一版评价方案，总评分在94分以上的教师可以低职高聘。此方案实施两年后，老师们提出方案的弊端，建议修订此方案。

2017年1月，教学部门听取教师们提出的修改意见，制订新的修订方案，并于2017年1月15日，面向全体教师解读新方案草案，教代会代表再次征集教师意见，方案再修改。2017年1月16日，新方案经由教代会代表投票通过，2017年正式实施。

2017年方案实施后，教师们发现新方案依然有不足之处，教师提案再次修订方案。2018年1月教学部门又一次修订方案，核算新方案，面向全体教师解读新方案。针对教师们提出的修改意见，教学部门这次制订了两种不同的方案，请全体教师投票选择。最终选择得票多的方案。

正是在方案一次又一次的修订过程中，教师们明白自己的工作应该在哪些方面着力提升。每年获得奖励的教师是如何优质完成了自己的教育教学任务。

正是由于全体教师参与了方案一次又一次修订的过程，大家都明白教师教学综合评价由哪些项目组成，每个项目怎样考核，每次考核成绩怎样分项面向全体教师公示等等。因此，教师们对每年的评价结果没有任何异议，大家对学校执行制度的过程非常信赖，心态放松。

同样，学校的《考核聘任方案》《职称评定方案》等也都经历了这样的过程。全体参与式决策赢得了教职工对学校管理的认可和信任，加之学校内部审查委员会的设立，让教职工对学校工作的方方面面时时监督，事事监督。教职工"心"里的问题得到了根本的解决。

每年学校放寒假前，都会拿出两天时间向全校教职工总结汇报一年工作，讨论下一年工作计划，每一年的报告和计划都要经过教代会审议。同时征集学校发展提案，讨论学校发展大事，修订相关规章制度。

目前学校似乎没有了"管理"，教职工已经感觉不到"管理"的存在。一切都在无声的运转，每位教职工只顾忙碌着自己的工作，对学校管理不再放在"心"上。

（四）管理激发"心"能量

制度一经确立，制度面前人人平等，每一位教职工都需要遵守制度。而制度执行过程中总有"冷"和"硬"的一面，每一位教职工的具体情况又各不相同。怎样处理"冷"和"暖"的问题，"硬"和"软"的问题，同样考验着管理者的智慧。情感上的关心与温暖，精神上的激发与鼓励同样十分重要，这一点依然在不断探索。

1. 充分发挥"表彰奖励"的作用

表彰奖励在学校文化建设中发挥着重要作用，表彰哪些人，奖励哪种行为是学校文化建设的风向标。为实现"弘美教育"立仁、弘美的价值观，学校管理过程中特别重视教职工价值观的引领。

首先，学校积极组织推荐教职工参加上级主管部门设立的各种奖项的评选。其次，学校自身也设立了多种奖项，激励在不同岗位上为学生为学校做出贡献的教职工。如：每学年在全校教职工范围内评选"魅力教师"，在校工中评选"魅力校工"。评选优秀教研组、优秀备课组、优秀行政部门、优秀行政员工。为班主任、年级组长中的优秀者举办"魅力教育人"教育思想研讨会。设立初高三教师教学成绩优秀奖，设立教师教学综合评价奖，设立班主任成就奖。学校党总支评选优秀党支部、优秀党员，评选"魅力教育之星""科研引领之星""创新发展之星""高效服务之星"等。

榜样的力量是无穷的。教职工非常在意学校奖励了谁，校长在大会上表扬了谁。学校文化中价值观的引领需要处处用心、事事精心。

2. 发挥党、工、团组织的作用，关怀教职工生活

"立仁书院，弘美花园"是学校办学目标，就是要把学校办成传播爱的书院，弘扬美的花园。学校党、工、团组织组成职工生活关怀社区，慰问职工、谈心谈话，尽最大努力帮助教职工解决生活困难。解决教职工子女入学问题，组织教职工艺术、体育社团，丰富教职工非专业生活。"立仁"，首先让"爱"在教职工当中传播，"仁爱"的教师团队才能培养富有爱心的学生。学校组织师生建立"立仁行动队"，关爱他人，奉献社会。教师"立仁行动队"到边远地区送课下乡，为手拉手帮扶学校培训教师，为家庭困难师生组织爱心捐助。学生"立仁行动队"组织志愿服务，为手拉手帮扶学校同学捐助学习及体育用品，让"立仁弘美"价值理念根植于师生内心。

第三节　《学校章程》赢在齐心

一、《章程》起草背景

（一）市区两级教育行政部门的要求

海淀区教育委员会 2018 年 10 月 30 日再次下发文件，推动学校章程建设年底完成。文件指出：为贯彻落实《北京市教育委员会关于推进中小学章程建设的意见》（京教策〔2017〕13 号）、《海淀区推进中小学校章程建设工作方案》（海教工发〔2018〕9 号），全面推进依法治教，到 2018 年底实现一校一章程的目标，区教委于 2018 年 7 月 9 日，下发了《关于报送首批中小学校章程报备审查材料的通知》，于 2018 年 10 月 25 日至 26 日，开展了首批中小学校章程审查工作。要求所有学校于 2018 年 11 月 28 日前完成报送。

在《学校章程》制订过程中，市区两级教委进行培训指导，并对《学校章程》逐一审核。

（二）学校发展需要

首都师大二附中自 2014 年开始学校变革，调整组织结构，出台管理制度，充分调动教职工全面参与学校治理的积极性。截至 2018 年 9 月，学校发展各方面发生了巨大变化，学校办学声望得到周边百姓和上级教育行政部门的充分肯定。学校办学质量快速提升，成为北京市基础教育改革的"黑马"。早在 2015 年 10 月，就因为承办后学生中考成绩在北京市所有承办校中提升幅度最大，而被北京市教委称为"教育加工能力强校"，20 多家媒体集中报道，北京电视台科教频道专题采访报道。2018 年学校治理水平已经得到大幅提升，但还需要进一步科学规范，这时特别需要制订《学校章程》，进一步全方位提升和规范学校现代化治理水平。

二、《章程》起草与修订

首都师大二附中《学校章程》起草工作自 2018 年 9 月开始启动。

2018 年 9 月 17 日，我带领行政干部开会学习研究关于《学校章程》制订的文件，研究成立学校章程起草委员会，由起草委员会成员分章节起草章程草稿。

2018 年 10 月 8 日，学校行政会讨论章程草稿，形成《学校章程（讨论稿）》。

2018 年 10 月 15 日，邀请 8 位青年教师参加讨论，提出修改意见。

2018 年 10 月 16 日，起草委员会部分成员再一次深入学习文件，讨论学校章程修改意见。

2018 年 10 月 23 日，《学校章程（讨论稿）》挂校内网，征集全体教职工意见。

2018 年 10 月 25 日，学校全体教职工大会分组讨论章程修改稿。先分组讨论，再集中反馈。

集中反馈情况如下：

初一年级发言人，郭思彤：

学校英文校名不用修改，加英文缩写版，但要注意英文缩写是首师大还是首都师大。学术委员会 3 位委员如何轮换，主席应该负责的工作有哪些应该写清楚。第二十条考核人员对落聘人员的情况不了解，建议有调研环节，应提供落聘人哪些资料要写清楚。第二十四条工作质量和工作积极性有无量化标准，可以讨论。

初二年级发言人，张森：

第十条学校设立学术委员会，希望明确选举委员的标准、任期、届数限制、选举不用机读卡，用电子方式，当时出结果，公正节约。第二十三条关于新入职教职工聘任，由谁来提出需求，提出后报给谁，谁来批准，新入职教师标准应该写清楚。第二十四条"双十"、工作满二十五年，以当事人意见为准，由当事人决定签多少年。"按劳分配"等 16 个字的量化标准是什么。

初三年级发言人，刘杰：

第四条分权管理，各委员会的层级关系，由哪些权力组成，如何产生应该写明白。差额提名的初始名单，高评委应该按照初高中比例分配。轮值主席的工作不太明白。学术委员会存在的意义及持续性要讨论。第二十四条应改为三年未担任班主任，要加备课组长，改为签一年、三年、五年，"双十"、区骨等五年。提高年级组长、教研组长、部门负责人比例。

高一创新发言人，柴立新：

第二条学生校服上无校名问题，学生会、家长委员会不是权力机构。教代会、党总支顺序需要调整。学术委员会构成需要再讨论。第五章内容不够翔实。

高二、高三发言人，李叶桂：

第二十四条待岗过于严格，管理机制中无总务处等，学术委员会应该有差额比例，聘任委员会 15 人，教研组长比例占多少，落聘人员工作应更多了解参与人意见。

教学处发言人，许夏鹏：

第六条 60% 应为 2/3，第十条有些笼统，第二十一条对落聘人员可否先转岗一年，第二十四条45 岁以下两年内……不服从学校安排者，可否视客观情况而定。

德育处发言人，马晓璐：

是否需要在总则里单独说校训，权力机构是否加团委会，是否明确教代会通过比例，学术委员会三位与一位主席怎样安排。内审委员会任期多长时间，内审委员会放在财务板块里是否合适。

办公室、财务室、总务处发言人，刘建敏：

党总支是否放在最前面，第七条校务委员会是否加书记、工会主席，第九条行政会负责方针政策的初步制定，应为校务会。行政会重点在落实。第十六、十七条加行政管理机制。第十九条校长有可能会进到考核聘任领导小组，如果校长进入，将会和第二十二条矛盾，如果存在，把校长和其他划掉。第二十二条不得干预如何解释，如有人落聘，部门负责人向考评领导小组反应是否算干预。考核聘任校长是主持大局，应该在委员会。第二十八条年度财务预算，应为预决算过教代会审议。5万—10万元是服务，3万元是固定资产。

信息中心发言人，孔繁星：

第十九条聘任机制再讨论。应实现人力资源优化，考核评价办法怎样规定，积极、一般、不积极太笼统。

记录人：张舟

2018年10月30日前，有建议的教职工仍可提出书面修改意见，发给学校办公室。

2018年11月2日，《首都师范大学第二附属中学章程（上报稿）》完成，并上报海淀区教委邮箱。

2018年11月26日，起草委员会成员根据基教二科反馈的修改意见进行修订。修订后再上报。

2018年12月19日，起草委员会成员依据基教二科第二次反馈意见再进行修订（关于课程）。

2019年1月16日，起草委员会成员依据基教二科第三次反馈意见再进行修订（关于食品安全）。

三、《章程》通过与实施

2019 年 1 月 24 日在海淀教委指导下完善并修订的《首都师范大学第二附属中学章程》，由学校教职工代表大会投票通过。自 2019 年 3 月 1 日起实施。

《章程》是学校治理的总纲，是学校工作开展的总指导。《章程》起草、讨论、修订、通过的过程，也是全体教职工参与学校治理的过程。这个过程中，每一位教职工都以学校发展主人翁的姿态参与讨论、提出建议、监督落实。可以说《学校章程》赢在齐心。

附 6：

首都师范大学第二附属中学章程

首都师范大学第二附属中学于 1964 年建校，原名北京市花园村中学，是北京市海淀区一所区属公办全日制完全中学。2004 年学校更名为首都师范大学第二附属中学。2014 年在北京市基础教育优质均衡发展的大背景下，学校由北京市市级示范高中校首都师范大学附属中学承办，目前两校同一法人。

2015—2016 年全校教职工讨论决定，"弘美教育"为学校教育文化标签。学校核心价值观为"立仁弘美"；学校办学目标是"立仁书院，弘美花园"；学校育人目标是培养"依于仁、志于学、游于艺"的俊美学子；校训为"依于仁、志于学、游于艺"。为实现"弘美教育"办学理念，学校工作有六大实践体系：管理文化建设目标是"爱心管理"；课程文化建设目标是构建"弘美课程体系"；课堂文化建设目标是"智美课堂"；教师文化建设目标是"魅力教师"；学生文化建设目标是培养"俊美学子"；学校环境文化建设目标是"立仁书院，弘美花园"。

第一章　总则

第一条　为贯彻国家教育方针，适应学校发展需要，保障学校自主管理，保障学生与教职工合法权益，全面提高办学质量，根据《中华人民共和国教育法》《中华人民共和国义务教育法》《中华人民共和国教师法》《中华人民共和国未成年人保护法》等法律法规，制定本章程。学校秉持"弘美教育"的宗旨，努力培养"依于仁、志于学、游于艺"的俊美学子。

第二条　学校全称为首都师范大学第二附属中学，简称为"首都师大二附中"，英文名称是 Second Capital Normal University High School。学校一校两址：北京市海淀区增光路 50 号、北京市海淀区彰化路 8 号。

第三条　学校由北京市海淀区人民政府举办，经北京市海淀区事业单位登记管理局登记，属公益一类事业单位。学校为实施六年制完全中学教育的全日制公办教育机构，具有法人资格，独立承担民事责任。学校经费来源为财政补助收入、事业收入。

第四条　学校坚持依法治校，依法行使法律权利，充分履行法定义务。建立法律顾问制度，充分发挥法律顾问在学校治理中的作用。

第二章　内部治理结构

第五条　学校教职工代表大会、党总支、校务委员会、学术委员会、学生会、家长委员会等组织，共同组成学校管理机构，决策事项。

第六条　首都师范大学第二附属中学教职工代表大会（以下简称"教职工代表大会"）是教职工依法参与学校民主管理和监督的基本形式。学校坚持通过教代会讨论审定学校方针政策的民主决策机制。学校实施校务公开，对关系到学校发展和教职工权益的三重一大问题，包括学校发展规划、人事聘任方案、工资分配制度、职称推荐方案等，必须经教职工代表大会审议通过后方能实施。投票结果必须公布。任何组织和个人均无权改变教代会通过的方案。教职工代表大会的意见和建议，以会议决议的方式做出。教职工代表大会审议采取无记名投票制度，除会议议程等有关程序性事项外，所有方案不得采取举手表决或鼓掌通过方式。

第七条　学校党总支依照法律和有关规定，按照《中国共产党章程》，发挥政治核心作用，全面负责学校党的思想、组织、作风、廉洁和制度建设，把握学校发展方向，参与决定重大问题并监督实施，支持和保证校长依法行使职权，领导学校德育和思想政治工作，培育和践行社会主义核心价值观，维护各方合法权益，推动学校健康发展。要保障国家的教育方针在学校贯彻落实，保证正确的办学方向，加强党组织建设，领导教职工代表大会和工会、共青团、少年先锋队等群众组织。坚持党管干部、坚持党管人才原则，学校党总支负责新任干部考察及其他组织程序的落实，对学校干部队伍建设有监督检查责任，领导工会、共青团、少先队等群团组织和教职工大会（代表大会），做好统一战线工作。

第八条　学校设立校务委员会，主要由党总支书记、校长、副书记、副校长和委员中的纪检委员及工会主席。校务委员会由校长主持，负责决定教职工聘用及岗位聘任条件，决定年度财务预算，负责领导学校课程建设和教育教学工作，按照相关规定决定对教职工及学生的奖惩。校务委员会采取审议制，当无法达成一致意见时，校长具有最终决定权，责任由校长承担。

第九条　学校行政干部会负责学校方针政策的初步制定与研讨，负责学校日常工作的商讨、协调与落实。

第十条　学校设立学术委员会，也同时作为教师职称初评委员会。负责教师职称初评，特级教师和市区学科带头人、骨干教师的推荐，学术工作室建设等。组成人员由校务委员会差额提名（18选15，以教研组长为主），经全体教师大会投票决定委员会最终名单。学术委员会由学校教师发展中心协助工作，每届设三位委员轮流担任主席，每位轮值主席主持一年工作。学术委员会每年需调整两位委员。

第十一条　为保证学校行政工作与学术工作的良好沟通，学术委员会轮值主席列席学校相关学术工作的校务会议（行政干部会议），学校分管干部列席学术委员会议。特殊情况下，校长如果认为学术委员会决策存在明显问题，可通过校务委员会审议，对学术委员会的决定提出重新审定的提议，学术委员会可进行二次审议，如二次审议仍维持原决定，校长则不得干预。

第十二条　共青团建立健全党领导下的"一心双环"中学团学组织格局，即以学校团委为核心和枢纽，以学生会为学生"自我服务、自我管理、自我教育、自我监督"的主体组织，以学生社团及其他学生组织为外围手臂延伸。学校团委负责对学生会和学生社团及其他学生组织的指导管理。建立健全党领导下的"一心双环"中学团学组织格局，确立共青团在各类学生组织中的核心地位和作用。每年召开校级团的代表大会。严格发展团员制度，完善团干部选配使用机制。

第十三条　学生会系学生民主自治组织，是学校与学生联系的桥梁和纽带。对事关学生切身利益的事项，学校应通过学生会广泛征求学生意见。学校每年召开学生代表大会，对学校相关事项可以提出建议案。

第十四条　学校根据民主程序，本着公正、公平、公开的原则，选举出家长委员会。家长委员会制订章程或规则，在学校的指导下履行参与学校管理、参与教育工作、沟通学校与家庭等职责，做好德育、保障学生安全健康、推动减轻学生课业负担、化解家校矛盾等工作。学校相关部门必须及时听取，积极做出回应。

第三章　教职工和学生

第十五条　学校执行国家教师资格制度，公开招聘制度和教师专业职称评审制度，依据《中华人民共和国劳动法》《中华人民共和国劳动合同法》《北京市事业单位聘用合同制试行办法》《事业单位人事管理条例》及其他相关法律法规实行学校用人制度。全校教职工享有法律规定的权利，履行法律规定的义务，教师应当为人师表，忠诚于教育事业。学校教职工除享有法律规定的权利外，还享有下列权利。开展教育教学活动，从事教育教学改革和实验；参加教育教学科研、学术交流，加入专业学术团体，在学术活动中充分发表意见；指导学生学习和发展，评定学生品行和学业成绩；按时获取工资报酬，享受国家规定的福利待遇；通过教职工（代表）大会或其他形式参与学校管理，对学校工作提出意见和建议；对学校重大事项有知情权；对不公正待遇或处分有申诉权；使用学校设施设备、图书音像资料及其他教育教学用品；参加进修或者其他方式的培训；法律法规规定的其他权利。学校教职工除履行法律法规等规定的义务外，还应当履行下列义务：遵守法律法规、职业道德规范、学校章程及规章制度，为人师表，忠诚于人民教育事业；贯彻国家教育方针，执行学校工作计划，履行教师聘约和岗位职责，完成教育教学工作任务；对学生进行宪法所确定的基本原则的教育和爱国主义、民族团结的教育，法制教育以及思想品德、文化、科学技术教育，组织、带领学生开展有益的社会活动；弘扬爱心与责任感、关心、爱护全体学生，尊重学生人格，促进学生在德、智、体、美等方面的全面发展；制止有害于学生的行为或者其他侵犯学生合法权利的行为，批评和抵制有害于学生健康成长的现象；践行以生为本理念、终身学习、与时俱进，不断提升育人水平；法律法规规定的其他义务。

第十六条　全体教职工每年对书记校长进行信任投票，采取无记名投票，如书记校长信任度连续三年未达到80%，书记校长需自觉向组织报告并接受组织考察。全体教职工每年6月听取中层及以上干部述职，并进行无记名满意度测评，测评结果提交校长，作为聘任干部的依据。对连续三年低于80%满意度的人选，新年度不得聘任为中层及以上干部。

第十七条　副校级和中层干部、年级组长每学年由校长聘任。新任干部由校长提名，党总支组织考察，民意测评满意度超过80%，校务委员会审议通过，方可聘任。

第十八条　学校是全员聘任制事业单位，全体教职工实行合同制管理。学校根据编制部门核定的编制数额、岗位数额和岗位任职条件及教育行政部门，学校相关规定聘用教职工公开招聘，竞争上岗，对聘用教职人员实行岗位管理和绩效工资制度。学校实行教职工与年级、部门双向选择的聘任机制，以实现人力资源的优化组合，尽可能让教职工找到适合自己的岗位。学校制定和实施校内奖励性绩效工作分配方案，在保证学校发展的同时，认真贯彻执行国家有关教职工奖励性绩效工资分配标准和分配原则，力所能及地保障教职工的工资福利待遇。根据《北京市教育系统事业单位工作人员考核暂行办法》，每学年对教职工的职业道德、能力态度、工作绩效进行考核，按优秀、合格、基本合格、不合格四个等级给予评定。考核结果作为受聘上岗、晋升工资、实施奖惩的重要依据。学校每年成立由 15 人组成的考核聘任委员会。委员会成员由教代会代表（2 名，全体教职工投票产生）、教研组长代表（2 名，全体教职工投票产生）年级组长（全部）、部门负责人组成。年级、部门首轮聘任中落聘的教职工，由考核聘任委员会无记名投票决定是否继续聘用。

第十九条　学校人事部门将学校首轮聘任中落聘的教职工名单提交学校考核聘任委员会，并提供落聘人员相关资料信息(工作年限、任职情况、合同签订情况等)。考核聘任委员会依据教职工年度工作表现、部门及年级、教研组聘任情况、教职工聘用合同签订情况，投票决定下学年度不再聘任教职工名单（合同到期）及落聘转岗或待岗人员名单（合同未到期）。

第二十条　考核聘任委员会依据落聘人员情况无记名投票表决，如超过 1/2（8 票及以上）选择不聘任，该职工落聘，学校不再与其签订人事聘用合同。若选择不聘任票数不足 8 票，学校可延期聘用一年，学校与该职工只能签订一年聘用合同。一年聘用期满前，如果该职工依然在首轮聘任中（部门、年级、教研组聘任）落聘，学校即到期终止人事聘用合同，无须考核聘任委员会投票。

第二十一条　校长和其他没有相应聘任权的干部，不得干预聘任过程，校长无权更改考核聘任委员会集体决定的聘任结果。

第二十二条　新入职教职工的聘任必须通过教研组(部门)简历筛选、试讲(面试)以及校务委员会面谈环节。任何人无权超越任何环节录用新员工。新入职教师招聘，按上级有关规定办理。

第二十三条　合同到期继续聘任的教职工，考核聘任委员会依据教职工任职情况分类签订聘用合同。①本单位工作满二十五年或"双十"(本校连续工作满10年，离退休不足10年)教职工，可以签订五年及以上聘用合同(如个人申请，可签订至退休合同。如落聘须转岗)。②其他教职工可以签订三年期聘用合同。③其中45岁以下教师两年内未担任过年级组长、教研组长、班主任，个人岗位意向书中明确表示不能担任班主任且不服从学校安排者，只能签订一年期合同。

第二十四条　学校坚持按劳分配、按岗取酬、绩优酬高、薪随岗变的分配原则。学校保证教职工工资、社会保险、福利待遇按照国家和本市有关规定执行，逐步改善教职工的工作条件，帮助解决教职工在工作过程中遇到的实际困难。学校建立教职工业务档案，每年对教职工的职业道德、工作能力、工作态度和工作绩效进行考核，考核结果作为续聘、转岗、解聘、晋升工资、实施奖惩等的依据。对违反校纪校规和合同，或在工作中造成失误和不良影响的教职工按照聘用合同管理制度和《事业单位工作人员处分暂行规定》的相关规定执行。

第二十五条　教师在教育教学过程中应当平等对待学生，关注学生的个体差异，因材施教，促进学生充分发展。学生依法享有下列基本权利：参加教育教学计划安排的各种活动，使用教育教学设施、设备、图书资料；按照国家有关规定获得奖学金、贷学金、助学金；在学业成绩和品行上获得公正评价，完成规定的学业后获得相应的学业证书、学位证书；对学校给予的处分不服向有关部门提出申诉，对学校、教师侵犯其人身权、财产权等合法权益，提出申诉或依法提起诉讼；法律、法规规定的其他权利。学生享有以下基本义务：遵守法律、法规；遵守学生行为规范，尊敬师长，养成良好的思想品德和行为习惯；努力学习，完成规定的学习任务；遵守所在学校或者其他教育机构的管理制度。首都师大二附中全体教职工要做到真心关爱每一位在校学生，尊重学生的人格，不得歧视学生，不得对学生实施体罚、变相体罚或者其他侮辱学生人格尊严的行为，不得侵犯学生合法权益。对学校给予的处分不服向有关部门提出申诉，对学校、教师侵犯其人身权、财产权等合法权益，提出申诉或者依法提起诉讼。

第二十六条　义务教育阶段是国家所有适龄儿童、少年必须接受的教育，是国家必须予以保障的公益性事业。学校按照上级教育、物价、财政部门确定的收费项目和收费标准，向学生收取费用，不得向学生乱收费。义务教育阶段学校不收学费、杂费，不能开除学生。

第二十七条　学校建立受理教师校内申诉的机构和流程学校对符合入学条件、家庭经济困难的儿童、少年、青年，提供各种形式的资助。学校根据残疾人身心特性和需要实施教育，并为其提供帮助和便利。

第四章　教育教学科研管理

第二十八条　为深入贯彻落实立德树人根本任务，加强对中小学德育工作的指导，切实将党和国家关于中小学德育工作的要求落细落小落实，着力构建方向正确、内容完善、学段衔接、载体丰富、常态开展的德育工作体系，大力促进德育工作专业化、规范化、实效化，努力形成全员育人、全程育人、全方位育人的德育工作格局，培养"依于仁、志于学、游于艺"的俊美学子，全面落实立德树人的根本任务。始终坚持育人为本、德育为先，大力培育和践行社会主义核心价值观，以培养学生良好思想品德和健全人格为根本，以促进学生形成良好行为习惯为重点，以落实《中小学生守则（2015 年修订）》为抓手，坚持教育与生产劳动、社会实践相结合，坚持学校教育与家庭教育、社会教育相结合，不断完善中小学德育工作长效机制，全面提高中小学德育工作水平，为中国特色社会主义事业培养合格建设者和可靠接班人。

第二十九条　学校构建年级与学科共同对教育教学质量负责的机制。年级全面负责本年级的教育教学工作，年级设立学科备课组，接受学科教研组和年级的双重领导；学校设立教研组和课程首席教师，具体负责课程的开发和实施。教学干部和教师发展研究中心负责课程教学计划、教师发展计划及教育教学科研课题的研究与落实。

第三十条　德育处负责学校德育课程的规划与实施，建立以"立仁课程"为核心的养成教育体系，与时俱进开展教育形式多样化的主题教育活动，广泛利用校外教育教育资源，开展研学活动、社会实践活动。德育处负责学生日常教育及大型学生活动的组织，协助艺术、体育组负责学校艺术体育活动的组织与管理。

第三十一条　严格执行教育部颁布的《国家学生体质健康标准》，通过体育课、体育活动、体育社团等多种途径促进学生体质健康，保证学生每天至少有一小时的体育活动时间。遵循"普及与特色共进"的原则，注重体育特色发展和竞技水平提升，发展校园足球项目，推进冰雪运动的开展，引导学生养成终身体育锻炼的习惯，全面增强学生体质。

第三十二条　严格执行国务院办公厅《关于全面加强和改进学校美育工作的意见》，开设书法、美术、合唱、民乐、舞蹈专业教室，按照课程标准开足开齐艺术课程，依托金帆书画院开展丰富多彩的艺术普及活动，建立艺术社团，定期举办学生艺术作品展览，每学年至少举办一次全校艺术展演。

第三十三条　班主任是中小学日常思想道德教育和学生管理工作的主要实施者，是中小学生健康成长的引领者，班主任要努力成为中小学生的人生导师。从事班主任工作是中小学教师的重要职责。教师担任班主任期间应认真担负起班主任工作职责，落实立德树人根本任务。学校应为班主任开展工作创造有利条件，保障其享有的待遇与权利。教育行政部门建立科学的班主任工作评价体系和奖惩制度。对长期从事班主任工作或在班主任岗位上做出突出贡献的教师定期予以表彰奖励。选拔学校管理干部应优先考虑长期从事班主任工作的优秀班主任。学校建立班主任工作档案,定期组织对班主任的考核工作。考核结果作为教师聘任、奖励和职务晋升的重要依据。对不能履行班主任职责的,应调离班主任岗位。

第三十四条 依据我校办学理念,结合文明校园创建活动,因地制宜开展校园文化建设,使校园秩序良好、环境优美,校园文化积极向上、格调高雅,提高校园文明水平,让校园处处成为育人场所。营造文化氛围。凝练学校办学理念,加强校风教风学风建设,形成引导全校师生共同进步的精神力量。建设班级文化,鼓励学生自主设计班名、班训、班歌、班徽、班级口号等,增强班级凝聚力。

第三十五条 学校对学生实施综合素质评定,促进学生全面发展。公开、公平、公正、规范做好综合素质评定工作,激励和引导学生不断进取,有效地促进学生全面发展。每学期评价结果记入《综合素质评价手册》。坚持方向性,引导学生践行社会主义核心价值观,热爱中国共产党,弘扬中华民族传统美德。坚持指导性,把握学生的个性特点,关注成长过程,激发每一个学生的潜能优势,鼓励学生不断进步。坚持客观性,如实记录学生成长过程中的突出表现,真实反映学生的发展状况,以事实为依据进行评价。坚持公正性,严格规范评价程序,强化有效监督,确保评价过程公开透明。

第三十六条 学校对全面发展或在某方面有突出成绩的学生,予以表彰和奖励,并记入学生本人档案。主要类别有三好学生、优秀学生干部等。学校向下列学生或者集体颁发年度荣誉奖:德、智、体、美、劳全面发展的俊美学子;代表学校争得荣誉的学生;学生中思想品德高尚的典型个人(青春榜样)或集体(优秀班集体)。

第三十七条 学校实行干部包年级机制,教育教学干部分派在各年级,参与年级教育教学各方面工作,协助年级组长负责年级工作。

第三十八条 教学处负责教学计划的编制、教学资源的调配、日常教学事务的管理工作,以协商、协调、合作的方式开展工作。

第三十九条　学校根据深化教育改革、全面推进素质教育的要求，遵循课程改革的原则，增强课程的领导力，实施好基础性、拓展性和探究性三类课程。贯彻国家课程、地方课程和学校课程三级管理的政策，认真执行国家和地方课程计划，积极开发学校课程，并逐步形成学校的课程体系。目前，学校已搭建起"三三三弘美课程体系"，不断开发完善课程内容，为学生终身发展奠定基础。

第四十条　在课程与教育教学领域，校长与副校长通过德育处、教学处、科技中心、教师发展研究中心和各学科共同负责课程规划，明确教育教学的价值追求和基本原则，确定相关教育教学评价方案。

第四十一条　科研管理注重对实际教学的指导。开展"课题式校本研修"，以课题研究方式开展研修、培训，解决教育教学的实际问题。建立以"同质促进、异质互补"为原则的校本研修共同体，根据问题的解决和教师专业发展的需求，联合互动，共同开展校本研修，从而形成一种任务驱动、资源共享、相互借鉴、协同研究、共同发展的良好机制。

第五章　学校与家庭、社会的关系

第四十二条　学校教育是学生教育的主体，是连接家庭、社会的桥梁。学校通过对家长的培训，优化家庭教育的方法，提高家庭教育的质量，为学生健康成长提供一个良好的育人环境，同时家庭与社会又会反过来促进学校办学，促进教师队伍素质的提高，从而构建学校、家庭、社会三位一体的教育模式。家长委员会是建设依法办学、自主管理、民主监督、社会参与的现代学校制度的重要内容，是发挥家长在教育改革发展中积极作用的有效途径，是构建学校、家庭、社会密切配合的育人体系的重大举措。中学生健康成长是学校教育和家庭教育的共同目标。建立家长委员会，对于发挥家长作用，促进家校合作，优化育人环境，建设现代学校制度，具有重要意义。家长委员会的宗旨是团结全校学生家长，充分发挥家长对学校教育教学工作的参谋、监督作用，把学校教育与家庭教育有机结合起来，促进学校教育改革，提高教育质量。学校建立或者利用社会资源建立德育、科普、法制、社区等各类教育基地，定期组织开展校外教育活动。学校依托社区，开发社区教育资源开展社会实践活动，为学生创造深入学习、服务社区和实践体验的机会，为继承发扬新时代奋斗精神提供专业指导和支持。

第四十三条 学校建设，必须符合国家规定的办学标准，适应教育教学需要；应当符合国家规定的选址要求和建设标准，确保学生和教职工安全。学校为适龄儿童、少年接受义务教育创造良好的环境。落实平安校园建设内容，完善安全生产党政同责一岗双责，各个岗位安全责任制度。需完善安全工作内容为：加强保安员管理工作，并配备齐全物防装备；加强安全教育工作开展；制定安全突发事件应急预案，并每年根据学校实际情况征求属地相关部门（如派出所、消防支队、交通支队等）意见进行修订，同时学校联合属地相关部门开展应急演练，完善突发事件处置程序；加强校园技防设施管理及建设；定期开展校园及周边隐患排查工作；加强反恐安全教育及反恐演练。根据《中华人民共和国食品安全法》及相关法律法规要求，落实学校食品安全主体责任，成立食品安全领导小组，形成校长、食品安全主管领导、食品安全管理员的三级食品安全管理机制，建立健全食品安全管理制度，规范食堂食品采购、加工、制售的操作流程，切实保障师生的饮食安全。

第六章 资产及财务管理

第四十四条 学校建立健全资产管理制度，加强和规范资产配置、使用和处置管理。资产配置、使用和处置严格按照《北京市海淀区教育委员会固定资产管理暂行办法》执行，防止国有资产流失。

第四十五条 财务工作实行全面预算管理制度。每年度提前由学校和各部门根据部门新年度计划编制年度财务预算，经校务委员会审议、校长批准后实施。教研组长、部门负责人为预算执行的第一责任人，财务室负责预算内支出的审核工作，对是否符合财经纪律、是否符合预算要求予以把关。

第四十六条　财务工作必须相互制约，严格执行内控制度。校长只有批准年度预算和根据工作需要批准临时申请项目预算的权力。所有财务支出严格遵守财务制度和学校内控制度。关于捐赠事项，按照区教委的相关规定执行。

第四十七条　学校成立内部审查委员会，5万—10万元之间（固定资产为3万元及以上）的支出需经过内审委员会审批。内审委员会有权监督审查学校教职工考核聘任，新教师入职，教师招聘全过程。

第四十八条　学校实施财务审计制度。为确保财务工作安全、规范，学校从社会招标聘请资质高、信誉好的会计师事务所对学校的年度预决算编制、财务收支和内控制度的建立与执行情况进行专项审计，每两年进行一次。审计工作由校长或校长委托相关人员负责，财务人员配合审计。

第七章　章程的解释修订与实施

第四十九条　本章程由校务会负责解释。本章程的修改需由校务委员会或三分之一以上教职工代表大会代表提议方可进行，经教职工代表大会审议，校务会通过，并经海淀区教育委员会核准备案之后公布并实施。本章程经第十届教职工代表大会第七次会议票决通过，并经海淀区教育委员会核准备案后公布，自公布之日起实施。

第八章　其他相关内容

第五十条　首都师大二附中内审委员会、工会、党总支负责接受处理教职工意见反映和申诉。校学生会、校团委、德育处、校长信箱接受学生意见反映和申诉。

第四节 爱心管理贵在开心

一、开心工作，累并快乐着

2019 年，首都师大二附中已经成为周边百姓信赖和向往的热点名校，学校每年初中招生不到 400 人，但网上报名学生数达到 7000 多人。

任何一所学校的发展变化一定是教职员工齐心协力、共同拼搏的结果。五年多来，首都师大二附中教职工为学校的快速发展不懈付出，用实力赢得了尊重。

学校不要求教师坐班，但每天下午 5 点以后，学校依然忙碌着，教师忙着为学生答疑辅导，职员们忙碌着服务于师生的需求，干部们忙碌着手头永远干不完的任务，直到晚上七八点钟，校园才渐渐平静……

就在日复一日的忙碌中，学校悄然发生着变化，工作标准越来越高，工作质量越来越好。仅以下面教学活动感受一二。

2017 年 12 月首都师大二附中承办全国两岸四地中学历史教学研讨会，全国各地中学历史教师和中学历史教学研究者到会 500 多人。学校历史组教师全体参与，陈继贺老师在会上执教观摩课，受到与会者好评。

2018 年 11 月 21 日首都师大二附中承办北京市中学物理教学现场会，8 位执教市级研究课的教师全都是首都师大二附中初高中物理教师，与会 500 多位教师反响非常好。几位教师课后被包围着，听课教师急切地询问他们的思考和实践，物理组的教师们享受着成功和成长的愉悦。

2018 年 12 月 13 日首都师大二附中高中化学组面向海淀区高中化学教师举办区级示范教学活动，两位教师执教区级示范课。

2018 年 12 月 20 日首都师大二附中承办北京市中学语文教学研究会年会，全市 600 多位教师参会。会上北京市顶级语文教学名家到会作报告，10 位教师介绍项目或执教示范课。首都师大二附中两位教师在会上执教市级示范课。

学校之所以积极承办如此高规格的学术研讨会议，目的在于把高水平教学专家请进学校，让教师们贴近名家，给学校教师提供更高更大的学术展示舞台。承办会议无疑是非常辛苦的，但是干部教师的反馈是累并快乐着……

二、发展是硬道理

教师的职业成就感来自学生的成长，来自学校的发展。几年来，教师们的辛勤付出赢得了学生的爱戴、家长的尊敬，赢得了同行和亲朋好友的赞赏和敬仰。

学校中考成绩连续几年位列海淀区公办校前十名，高中招生成绩、高考成绩不断提升。

学校每年举办"艺象弘美"新年演出，师生同台。每年演出都有300多名师生登上舞台，每次演出结束，师生们都为节目的精彩兴奋、自豪，爱校之情油然而生。家长们则激动得表示孩子们的演出比春晚还好。

2016年学校参加了海淀区高中新品牌学校建设，三年后2018年12月25日首都师大二附中面向海淀区各中学展示新品牌建设成果，获得区教委和兄弟学校的一致赞誉。2019年10月9日参加海淀区"新品牌学校建设工程"项目学校首批评审认定会，经专家评审成绩名列前茅。

教师在个人学术成长中获得职业幸福感，教师在学校发展中获得职业成就感。

第八章 装扮弘美花园

第一节 校园环境文化建设目标

2006年教育部专门下发《教育部关于大力加强中小学校园文化建设的通知》（教基〔2006〕5号），《通知》要求：一要充分认识校园文化建设在中小学德育工作中的重要作用；二要积极推进中小学校校园文化建设。

《通知》强调：校园文化是学校教育的重要组成部分，是全面育人不可或缺的重要环节，是展现校长教育理念、学校特色的重要平台，是规范办学的重要体现，也是德育体系中亟待加强的重要方面。中小学校园文化通过校风教风学风、多种形式的校园文化活动、人文和自然的校园环境等给学生潜移默化而深刻的影响。良好的校园文化以鲜明正确的导向引导、鼓舞学生，以内在的力量凝聚、激励学生，以独特的氛围影响、规范学生。大力加强中小学校园文化建设，对于增强德育工作的针对性和实效性，实施引导青少年树立社会主义荣辱观、加强和改进未成年人思想道德建设这一重大而紧迫的战略任务，努力培育有理想、有道德、有文化、有纪律，德、智、体、美全面发展的中国特色社会主义事业的合格建设者和可靠接班人具有十分重要的意义。

加强校园文化建设是一个系统工程，也是一个不断推进、长期积累的过程。中小学校园文化建设要突出抓好以下三个方面的工作：一是全面开展校风、教风、学风建设；二是组织开展形式多样的校园文化活动。三是重视校园绿化、美化和人文环境建设。

2017 年教育部印发《中小学德育工作指南》（教基〔2017〕8 号），再次强调文化育人，《指南》指出：要依据学校办学理念，结合文明校园创建活动，因地制宜开展校园文化建设，使校园秩序良好、环境优美，校园文化积极向上、格调高雅，提高校园文明水平，让校园处处成为育人场所。

《指南》强调优化校园环境。学校校园建筑、设施、布置、景色要安全健康、温馨舒适，使校园内一草一木、一砖一石都体现教育的引导和熏陶。营造文化氛围。凝练学校办学理念，加强校风教风学风建设，形成引导全校师生共同进步的精神力量。

2017 年教育部《义务教育学校管理标准》（教基〔2017〕9 号）当中，对校园文化建设也有专门的表述："立足学校实际和文化积淀，结合区域特点，建设体现学校办学理念和思想的学校文化，发展办学特色，引领学校内涵发展。做好校园净化、绿化、美化工作，合理设计和布置校园，有效利用空间和墙面，建设生态校园、文化校园、书香校园，发挥环境育人功能。"

一、环境文化建设目标内涵

"环境"一词：一是指周围的地方，二是指周围的情况和条件。[①]"校园环境"指的是校园里的情况和条件。校园环境包含校园物质环境和校园人文环境。其中，物质环境包括校园建筑、设施、布置、景色等，校园人文环境包括办学理念、校风教风学风、校园文化宣传（橱窗、书报、广播站、电视台）、校园网络文化等。

---

① 《现代汉语词典》第 7 版，商务印书馆 2016 年版，第 568 页。

首都师大二附中非常重视校园环境文化建设，校园环境文化建设的基本目标就是把校园建成师生热爱的地方，建成师生舒展心灵、陶冶性情的地方，建成师生读书求知充满创造的地方。学校环境文化建设的特色目标是"立仁书院，弘美花园"。在"弘美教育"理念统领下，环境文化建设的定位与学校办学目标合一，即为"立仁书院，弘美花园"。也就是把学校建设成为传播爱的书院，弘扬美的花园。

"弘美教育"以立仁、弘美为价值观，以"立仁书院，弘美花园"为办学目标，以培养"依于仁、志于学、游于艺"的俊美学子为育人目标。学校环境建设目标服务于学生培养目标。立仁书院，支撑依于仁、志于学，弘美花园，支撑游于艺。校园环境文化建设与"弘美教育"理念完全契合，浑然一体。

二、学校环境文化建设目标的形成过程

首先，学校文化创建过程中认真梳理了学校办学实践，学校的艺术实践特别丰富，艺术成就和特点非常突出，"弘美教育"由此诞生。"弘美教育"内生于这所学校，具有属我性。

其次，"弘美教育"办学理念体系把"立仁书院，弘美花园"定为办学目标和校园环境建设目标，同样源于学校办学实践。

学校原有的文化符号不多，主要符号是 16 字校训：以学为本、树德立仁、养心育智、创新发展。"弘美教育"以德为先，同时重视学校原有文化符号的传承，"立仁"一词源于学校老校训。

"书院"指旧时地方上设立的供人读书、讲学的处所，有专人主持。从唐代开始，历代都有。清末废科举后，大都改为学校。[①] 学校文化表述采用"书院"一词，一是表达对中国传统文化的传承，二是希望把学校建

① 《现代汉语词典》第 7 版，商务印书馆 2016 年版，第 1210 页。

成充满文化气息的学习场所。

"立仁书院"表明立德树人的教育目的和弘美以树德为先的含义，同时传承中国儒家文化的精髓，与育人目标中"依于仁、志于学"相联系。

"弘美"是内生于学校最具鲜明特点的文化符号。"立仁、弘美"是学校的价值核心。"花园"勾连了学校的老校名花园村中学，勾连了花园村中学的历史和回忆，让经历过那段辉煌的教师有所寄托。另外，学校也要建成美丽的花园。

"弘美花园"，弘扬美的花园。与育人目标中的"游于艺"密切相关。

由此，"立仁书院，弘美花园"成为学校办学总目标，同时成为学校环境文化建设目标。

第二节　改造建筑，打造立仁书院

学校物质环境的改造需要经费支持，没有经费支持，校园环境文化建设目标就不可能变成现实。

一、学校环境改造的背景

（一）普通学校经费投入不足

改革开放以来政府为促进教育事业发展，重点投入和发展部分优质高中。由于种种原因，首都师大二附中错失被评为市区示范高中的机会，政府对普通中学的经费投入不足，并且逐步拉大了市区示范高中与普通高中办学条件、师资待遇的差距，致使首都师大二附中成为教育洼地。

时间步入 21 世纪，随着中国经济快速发展，人民生活水平不断提高，百姓对优质教育资源的需求越来越高。原有的优质学校远不能满足百姓渴望优质教育的需求。北京市基础教育发展差异大、不均衡的问题越来越突出。百姓对优质教育的渴望越来越强烈，促进基础教育优质均衡发展成为政府关注的重点问题。

（二）加大投资，促进教育公平

2010年7月《国家中长期教育改革和发展规划纲要（2010—2020)》颁布。《纲要》明确提出：把促进公平作为国家基本教育政策。教育公平是社会公平的重要基础。《纲要》强调："均衡发展是义务教育的战略性任务。建立健全义务教育均衡发展保障机制。推进义务教育学校标准化建设，均衡配置教师、设备、图书、校舍等资源。"

正是在这一背景之下，北京市教委以名校办分校、集团化办学等形式推进基础教育优质均衡发展。2014年3月首都师大二附中由北京市首批高中示范校首都师大附中承办。

2014年起连续三年，市、区两级政府下拨专项资金支持承办校校舍改造。首都师大二附中紧紧抓住政府支持校舍改造的机会，装修改造校园建筑，美化校园环境，以"立仁书院，弘美花园"为校园环境文化建设目标，着力装扮弘美校园。

二、改造校园建筑，打造立仁书院

（一）改造前校舍情况和问题

首都师大二附中1964年建校，老校址在北京市海淀区增光路50号。2004年开始一校两址，新校址在海淀区彰化路8号。两个校区面积都不大。增光路校区2014年改造前占地面积12865.83平方米，建筑面积17231.36平方米；彰化路校区是2004年新建校区，占地面积13388.62平方米，建筑面积7475平方米。

两校区相比,增光路校区建校时间长,建筑面积大,容积率高,功能更齐全。增光路校区有行政楼、教学楼、食宿楼、艺术楼,地上建筑已经非常拥挤。校区建筑以灰色为主基调,看上去比较陈旧。

增光路校区需要解决的主要问题:

(1)校舍老旧,空间紧张,不能满足学生课程空间需求。

(2)缺少师生集会场所,急需解决此问题。

(3)实验室设施设备老化,需要更新改造。

(4)建筑外立面、校园环境急需统一改造。

彰化路校区是曙光小区商品房开发的配套学校,由地产商建设完成后交由海淀教委无偿使用。当初按照配套小学的标准规划建设,校区建筑物只有一栋综合楼,教室、实验室、教师办公区均在一栋楼内。首都师大二附中接手后成为高中校区,随着高中新课程改革的不断发展,彰化路校区建筑空间已经无法满足高中学生的课程空间需求。

彰化路校区需要解决的主要问题:

(1)扩大建筑面积,满足高中学生课程改革需要。

(2)建筑外立面、校园环境需要统一整体设计改造。

(二)增光路校区综合改造

2014年7月至2015年9月,增光路校区发生了很大的变化,用师生们的话说是发生了翻天覆地的变化。

首先,拆掉操场西侧300平方米的羽毛球馆,改造为3000平方米的游艺楼。建设了400座的地下报告厅,解决了师生集会和演出的场地。300平方米的地下体育馆保留了室内体育空间。地上建设了学生阅览室、舞蹈练功房、学术报告厅。200多平方米的创客空间"雲工坊"更是成为学生们的最爱。

3000平方米的建筑空间使增光路校区办学条件得到极大改善。设施设备一流的地下报告厅和学术报告厅从空间上解决了师生集会和演出问题，并且成为首都师范大学和周边社区经常借用的集会场地。学生阅览室专门设计了学生休闲阅读区，深得学生喜爱。

北京中心城区的公办学校，空间狭小是制约学校发展的突出问题。在学校，空间就是课程，可以说这 3000 平方米建筑空间为首都师大二附中的跨越式发展发挥了重要作用。

2015 年 7 月至 9 月，增光路校区所有建筑物外立面整体装修改造。首先改变了学校的"门面"，学校大门变得恢宏大气。建筑物所有门脸儿统一改造为中式古典小庑殿顶。雕梁画栋，飞檐斗拱，琉璃屋脊，门柱厅堂，整个校园顿时变得器宇不凡。配以哈佛红与深灰搭配的建筑色彩，整个增光路校区旧貌换新颜。校长亲自参与校园环境设计，不少细节是个性化创新点。

为了进一步营造校园优美、休闲的文化氛围，特意在操场与教学楼之间设计建造了京派亭廊。亭廊与校园建筑装修风格统一协调，成为校园环境设计中的点睛之笔。"弘美校园"物质环境改造取得良好效果。

2018 年《北京晨报》记者的一篇采访稿《小校园大教育，小空间大格局》，能够很好地反映校园改造给师生带来的惊喜。文中写道："2015 年 9 月开学，当我踏入校园一刹那，惊呆了，太美了！当时，我犹疑了，这还是我的学校吗？"高三弘美实验班师正耀从初一到高三，在首都师范大学第二附属中学上了六年学，近日，他对北京晨报记者回忆起 2015 年初二新学期刚进校时的场景，校园已经发生翻天覆地的变化。原先老楼的沉闷气息消失了，环境陡然一新，雕梁画栋。师正耀说，整个校园和古文描述得很像，很古典，很有文化，看起来像一所大学。从 2014 年开始，这所占地面积不大的学校，从内到外发生着令人瞩目的变化，由过去的一所门可罗雀的冷门校变成了门庭若市的热门校。我对教师们说："学校之大，不在于面积，校园里每一块空间都交给了学生，我们更注重于学校的文化塑造，众志成城打造具有大格局的现代学校，形成和学校发展态势想融洽的大教育理念。"

（三）彰化路校区综合改造工程

彰化路校区改造颇费周折。首都师大二附中彰化路校区综合楼建设工程 2014 年 10 月开始立项。整个建筑地下两层，地上四层，总建筑面积 12850 平方米。规划设计有地下游泳馆、地下篮球馆、地下报告厅、地下停车场、地下学生餐厅，地上有图书馆、实验室、艺术教学区等。其中地下建筑面积 7900 平方米，地上建筑面积 3200 平方米。

规划、审批、招标、施工从 2014 年 10 月一直持续到 2019 年 10 月。2019 年 10 月真正的建筑施工才得以实施。预计 2020 年 9 月建设完成，2020 年 9 月投入使用。

2020 年 9 月至 2021 年 8 月，整个彰化路校区新旧建筑将统一装修设计。"立仁书院，弘美花园"依然是学校环境文化建设目标。待装修完成后彰化路校区将成为功能设施完备、校园文化浓郁、校园环境优美的现代化学校。

（四）传承民族文化，建设立仁书院

历史上的书院不仅是教育的重要补充，更是文化传承、社会主流价值传播的重要载体与渠道，对培养人才和引导社会文明风尚发挥着重要作用。在今天，书院不仅是传统文化传承和展示的窗口，更是作为一种活态化的文化形态日益融入现代人的日常生活，成为当下文化活动的重要实践空间，蕴蓄着一种独立自主、理性思考、启迪教育、教化国民的一种精神性存在，成为对民族精神的一种守护和创新的载体。

"弘美教育"办学理念体系源于儒家文化。"立仁书院"首要任务在于传承中国民族文化之精髓，培养"依于仁、志于学、游于艺"的俊美学子。

2016 年暑假，"弘美教育"办学理念体系确定后，校园内所有楼宇重新命名。立仁楼、志学楼、游艺楼、明理楼……志学楼正面墙壁制高点"立仁书院，弘美花园"八个大字熠熠生辉。书院文化气息在首都师大二附中得以营造。

首都师大二附中地处京城繁华闹市，未承山林之势，未踞湖山之胜。为营造"书院文化"气质，秉承中国古典园林建筑风格，改造所有校园建筑门脸儿。志学楼南北正门，按照京派古典牌楼风格设计，红漆柱廊，青绿色琉璃瓦，飞檐斗拱，彩绘雕饰，古朴宁静。其他侧门则融合了徽派及苏州园林的建筑风格。

京派古典亭廊坐落于志学楼与操场之间，红漆柱廊与座椅，彩绘廊檐与顶梁，与志学楼京派古典门楼映衬配合，浑然一体，使整个校园充满古典文化气息。亭廊北侧的鱼池与荷花更显灵动与情趣，彰显北方园林的古朴雅静之趣。

设计之初曾特别担心校园整体深红色砖饰与青绿色琉璃瓦搭配会落俗"大红大绿"。而实际效果显露的是庄重与古朴，丝毫未显浅俗。亭廊与楼宇的坡顶采用灰色瓦当，看上去也雅致脱俗。

精心设计，精美装饰，只为建设文化气息浓郁的校园，建设雅静舒适的校园，建设师生热爱的校园。校园环境打造紧紧围绕"立仁书院，弘美花园"环境文化建设目标而实施。

第三节　营造文化，装扮弘美花园

一、弘美花园，美在画意

首都师大二附中艺术教育成绩突出，是北京市金帆书画院。学生书法、绘画、剪纸、服装设计、烙画儿等艺术社团水平不俗。为营造校园艺术氛围，展示学生艺术作品，学校创造条件在校园室外半开放廊道建成"弘美画廊"。画廊经专门设计，装饰徽派廊檐，粉墙黛瓦，简朴而意境悠远。画廊展区有书法区、绘画区、手工创意区、涂鸦墙、中外名画儿推荐区等。

展区内学生作品定期更换，不断激励学生创作热情。广大师生也在欣赏艺术作品的过程中，提升艺术素养、文明修养与审美能力。画廊建成之前，此区域是体育器材存放处，白色的墙壁上经常看到学生留下拍球的印记。自从画廊建成后，从未发生此类情况，学生画作也从未有过损坏。无论何时走进校园弘美画廊，艺术之美、创意之美、环境之美紧紧包围着每一位参观者。弘美画廊成为校园高雅艺术展区，也是学生创意成就展区。

　　每学期绘画社的同学们都会举办校园井盖创意绘画活动。普普通通的校园井盖在学生手下变成色彩斑斓，创意十足的五彩世界。校园井盖也成为师生称绝的艺术作品。

　　校园百人书画展、校园学生书法作品大联展、端午、中秋等中国传统节日诗词名句书写大赛等书画活动，也为弘美校园增添十足的艺术气息。书画之美，提升弘美校园的艺术气质。

二、弘美花园，美在墙壁

　　校园墙壁文化是校园文化的一个重要组成部分，是影响和促进学生发展的隐性课程，发挥着环境育人的重要作用。

　　校园空间的墙壁作为一个巨大的"信息场"，以具体化、形象化的符号传递着学校的办学理念，凸显着学校的文化底蕴。如何设计校园墙壁文化使之发挥最大的教育功效，让无声的符号焕发出更多的文化韵味，真正对学生起到潜移默化的熏陶和启迪作用，需要精心规划与设计。

（一）校园墙壁文化设计原则

1. 立仁弘美，德育为先的原则

　　为最大限度发挥墙壁文化的育人功能，学校整体规划，分区设计，德育为先。校园操场师生活动公共区域以大型广告牌的形式张贴社会主义核心价值观，操场周边墙壁橱窗展示40位共和国勋章获得者图片与事迹介

绍。目的在于引导学生家国在心，树立为国家为民族为人类社会求知奉献的精神。

2.理念统领，突出文化灵魂的原则

办学理念是学校办学的思想灵魂，也是校园墙壁文化浓墨重彩之处。学校志学楼大厅是全校师生最重要的活动场所，学校文化墙、文化大厅就设计在这里。"立仁书院，弘美花园"这一校园环境文化建设目标也是学校墙壁文化建设的核心理念。

3.分区设计，关注核心素养的原则

"弘美教育"把学生素养全面提升作为培养目标，培养"依于仁、志于学、游于艺"的俊美学子就是综合素养全面提升的具体表述。人文底蕴、科学精神、学会学习、健康生活、责任担当、实践创新六大素养在学校课程设计中各有体现。墙壁文化设计依托校园不同课程区域的功能划分，分别规划，各有呈现。

4.实用功能，注重美感表达的原则

墙壁文化设计务求把实用的教育效果用美的表达方式加以体现。力求简约、美观、温馨、充满感染力。学校依据建筑物的色彩基调把紫红色定为学校主题色，专门聘请设计公司，依据学校办学理念设计校徽，同时设计笔记本、文件袋、信封等办公用品。校园墙壁文化同样精心设计，力求美妙表达。

（二）墙壁文化设计规划

依据校园墙壁文化设计原则，学校按照校园空间功能划分，区别各分区不同文化主题。主要划分为三类文化区，即校园公共文化空间、校园年级文化空间、校园班级文化空间。班级文化空间在班级教室，在学校文化引领下，由各班自主设计布置。年级文化空间在各年级楼层通道，学校统一设计了壁报区，在学校文化统领下，由各年级自主设计布置，各年级学科师生齐参与，教育教学各显其妙。

（三）墙壁文化规划实施

2016—2019 年，学校分阶段实施校园墙壁文化装饰工程。主要工程在校园公共文化空间。学校墙壁文化公共空间包括：志学楼一层学校文化大厅；志学楼 3 个楼梯空间 1—4 层；学校操场周边橱窗改造；游艺楼 3 个楼梯空间 1—4 层及楼层通道装饰工程。

1. 墙壁文化装饰工程实施过程

学校以高度负责的态度精细设计校园墙壁文化的每一个角落，调动师生参与设计过程。第一，多方比较选聘文化设计公司。第二，选定的文化公司到校了解学校办学理念及校园文化建设目标，了解学校墙壁文化设计的目的与基本构想。第三，文化设计公司将初步设计方案向学校汇报，学校邀请相关师生参与讨论。第四，文化公司根据学校讨论后的要求修改设计方案。第五，校方对设计方案满意后工程实施。

2. 学校文化大厅

学校在志学楼一层大厅设计了文化墙展示"弘美教育"办学理念。本着简约、大方、美观的宗旨，用文字展现了学校办学目标：立仁书院，弘美花园。校训：依于仁、志于学、游于艺。用图片展现了校徽，俊美学子形象照片，智美课堂图片，以及学生校园活动的"魅力影像"。

3. 志学楼 3 个楼梯空间

东楼梯墙壁主题：俊美学子。展示在校学生"青春榜样"、优秀学生干部、优秀学生志愿者等学生形象及事迹介绍。

中楼梯墙壁主题：成长空间。展示丰富多彩的学生社团活动，以及社团学生群像。

西楼梯墙壁主题：航空航天。展示世界航空航天发展过程，激发学生探索未知世界的梦想和勇气。

4. 游艺楼 3 个楼梯空间

游艺楼以学生专业教室为主。包括学生艺术活动区：民乐排练厅、书法教室、美术教室、合唱排练厅、舞蹈排练厅等。学生科技活动区：创客空间"雲工坊"、机器人训练室等。学生演出剧场：地下演出剧场、地下体育馆等。依据游艺楼各分区不同的实用功能，3个楼梯间文化墙也规划了不同主题。

北楼梯间是建筑艺术主题：重点展示中国传统建筑风格及代表性建筑。各楼层通道分别展示器乐艺术、中国古典画作等。

中楼梯间是戏剧艺术主题："舞台魅影"。关于戏剧艺术的名人名言与学生戏剧演出的剧照相映生辉，充满魅力。

南楼梯间是科技探索主题：宇宙、星空、黑洞……学生科技活动图片，充满奇幻的空间。

各楼层通道以中国传统文化为主题：儒家文化思想，关于阅读、关于实践，图文并茂。

增光路校区墙壁文化装饰工程完成后，弘美校园充满浓郁的文化气息，校园每个角落经过精心设计，美不胜收。凡是来到校园的参观者都对学校墙壁文化赞美有加。

三、弘美花园，美在书香

校园里最让人迷恋的是图书和阅读。把学校建成图书馆里的学校，让学生在校园里随时随地能够拿到图书是弘美校园建设的重要目标之一。弘美花园也是书香校园。

2015年学校在游艺楼二层专门建设了近400平方米的学生阅览室，特别设计了休闲阅读空间，沙发、地垫、软包小条凳，让阅读变得舒适、惬意。

2016年学校在志学楼每层通道建设开放式阅读空间，书柜、书架、阅读桌、小座椅，配以精美墙壁装饰，让阅读变得很美、很方便。开放式阅读空间总面积达到160平方米。同时为每一间教室配备书橱与图书。

营造阅读文化。组织学生志愿者自主管理阅读空间，学校阅览室组织学生志愿者定期编辑校刊、校报。新书推荐、征文比赛、阅读沙龙等活动不定期开展。图书馆组织"向同学推荐好书"活动，2016 年至今学生、家长、社区向学校捐赠图书 4000 余册。

四、弘美花园，美在四季

弘美花园有一位酷爱园林艺术的老职工，他讲究园林的修剪与点缀，讲究景观的布局与色彩的搭配。在他的带领下，后勤员工精心养护校园一草一木。虽然两校区面积不大，绿化场地有限，却丝毫没有阻碍他们美化校园的信心和坚持。校园是花园，也是学生认识身边植物的学园。他们为树木制作标识牌，为花园标注养护常识。还专门编写了《校园园艺设计与规划》。弘美校园美在那花、那树、那景，更美在营造校园之美的那群人……

（一）春日盎然

3 月的校园，山桃花就开了，粉色的、白色的，花满枝头。师生们穿过花树下面，抬头欣赏一番，带着笑意走开。学生们，青年教师们，三五成群在花前拍照，古典门楼、粉色桃花、师生的笑脸，春天盎然绽开了。操场上的学生多起来了，中午班级跳绳比赛热闹起来。亭廊边的鱼池装满了清水，大小锦鲤活跃起来。学生们坐在廊凳上，靠在廊边，欣赏鱼儿悠闲漫游。

进入 4 月，校园的玉兰花开了，玉兰是学校的校花。志学楼前集中栽种了 10 棵玉兰树。4 月上旬它们就热热闹闹地盛开了，一棵棵，摆成一排，煞是美艳。正是因为它们的热情、浓艳、茁壮，像极了青春学子，所以被学校定为校花。学校玉兰花的品种很好，从 4 月到 9 月一直开放。碧桃、海棠、樱花、山楂、月季、蔷薇都绽放了，弘美花园百花争艳。校园读书节开始了，学生们围在书架前挑选着、比较着，学生自制书签比赛竞争很激烈。校园书画展示如期举行了，几百幅学生作品需要经过同学投票选择自己最喜欢的。

5月4日是学生们的节日，这天下午全校师生在操场集合，"五四"学生表彰节就要开始啦。三好学生、优秀团员、青春榜样、俊美学子、优秀志愿者、优秀社团、优秀学生干部、少年科学院院士……获奖的学生可真多。他们要邀请自己最敬爱的教师，陪同他们在全体同学面前走上校园专门为他们铺设的红毯，走向领奖台。声势浩大，盛况空前，学生和教师们都很激动。

就在校园里的牡丹花盛开的时节，一年一度的"艺青春合唱节"拉开了序幕。学生们租来演出服，画了美艳的妆容，家长们来了，各班邀请的艺术指导教师来了，每个班级走上舞台，引吭高歌。得了几等奖，演出是否轰动，这些不是那么重要吧，重要的是全班同学集思广益，忘我排练，大家的心在一起。更何况每年的合唱节都是全年级同学的大联欢，是同学们才艺展示的好机会呢。

（二）夏日繁盛

时光进入6月，阳光就火辣起来。校史馆门前的那棵七叶树真是茂盛，树干足足有三层楼高了，巨大的树冠足以遮阳蔽日。繁花落尽的海棠树、樱花树、山楂树枝枝叶叶也都繁茂起来，夏日的繁盛期到来了。校园里最多的大树是银杏。操场边的银杏树和海棠树高高低低，错落有致。明理楼前的那棵银杏树长得最是高大，围绕着它的树干，设计了圆形座椅，每天早上急着到食堂吃饭的学生，都会先把书包放在这圈座椅上，一年四季，每天如此。

志学楼墙壁已被爬山虎覆盖，繁盛的绿叶攀爬在每间教室的窗户边，有的还探头到敞开的窗户里面。紫藤也顺着引绳爬上了楼顶，一串串的紫藤花越过爬山虎向楼顶匍匐而去。

　　志学楼前的"泰山石"上爬满了鲜艳的凌霄花，亭廊、荷花、鱼池、泰山石、凌霄花、红枫，这里是校园中色彩最丰富的一角，也是师生在校园拍照中最喜爱的地方。

　　6月是校园里的毕业季，先是高考，再是中考。毕业礼，校园处处洋溢着感恩与离别。校服上签下师生的名字，想拍遍校园每一个角落，永远留存在记忆里。送考的教师们一身红、一身绿、一身黄，拥抱每一个步入考场的学生，祝福他们取得好成绩。6月总是校园里最繁盛的季节，6月过去，师生们的暑假就要开始了。

（三）秋日绚烂

　　9月开学的时候，秋天依然悄悄地近了。9月总是校园里最忙碌的一个月。开学典礼，新生军训，社团招新，学生代表大会，学生会改选。这些刚刚忙碌完，马上准备秋季运动会入场式，各班开始排练了。忙碌的校园，沸腾的校园，斑斓的校园。9月底举行校园秋季运动会，那是学生们欢乐的日子。各班的运动会入场式创意无限，团体操会演场面非常震撼。

　　10月下旬到11月中旬，北京的秋意很浓了。校园之秋那是最绚烂的日子。墙上爬山虎的叶子红了，枫树的叶子也红了。山楂结了红红的果实，校园里的石榴开口笑了，黄黄的柿子挂满枝头。校园里的银杏果黏黏地掉在地上，校工们每天都要清理。紧跟着，银杏树的叶子变得黄灿灿了，明理楼前面那棵最是明艳，黄亮黄亮的，婆婆的闪着人的眼。那一排排的银杏树，这时候就是校园里绝美的风景。一夜大风过后，黄灿灿的银杏叶铺满校园，秋的绚烂就在眼前了。学生们三三两两踏着黄色的银杏叶穿行在红红的枫叶之间，校园的秋日就在这五彩斑斓里了。

（四）冬日热烈

　　寒风送走了秋日，迎来冬天。校园里却依然热烈。西方的感恩节成了首都师大二附中一年一度的班主任节。这天早上，每个班级都是激动的场景，每个班主任都会收到学生们准备的惊喜。有的是学生创编的诗朗诵，有的是学生们创作的感恩歌曲，有的是感谢的贺卡，有的是感激的鲜花……这一天，班主任们收获幸福，感受着为师的喜悦。

12月是迎接新年的日子，学校大型艺术展演"艺象弘美"新年演出就要来了。每一个节目都要经过初选、复试和选定的过程，节目质量要求很高。师生同台，连演三场，全校同学和教师分场次观看演出。每一年上台的演员均不少于300人。灯光舞美，美轮美奂。每一次演出师生们都激动不已，为演出质量喝彩，为"弘美教育"的突出成就喝彩。家长们更是直呼比春节晚会还要好看。

雪后的校园属于童话世界。白雪覆盖了整个校园，古典院落，朱红门柱、彩绘廊檐格外醒目。校园里几棵松树顶着的白雪最多，冬日的松树上绽开了雪花儿。学生们抑制不住雪后的兴奋，已经在操场上撒了欢儿。堆雪人儿，打雪仗，发梢都湿湿的，雪天里，汗水顺着发梢流下来。

校园的美，总也说不完。活泼可爱的学生们，朝气蓬勃的青年，校园总是充满希望。"立仁书院，弘美花园"已经成为学校的DNA，也将成为生活在这个校园里的每一位师生永存的记忆。

第四节　弘美校园网络文化建设

互联网自20世纪90年代进入商用以来迅速发展，已经成为当今世界推动经济发展和社会进步的重要信息基础设施。短短二十几年的时间，互联网已经迅速渗透到经济与社会活动的各个领域，推动了全球信息化进程。目前，中国已经成为世界第一大网民国。而随着信息通信技术的不断发展，中国网民数量还会持续增加。

随着互联网技术的发展变革，互联网已经成为文化生产、传播和创新的重要工具和平台，它既推动传统文化重新焕发生机与活力，又在塑造和繁荣时代文化。

"文化"一词指"人类在社会历史发展过程中所创造的物质财富和精神财富的总和，特指精神财富，如文学、艺术、教育、科学等"，同时"文化"也包括"运用文字的能力及一般知识"的含义。[①]互联网时代独具特色的网络文化则特指以网络信息技术为基础，在网络空间形成的文化活动、文化方式、文化产品、文化观念的集合。校园网络文化则同时关注到校园和互联网这两个特殊的文化生产传播场域，是指校园内与互联网紧密联系的一种文化形态。[②]

青少年学生对未知世界充满好奇，随着智能手机在青少年学生中的普及使用，青少年成为网络空间的生力军，也成为网络文化建设的参与者。校园网络文化建设成为校园环境文化建设的重要组成部分，关系到青少年学生的健康成长，也关系到学校文化建设根本效益的达成。因此，现阶段校园网络文化建设需要着力加强。

一、充分认识网络文化的特点

网络世界区别于现实世界的最大特点是它的虚拟性。虚拟的网络空间，开放、自由、平等，充满创新精神，又具有一定的隐秘性。网络世界是不同的人群组成的文化社区，这对于青少年学生具有很强的吸引力。

互联网的本质是信息共享平台。全球共享，互联互通，方便快捷，实实在在拉近了全球人类的距离，改变了人类的生产和生存方式。互联网也带来教育方式和校园文化的变革。教育的网络化、信息化在助力传统学校教育的同时，也对未来创新人才培养的目标和方向提出新的挑战。

---

① 《现代汉语词典》第 7 版，商务印书馆 2016 年版，第 1371、1372 页。
② 蒋广学、周培京：《试论校园网络文化与网络时代的校园文化——从乡土中国到城市社区到全球互联》，《北京教育（德育）》2018 年第 12 期。

网络世界还是一个多元的世界。多元信息、多元文化、多元价值，对世界观、人生观、价值观尚未完全形成的青少年学生带来巨大冲击。加之网络世界的商业化、庸俗化、过度娱乐化同样对青少年的健康成长带来不利影响。由此，网络文化有其突出的优势和巨大的价值。同时，也要引导青少年防止网络沉迷和伤害。打造积极健康的校园绿色网络文化。

二、校园网络文化建设的原则

（一）遵守学校文化建设目标原则

校园网络文化建设是校园文化建设的重要组成部分，同样遵循学校环境文化建设的总目标"立仁书院，弘美花园"。"立仁弘美"是首都师大二附中师生共同的价值追求。因此，学校网络文化建设始终围绕这一价值目标而展开。校园官网、校园内网、校园微信公众号建设及其他校园网络平台建设均遵循此目标。

（二）助力青少年健康成长原则

校园是育人的场所，校园网络文化建设首先要发挥网络育人的作用。

首先，学校搭建绿色网络平台向学生开放。弘美教育校园网站、弘美教育校园公众号重在价值引领，立仁弘美是校园网站宣传的思想灵魂。学生会、学校科技中心公众号由学生参与创办，在学生中有广泛的阅读量，学生以积极向上、研究探索、奉献精神等自我激励。学生综合素质评价平台更是对学生成长的全方位引领。

其次，开设青少年网络修养课程。指导学生认识网络，提升网络文明修养，防止网络沉迷和网络伤害。思想政治课教师、学校德育处联合编写网络教育课程。通过案例教学方式，引导学生充分认识和利用网络在信息检索、资源共享、创新发展等方面的巨大优势，同时规避网络风险，远离网络暴力，防止网络侵害。随着青少年计算机编程课程的普及，相信青少年在未来的网络世界一定大有作为，互联网时代是创新的时代，互联网的未来属于他们。

现代人既是现实社会公民，又是网络社会公民。"弘美教育"培养现实社会的俊美学子，同样培养学生成为网络社会的俊美学子。

（三）助力教育教学发展原则

互联网现已成为教育教学变革的重要推手。伴随政府不断加大智慧校园建设，网络通信技术不断发展，校园网络文化建设对教育的影响将越来越大。

首先，充分利用网络资源库助力教育教学发展。网络资源以其丰富性、及时性、便捷性极大地方便了教育教学资源的检索与贮存。学校尽最大可能为师生提供优质网络资源平台，同时激励师生把自己优秀的教育教学、科研和学习成果上传学校资源库与他人共享。2019年首都师大二附中各学科教师优秀教案、校本学习资料、自编试题、学生优秀学习成果等均已通过校内网上平台共享。校园师生不仅是网络文化发展的受益者，也成为网络文化发展的建设者。

其次，鼓励师生输出优质网络文化内容，参与校园网络文化建设。教师网络教学、师生网上互动、教师微课、校园 MOOC 等形式，激励教师不断学习新技术，掌握现代网络化、信息化教学的新方式。青少年学生也是网络文化建设的参与者。学生优秀校园艺术作品、视频影像、文字内容等往往第一时间上传分享。值得注意的是，学生上传校园文化内容需要教师审核把关。

（四）助力学校品牌形象传播原则

"弘美教育"以其独特的校园文化特质，成为首都师大二附中的形象品牌。2016—2019年海淀区教委在部分高中校开展新品牌学校建设活动，历经品牌建设规划陈述,品牌建设成果展示,品牌建设专家认定等环节,首都师大二附中新品牌学校建设受到各方一致认同,并得到广泛赞誉。学校也发展成为深受百姓想往和追捧的热点名校。学校品牌形象在学生、家长、社区口口相传的过程中逐步树立起来。网络信息化时代,学校品牌形象传播成为学校文化建设的重要方面,因此学校高度重视。

校园网络文化建设坚持助力品牌形象传播原则。学校应该善于利用各种网络传播途径,如学校网站、政府部门网站、主流网络媒体网站等,大力宣传学校办学思想、课程设置、办学业绩、发展成果等正面信息,塑造良好的学校形象。同时关注一些网络社交传播平台,注意舆情监控,及时化解可能损害学校形象的不良信息背后的问题和矛盾。

三、"弘美教育"校园网站建设

学校网站建设是学校综合办学实力的集中展示。信息化时代,学校网站也是学校的名片和商标,是学校在网络世界的形象代言者。每一所学校都有自己的文化和特色,学校网站就是学校文化和学校特色的展示平台,也是师生、家长和他人了解学校的窗口。为维护学校良好品牌形象,助力学校教育教学发展,首都师大二附中对外开放学校官方网站,对内开放校内办公网络平台。学校网站建设在学校跨越式发展过程中发挥了重要作用。

(一)学校网站建设目标

1.学校对外官方网站建设目标

学校对外官方网站是学校品牌形象传播的重要载体,也是社会大众了解学校的直接窗口。首先,学校对外网站突出学校文化特色,突出"弘美教育"品牌特点。其次,学校对外网站要全方位展示学校办学成绩,立体凸显学校形象。最后,学校对外网站要服务师生和家长,让师生和家长了解学校办学特点，了解学校招生招聘信息，方便家长与学校互动。

2. 学校对内办公网站建设目标

学校内网建设是智慧校园建设的主阵地，智慧校园建设的总目标是构建一个智能、灵活、运转高效的校园系统。将校园中人、财、物和学、研、管的信息数字化，推进学校制度创新、管理创新，实现决策科学化和管理规范化，最终实现教育信息化和智能化。

内网建设目标首先要提升学校信息化管理水平，助力学校爱心管理、民主管理。学校内网设立学校办公总网页和各部门网页，学校管理信息全公开、全透明。如学校办公总网页设有校园快讯、通知公告、学校工作周安排、学期工作校历。学校党政办公室网页设有：校园快讯、通知公告、规章制度、党务公开、学校动态、集体获奖、个人获奖、作息时间、工作总结、人员名单、工资方案、岗位职责、校务公开、工作计划。管理信息的公开透明，既方便教职工随时查询，又有利于教职工对学校管理的方方面面实时监督，并提出合理化建议。

其次，为教师教研提供丰富的网上资源。学校内网有校内资源库、链接海淀教师研修网、图书检索系统、中国知网、中学学科网、E组卷、数字期刊以及其他资源平台。网站资源的丰富性和共享性为教师科研工作奠定坚实的基础，为教研提供专业、前沿、深层次的信息资源。

最后，校内网也是校内智能办公平台。校内教职工文件传输、网上交流、场馆预约、办公设备预约、办公用品领取等均可实现智能化应用与管理。智慧校园的构建，旨在提高校园工作、学习和生活环境的质量，构建一个智能、创新、开放的集教学、科研、管理和校园服务于一体的综合信息服务平台。

（二）学校网站的设计与管理

2016年"弘美教育"办学理念体系与实践体系确定后，学校全方位设计改版校园外网和内网。

1.学校网站设计

第一，页面美观大方。弘美教育网站，页面设计要突出美感。学校内外网主页均采用学校主题色——紫红色。页面图文并茂，外网首页精选学生活动照片循环播放，活泼生动。

第二，栏目精当、层次合理、内容丰富，全方位展示学校形象。学校外网设有学校概况、校园快讯、魅力教师、校园生活、教学科研、招生招聘、党旗飘扬、弘美花园八个栏目。每个栏目下面有子栏目，层次清晰，全面展现学校形象。学校内网更加注重实用效果，部门融通，总分合理。

表 8-1　学校网站栏目设计表

序号	一级栏目	二级栏目					
1	学校概况	校长寄语	学校简介	表彰奖励	媒体报道		
2	校园快讯						
3	魅力教师	教研组	优秀教师				
4	校园生活	俊美学子	律动青春	艺体天地	家校互动		
5	教学科研	多彩课程	教学动态	科研基地	科技竞赛	花样社团	1+3项目
6	招生招聘	秀我二附	招生信息	招聘信息			
7	党旗飘扬	党建动态	党务公开	党员风采	理论学习		
8	弘美花园	校园风景	美食美味				

2.学校网站管理

学校成立信息中心负责学校网站管理。首先，网站内容更新。组建校园网内容更新团队，师生共同参与，信息中心专人负责信息审核与发布。校园网信息量大，内容更新及时，"弘美教育"办学情况校园网站实时展现。其次，校园网站技术支持与网络安全。信息中心技术团队不断学习培训，提高技术水平，保障网络畅通与网络安全。

3.学校网站高标准建设

第一，高度重视，精心设计，不断创新。信息化时代，学校网站建设与学校文化建设同等重要，必须高度重视。学校网站代表学校形象，"弘美教育"网站要传达学校办学理念，把"立仁书院，弘美花园"建设目标贯穿在校园网络文化建设全过程。网络时代是创新的时代，信息技术日新月异，学校网站建设需要与时俱进，不断更新。

第二，注重队伍建设，保证网站品质。网站技术管理需要高素质技术人员，信息技术的特点是发展速度快。校园网站管理需要既懂教育又懂技术的复合型人才。学校一方面要加大人才吸纳力度，同时要特别重视加强信息技术教师的专业培训。在学校网站建设过程中，师生参与度非常高，全体师生的信息技术培训也在不断跟进。

网站内容出品队伍建设直接影响网站内容质量。"分享"是校园网站建设的目标之一，学校要求教职工"工作有业绩，分享有实力"。内容出品队伍建设经历了几个阶段：第一阶段，指定信息提供人员，集中培训。学校以年级、教研组、行政部门为单位，每个单位指定一名信息员，学校定期培训，统计信息提供数量和质量。第二阶段，信息员在各自部门培训其他人员，形成信息收集与整理小团队，"分享"成为工作习惯。第三阶段，宣传与分享成为各部门工作习惯，网站内容及时、充实、丰富多彩。内容出品负责人从语言文字到思想内容严格把关发布。优秀的内容出品队伍由此形成。

第三，强化制度建设，规范职责程序。学校制订《网络管理人员岗位职责》《学校网络安全管理条例》等规章制度，保障网站运行维护、内容设计等应用管理工作。当前，学校网站安全管理需要特别重视。网站管理人员需要责任意识强，技术水平高，与政府网络安全管理部门保持密切联系。责任意识与制度建设双注重，确保学校网站平稳安全、优质高效、畅通运行。

四、校园微信公众平台

微信（WeChat）是腾讯公司于 2011 年 1 月 21 日推出的一个为智能

终端提供即时通信服务的免费应用程序（百度百科）。因其强大的社交功能和低廉的成本被广泛应用。

微信公众平台又称微信公众号，是腾讯公司在微信基础上于 2012 年新增的功能模块。通过这一平台，任何个人、学校、企事业单位都可以打造一个微信公众号，能够实现和特定群体用文字、图片、语音、视频等全方位的沟通互动。

首都师大二附中 2014 年 5 月 26 日注册学校官方微信公众平台，截至2019 年底已经发布文章 713 篇。微信公众平台已经成为校园文化建设的主阵地之一。

（一）微信公众平台的优势

1.受众群体大

微信公众平台普及面广，不仅吸引在校师生关注，还通过师生的朋友圈吸引广大的学生家长、教育同行等群体的关注，是学校文化传播的重要窗口。

2.信息传播快

作为一个具有强大瞬时传播功能的信息平台，微信公众平台的传播时效性特别强。其宣传效果与传统纸媒和广播电视相比，具有突出的优势。

3.形式多样，阅读轻松

微信公众平台可以用文字、图片、声音、视频、花样编排等新颖形式呈现丰富多彩的校园文化生活。这种"快餐式"阅读可以充分利用生活中的碎片时间获取大量信息。人们在阅读过程中还可以参与互动，增添阅读乐趣，所以广受青睐。

4.阅读者可以成为传播者

人们不仅可以通过微信公众平台获得学校发布的信息，还可以成为信息的传递者。对接收到的某个精彩或引起共鸣的内容，通过点击"分享到朋友圈"，就可以将信息传递给其他人，形成信息的二级乃至多级传播。

这样，阅读者也成了校园文化的传播者。微信公众平台还可以通过投票、问卷等形式激发师生参与校园文化建设的热情。

（二）学校微信公众平台建设概况

首都师大二附中目前有 3 个微信公众号：学校官方微信公众号、学生会微信公众号、科技中心微信公众号。

学校官方微信公众号由学校信息中心负责设计运行，跟学校官方网站相应栏目链接，也保证了学校官网内容的及时更新。学校官方微信公众号突出"弘美教育"办学理念，全方位反映校园生活，受到在校师生、家长及毕业校友和教育同行的广泛关注。

学生会微信公众号由学生会和学校德育处负责设计运行。由学生负责内容更新，德育处教师负责审核把关。主要反映学生校园生活和学生会组织的校园活动，以及其他贴近学生学习生活的内容。

科技中心微信公众号由科技中心负责设计运行。主要目的是传播科学精神，反映学生科技活动，学校科技课程设置，中学生科学实践课等内容。激发学生学科学、爱科学，鼓励学生积极参加科学实践活动。

（三）微信公众平台高标准建设

1.立德树人，把好价值方向

微信公众平台以其突出的传播优势和灵活多样的传播方式受到普遍认同。学校微信公众平台是学校主流文化阵地。是弘扬社会主义核心价值观、传播学校文化的主渠道。也是培养"依于仁、志于学、游于艺"的俊美学子的重要途径。因此，要把好价值方向，营造积极向上的文化氛围。引领全校师生以真心真情向美向善，把弘美校园建成传播爱的书院，弘扬美的花园。

2.既要内容丰富，又要创新形式

由于全校师生对学校形象传播达成共识，各部门信息员队伍积极主动，目前学校微信公众号内容丰富、信息量大，发布及时。但大家希望每期内容生动活泼，充满阅读吸引力，达到良好传播效果。因此编辑团队要善于学习，充分调动师生参与度。从语言表达、风格设计、表现形式等，不断拉近与读者的距离，提高传播的时效性。

3. 突出学校文化特点，形成独特风格

目前，学校微信公众号已经初步形成特点，学校文化符号得到普遍认同。随着学校声望越来越好，微信公众号的关注度也会越来越高。学校计划推进微信公众号运作项目化、内容出品优质化，树立校园文化建设品牌，不断破解网络文化建设难题，营造良好的校园文化氛围。尽最大努力建设"立仁书院，弘美花园"。

最后，用徐匡迪院士的话作为本章的结语："教育是事业，事业的意义在于奉献；教育是科学，科学的价值在于求真；教育是艺术，艺术的生命在于创造。"

结　语　"弘美教育"让学校站起来

2018 年 12 月京城教育圈公众号这样报道首都师大二附中：在京城教育圈内，近年来取得快速发展的首都师大二附中是一所成色十足的"黑马"校。据了解，2017 年和 2018 年，这所普通中学连续两年中考平均成绩进入海淀区公办校前十名，同时高考成绩也实现了跨越式增长，2017 年该校高考一本率提升了近 20 个百分点，2018 年高三文科成绩闯进了海淀区前十名。

其实，教学成绩只是学校综合发展的外显形式之一，首都师大二附中的办学理念、课程、师资等多个方面正得到周边家长的广泛认可。比如，学校的社会满意度大福提升，学生满意度高达 90% 以上。2018 年该校小升初就近入学指标 100 个，面向周边的 3 个学区，其中，学生第一志愿填报录取比例便达到 15∶1。2019 年海淀区高中新品牌学校建设评估成绩名列前茅，得到专家们的一致赞誉。

这所学校快速发展的秘诀到底在哪里？作为校长，我深知这个秘诀叫作"热爱教育，追求卓越，坚韧不拔"。而真正促使学校全方位堂堂正正站立起来的密码是学校"弘美文化"品牌的创建和实施。

分析自己作为校长的条件，有优势也有不足。优势是：2014 年来到学校担任校长之时，我已经在中学教育阵营工作了 29 年。近 30 年的从教经历，自知对教育事业的热爱是发自内心灼热的追求。钟情于课堂教学，甘愿为教育事业奉献，33 岁被评为中学语文特级教师。在首都师大附中做过语文教师、班主任、年级组长、德育主任、教学副校长、德育副校长，教育教学实践经验相对丰富。不足之处在于：没有管理一所学校的经历，对学校管理的理论学习不够，研究能力更是明显不足。以至于做了校长，读了一些学校管理的书籍之后，深为自己当时的"无知"感到惶恐。

因此，在专家引领下，"弘美教育"理念和实践体系的构建过程，首先是校长在内心站起来的过程。这个过程中，校长是思考者，更是学习者。与专家和学校的干部教师一起讨论和学习，一起做课题研究，一起深入而系统地思考学校的未来发展。这是一个艰辛的过程，更是一个愉快的进步过程。这个过程中，自己在不断思考如何当校长、如何发展学校这个伟大命题。也让我明白校长应该是永远的学习者、思考者、实践者。

校长的觉醒激发了干部教师的觉醒。校长感染着干部，干部引领着教师，一所沉睡着的学校就这样欣欣然张开了眼，进而春意盎然，生机勃勃。2015—2016 年，经过近一年的反复研讨，反复斟酌，《首都师范大学第二附属中学"弘美教育"办学理念及实践体系建设方案》出炉，学校文化框架搭建完成。2015 年 6 月阮翠莲校长主持了市级立项课题《首都师大二附中校本研修的实施策略研究》，该课题的立项研究带动行政干部、教研组长、年级组长、备课组长行动起来，一起投入到教师发展研究中来。2016 年 6 月梅务岚副校长主持了市级立项课题《首都师大二附中"弘美教育"理念及实践研究》；2017 年 6 月学校另一项市级立项课题《首都师大二附中"弘美课题体系"构建与实践研究》由宋永健主任主持。2017 年学校同时在研市级立项课题 3 项，区级课题 20 余项，参与课题研究的教师近百人。令人惊喜的是：随着课题研究的深入，"弘美教育"理念及实践体系越来越完善，越来越清晰。教师们的工作热情和研究热情被点燃，广大教师处于自觉、自信、自强的工作状态。老师们深入研究教学，自编校本教学材料 40 余册，政治教研组还自编了校本教材《弘美教育与俊美学子》，"弘美文化"得到全校师生的高度认同。当一所学校的教师站立起来，学校必然成为巨人。

还记得刚到这所学校时，每谈到工作质量的提高，老师们都会说："我们这样的学校……"言外之意，我们学校是弱校，我们的工作理应不如其他学校的教师。短短两年之后，老师们开始抬起高昂的头，以身为首都师大二附中的教师而自豪。这一点是校长最满意、最欣喜、最想要的。

学校"三三三弘美课程体系"的实施，目的在于让每个学生成为最优秀的他自己，让每个学生充分享受高品质的校园生活。仁爱、阳光、优秀、自信、多才多艺，这是我们努力培养的"依于仁、志于学、游于艺"的俊美学子。立仁课程、志学课程、游艺课程，学生在丰富的课程中享受青春岁月，享受成长的快乐。以"游艺课程"中的戏剧课程开发为例，起初的戏剧课程只是英语教师和语文教师指导下的课本剧。演出成功后，教师们自我加压，把课本剧变成了经典剧目。学校每年一场大戏还有多台小剧，校园文化生活丰富多彩。最终戏剧课程发展成为校园原创剧目。这几年学生编演了《四世同堂》《红岩》《茶馆》《雷雨》《罗密欧与朱丽叶》《悲惨世界》《秘密花园》这些经典剧目，另外还排演了把"弘美文化"融入其中的校园原创剧目《星期三之约》。给学生一个舞台，就会收获意想不到的精彩。首都师大二附中不是市区级戏剧金帆校，没有专项资金支持，但是在每一台剧目的编演过程中，学生的综合素养都得到全面提升，学生们也非常喜欢。所以学校克服资金困难，年年有大戏上演，而且越演越好。"游艺楼"楼梯间的墙壁上挂满了学生们的演出剧照。

学生成长，是教育者最大的幸福。学生和家长的赞美和感谢也不断鼓舞着老师们更加努力地工作，精神的满足是教育者辛勤付出的最好回报。

我不知道好学校的标准是什么，我只知道每天看到孩子朝气蓬勃的走入校门，我的心是踏实的。每天看到孩子欢快的走出校门，我的心是幸福的。从女儿的口中我认识了可爱的乔老师，温柔的单老师，幽默的"丘吉尔"老师，严厉的"张家界"老师，更不用说对孩子们像妈妈一样的两位高老师，美丽的姚老师和宋老师。

我不知道好老师的标准是什么，我只知道我女儿喜欢学校的每一门课，什么生物、地理、历史，音乐、美术、体育，还有博识、劳技……

我不知道在竞争日益激烈的社会中优秀的标准是什么，我只看到我的孩子在老师们的辛勤培育下成长为一名全面发展的阳光少年！

2014 届初二 10 班　懈天一娃的妈妈

在二附，学习就要认真，因为老师比你还认真；在二附，课余生活就要有趣，因为老师除了学科专业以外玩的也很专业；在二附，你要有斗志，因为老师都是指挥员；在二附，你要有爱，因为我们这个大家庭，老师爱我们，同学互相关爱。

因此，三年来我养成了严谨对学习，诙谐对生活，用爱包容他人和自己，用爱战胜一切困难。

感恩老师，在二附，我学会了勇敢，也学会了坚持，更学会了乐观，我爱二附的老师，我爱二附。

2016 届初三 10 班　学生陈小勇

三年前，我很兴奋地和亲戚朋友说，真幸运，我们被派位到首都师大二附中。三年后，我由衷地向身边每一个朋友推荐二附。

二附让小勇从懵懂小子成长为稳重、善思考、独立的少年，三年时间里，我深深感受到每一位老师的敬业和善良。他们用专业的精神、敬业的态度引导孩子，更用言传身教、高贵的内心感染孩子。

我常对孩子说，人生旅途漫长，遇到的人和事千姿百态，但是，何其幸运，在二附，我们遇见美好，在爱的包围下成长。相信这份爱会伴随孩子一生，让他在遇到困难时不退缩，也让他学会了爱，爱自己，爱他人，爱世界。这样的成长，弥足珍贵。

2016 届初三　陈小勇的妈妈

　　"立仁书院，弘美花园"是学校的办学目标，作为教育者我们最大的幸福就是培养了懂得爱、创造爱、奉献爱的学生，我们以此为自豪。

　　"弘美教育"办学理念及实践体系是首都师大二附中的航向标，因为它的诞生，这所学校堂堂正正地站了起来。学校的目标理念和课程体系立起来了，校园环境美起来了，学生们乐起来了，教师们强起来了，中高考成绩涨起来了，新品牌建设响起来了。

　　几年来，学校的发展得到了方方面面巨大的支持和帮助，特别感谢北京师范大学张东娇教授的全程指导，感谢首都师范大学孟繁华校长、杨志成副校长、王海燕院长及其研究团队的大力支持和全面指导。同时感谢海淀教委各位领导，感谢首都师范大学学前教育学院、北京工商大学、北京劳动关系学院、海淀区甘家口街道、海淀区曙光街道等友邻单位的鼎力相助。因为你们，首都师大二附中的"弘美教育"才会如此繁盛和美好。

阮翠莲

2021 年 3 月 10 日

策划编辑：房宪鹏

责任编辑：冯　瑶

图书在版编目（CIP）数据

学校文化建设及实践研究：以弘美教育为例／阮翠莲 等 著 . —北京：
　人民出版社，2021.12
ISBN 978－7－01－023879－1

I. ①学…　II. ①阮…　III. ①校园文化－建设－研究　IV. ① G47

中国版本图书馆 CIP 数据核字（2021）第 206374 号

学校文化建设及实践研究

XUEXIAO WENHUA JIANSHE JI SHIJIAN YANJIU

——以弘美教育为例

阮翠莲 等 著

人 民 出 版 社 出版发行
（100706　北京市东城区隆福寺街 99 号）

环球东方（北京）印务有限公司印刷　新华书店经销

2021 年 12 月第 1 版　2021 年 12 月北京第 1 次印刷
开本：710 毫米 ×1000 毫米 1/16　印张：24
字数：360 千字

ISBN 978－7－01－023879－1　定价：78.00 元

邮购地址 100706　北京市东城区隆福寺街 99 号
人民东方图书销售中心　电话（010）65250042　65289539